Schwager • Die Frau des Metzgers

Susanna Schwager

Die Frau des Metzgers

Eine Annäherung

Für M & H

Umschlagbild: Hildi Meister, um 1930.
Umschlag: Thea Sautter, Zürich
© 2007 Chronos Verlag, Zürich
6. Auflage Juni 2025
ISBN 978-3-0340-0869-3

Chronos Verlag
Zeltweg 27
CH-8032 Zürich
T +41 44 265 43 43
www.chronos-verlag.ch
info@chronos-verlag.ch

Produktsicherheit
Verantwortliche Person gemäss EU-Verordnung
2023/988 (GPSR)
GVA Gemeinsame Verlagsauslieferung Göttingen
GmbH & Co. KG
Postfach 2021
37010 Göttingen
Deutschland
T +49 551 384 200 0
info@gva-verlag.de

Dört unten i der Tiefi,
da geit es Mühlirad.
Das mahlet nüt als Liebi,
die Nacht und ou den Tag.

Aus dem Guggisberglied

Inhalt

I Liebe 9
II Teufel 49
III Tod 133
    Epilog 223

    Nachwort 229

I

Liebe

Plötzlich, gäll, fiel dieser Schwan vom Himmel. Zuerst hörte ich ein Rauschen über mir, und dann kam dieser Schwan runter, es überstöckelte mich grad. Der fiel mir direkt in die Arme, und ich fiel aufs Füdle. Schwer ist so ein Schwan, das würde man nicht denken, mindestens dreissig Kilo. Ganz plem war der, und ich auch ein bisschen verdattert. Ich hätte früher Schwäne gar nie richtig angeschaut, und jetzt hockte ich da mit einem im Arm. Vögel haben mich sonst nie interessiert, sicher nicht, als Metzger. Ich war noch beim Gerber in Thun, in der Lehre, siebenundsiebzig Jahre ist das her. War gerade dabei, im Hof die Fleischabfälle in die Tonne zu kippen, als der vom Himmel fiel. Ich hatte vorher doch keine Ahnung gehabt, was für schöne Tiere das sind. Die grössten Vögel in unseren Breitengraden. Wir hockten zusammen eine Weile am Boden und glotzten uns an. Er hatte auch Herzklopfen, ich spürte das durch die Federn. Nach einer Weile ordnete er sich ein bisschen, und ich stand auf und warf ihn zurück in den Himmel. «Hopp, du gehst jetzt besser wieder.» Er trudelte weiter und ich auch.

Eigenartige Vögel sind das, und edel. Wusstest du, dass sie ein Leben lang zusammenbleiben? Das hab ich eben auch nicht gewusst, aber jetzt weiss ich es. Die entscheiden sich einmal und bleiben dann dabei. Hier an der Glatt vor dem Altersheim kommen manchmal auch Schwäne vorbei. Ab und zu bleibt so ein Pärchen eine Zeitlang hier, das freut mich immer, kannst denken. Ich bin ja sonst der Entenfütterer, Hunde habe ich schon lange nicht mehr. Aber wenn Schwäne kommen, ist das eine reine Freude. Keine Ahnung, warum der herunterfiel. Ich habe es nie vergessen.

Mit dem Hildi war das eben auch so. Nicht dass sie vom Himmel gefallen wäre, ich bin ja Realist. Aber sie war einfach plötzlich da. Als sie hereinkam ins Schlachthaus, wusste ich es. Solche Sachen weisst du sofort, auch wenn du sie nicht wissen kannst. Wie der Blitz weisst du das, und das bleibt dann. Das war in Solothurn am Silvester, im Zweiunddreissig. Die Wirtschaft Zum Schlachthaus neben dem Schlachthaus war der Treffpunkt der Metzger. Ein einfaches Wirtschäftchen, und heute ist das so ein Wundertempel. Der Wirt hiess Oski Nussbaumer, auch ein Metzger. Seine Frau hiess Marie und war eine sehr Dicke, und die servierte. Heute heisst das Ristorante Cantinetta, aber es gehört immer noch einem Schweizer. Gnagi, feisse Schweinsfüsse, gibt es keine mehr dort. Aber die Tür ist noch am gleichen Ort.

Item, wir sassen also unserer paar am grossen Tisch und proleteten und pralagten und hatten es lustig. Metzger können feiern, das ist bekannt. Wir zwickten eins, ziemlich, aber nur Weissen und Bier, der offene Rote war miserabel und der bessere Wein nicht für unsereinen. Zwicken heisst, du kippst ein volles Glas hinunter, ohne einmal zu schlucken. Das kannst du wahrscheinlich nicht, das können die wenigsten Frauen. Dazu braucht es eine grosse Röhre, und den inneren Körper musst du beherrschen. Musst natürlich aufpassen, dass du das Bier nicht in die falsche Röhre kippst. Beim Heidawein musst du besonders aufpassen, das ist ein Walliser, ein Heimlifeisser. Säbi Zit wurde der gekeltert, wie er gewachsen ist, nichts dran rumgebastelt. Dem merkte man die Öchsligrade nicht an. Und wenn du dann aufstehst, um schiffen zu gehen auf die Toilette, dann macht es zong, und du liegst unter dem Tisch. Vom Heida kriegst du weiche Knie.

An dem Abend lag es bei mir aber nicht am Heida. Sondern an der Tür, durch die gerade der Otti hereinkam, ein lieber Kollege. Der kam zusammen mit der Resi, die kannte ich nicht.

Und mit der Resi kam noch eine, die ich nicht kannte. Aber ich dachte: Voilà.

Ich wusste es eben. Das ist ein Gefühl im Herz, wie ein Abdruck, der schon immer da war, und plötzlich merkt man es. Das passiert selten, aber wenn es passiert, dann ist da nichts zu machen. Frag mich nicht warum. Ein neunzehnjähriger Schnuderbengel war ich, und diese Frau eine richtige Frau, aber zart. Sie hatte dieses Strahlen. Obwohl sie eher ernst schaute, als sie hereinkam. Ich kann es dir nicht beschreiben, das traf mich voll. Ich sehe sie jetzt noch durch die Tür kommen und in den Raum schauen durch den dicken Nebel. Haargenau seh ich das. Sie trug ein Jackettkleid, einen schwarzen Rock mit einem braunen Jäckchen, aber gäll, nach den Farben musst mich nicht fragen, vielleicht war es rosarot. Ich bin ja farbenblind wie ein Maulwurf. Sie hatte einen Bubikopf, frisch frisiert war sie, das sah man. Sowieso, über die Festtage möbelten sich die Frauen auf. Sie sah also sehr gut aus. Aber wie gesagt, das war es nicht.

Im Blick war es. Ein leichtes Lächeln, mehr nicht, man sah es gar nicht richtig. Wie eine helle Sonne, aber wenn der Himmel bedeckt ist. Mehr ein Leuchten. Und noch etwas anderes war in diesem Blick. Ich hatte einfach sofort das Gefühl, da ist noch etwas anderes dahinter. Und wollte es herausfinden, mitten in diesem Gehepe und Gejohle. Das war mir vorher noch nie passiert, in dieser Hinsicht war ich ja sehr zurückhaltend. Abnormal zurückhaltend kann man sagen. Ich hatte richtiggehend Angst vor den Frauen, wegen meinen älteren Schwestern. Die hatten mich genug vor den Weibern gewarnt. Dass die allesamt nur darauf aus sind, von einem schwanger zu werden. Damit man sie dann heiraten muss. Ich hielt mir die Frauen also vom Leib, absolut. Und dann das. Diese Frau trat durch die Tür, und es war um mich geschehen.

Das Hildi kam neben mich zu sitzen, zufällig, das hat sich einfach so ergeben nach dem Zusammenrücken. Ich kannte den Otti, und der kannte die Resi. Die Resi war eine jüngere

Schwester vom Hildi. Gar nicht mein Fall, aber das merkte ich erst später. Wir redeten nicht viel, es war ja sehr laut. Aber ich hatte dieses Gefühl da drin, zum ersten Mal in meinem Leben. Sicher wegen diesem Blick. Etwas Wunderschönes hatte der.

Dann gab es Musik in der Beiz, Plattenmusik. Keine Kapelle, obwohl diese Kapellen Trumpf waren säbi Zit. Die dicke Marie legte Platten auf den Grammophon, schwarze schwere Vinylplatten mit Rillen wie Fuhrwege. Nicht diese glänzigen Scheibchen. Ich schwang das Tanzbein mit dem Hildi, sie tanzte gut. Ich konnte auch tanzen, säbi Zit konnte jeder tanzen. Wir drehten eins und grad noch eins. Hauptsächlich Walzer und Ländler und ein bisschen Tango, aber an die Musik erinnere ich mich nicht mehr. Damit keiner dazwischenkam, tanzten wir sofort noch eine Runde. Ich sorgte schön dafür, dass kein anderer zum Zug kam.

Und etwa nach dem zehnten Tanz sah ich, was das war in ihrem Blick. *Trag Sorge zu mir, das sagte der. Bis zum Schluss liess mich das nicht mehr los. Obwohl wir ein schweres Leben hatten zusammen, das darf ich sagen. Das Hildi ist seit fünfzehn Jahren tot, aber ich kann das nicht vergessen. Beschützt hab ich sie, so gut ich konnte. Aber das war eben nicht genug. Das andere war nicht so Mode.*

Ich würde die Liebschaft mit dem Hildi nicht als Abwechslung taxieren, solche Abwechslung begehrte ich nie. Das war viel mehr, ein neuer Lebensabschnitt. Hans, das ist jetzt ein neuer Lebensabschnitt, das dachte ich. *Für mich war das – die Liebe hatte ich vorher nicht gekannt. Erst mit dem Hildi habe ich herausgefunden, was dieses Wort bedeutet. Es bedeutete mir etwas Wahnsinniges. Ich meine mit Liebe ja alle Arten von Liebe. Ausgenommen die Tierliebe, die war mir schon vorher bekannt. Aber sonst? Nichts. Absolut rein gar nichts auf diesem Gebiet.*

Die Mutterliebe schon gar nicht, die Mutter ist ja gestorben, als ich achtjährig war. Die hatte auch vorher keine Zeit für Gehätschel. Nach ihrem Tod stierte der Vatter allein auf dem abgelegenen Hof im Krachen vor sich hin, von dem kam sie sicher nicht. Wir waren acht Bälger und ohne die Mutter völlig verarmt, der hatte nichts zu geben. Und Schwesternliebe war gar nicht begehrt. Folglich hat einer wie ich die Liebe erst spät kennengelernt, wenn überhaupt. Das ist jetzt vielleicht schwer verständlich. Liebe war einfach nirgends vorhanden in unserem Leben. Sie kam nicht vor. Auch Zärtlichkeit nicht, denk auch, die zuallerletzt. Wie schön das ist, jemanden in den Arm zu nehmen. Dass einem schwindlig werden kann, wenn man gehalten wird und diese Sachen. Nobis, nichts wussten wir. Schon gar nichts vom Sex, das hätte uns doch niemand gesagt. Es hingen aber auch nicht überall Plakate mit nackten Frauen herum. Das einzige, was die Schwestern munkelten, ging wie gesagt so: «Finger weg von den Weibern! Sie sind gefährlich, und dann ist fertig lustig!» Das war alles. Glaub mir, das war gang und gäbe säbi Zit, da war ich keine Ausnahme. Wir krampften von früh bis spät, fünfzehn Stunden oder mehr am Tag. Ab und zu feierten wir ein bisschen und fielen unter die Tische. Das war das ganze Leben.

Eine Überraschung war das Hildi nicht für mich. *Dieses Wort passt hier nicht, es war viel mehr. Glück ist ja ein grosses Wort und ein bisschen abgedroschen. Aber es geht in diese Richtung. Es war etwas absolut Neues. Man hat etwas gefühlt, etwas gespürt, etwas unerkannt Schönes. Aufregend war das, fast ein bisschen unheimlich. Es wäre mir doch vorher nie ein Mensch so nahe gekommen. Total neu war mir das. Siehst du, und jetzt verbläst es mich schon wieder. Drum hat ein alter Löl wie ich immer ein Nastuch im Sack. Das braucht einer, wenn er so nah am Wasser gebaut hat. Im Alter wird das ja nicht besser, gar nichts wird besser. Ich fühlte mich – ich möchte die ganze Welt umarmen!*

Ich habe das Hildi dann nach Hause begleitet, der Aare nach bis nach Zuchwil. Das ist ein Katzensprung von Solothurn. Aber wir brauchten bis zum Morgen.

Danach fuhr ich heim ins Eichholz zum Vatter, es war ja Neujahr, und ich hatte frei. Ich fuhr mit dem ersten Zug nach Kleindietwil. Kannst denken, ich brachte doch kein Auge zu. Total aus dem Häuschen war ich, ausgepflippt kann man sagen. Ich erzählte es sogar dem Vatter, er war im Stall am Melken: «Vatter, jetzt ist es soweit. Ich habe gestern Abend im Schlachthaus eine Frau kennengelernt!»

«Das kann es geben.» Viel hätte er ja nie gesagt.

«Jäaber nein, Vatter, das ist nicht so wie sonst. Das ist etwas Ernstes.»

Da hielt er eine richtige Rede: «Jetzt tu nicht so saublöd, Hans. Das weisst du jetzt allwäg schon, ob das ernst ist oder nicht. Nur weil man mit einem Frauenzimmer eine Nacht durchtanzt, ist das noch lange nichts Ernstes. Und jetzt nimm endlich etwas in die Finger. Kannst die Elsi melken.»

Kannst denken, niemand hätte mir das geglaubt. Aber ich kannte das Hildi, bevor sie im Schlachthaus zur Tür hereinkam. Ich wusste bis ins Mark, dass ich mich nicht täusche, das langt. Dass es etwas Ernstes ist, das merkt man daran – ich würde sagen, die Gespräche entwickeln sich von Anfang an anders, als wenn das nur ein Flirt ist. Bei einem Flirt ist dieses Gefühl am nächsten Tag wieder weg, sicher am übernächsten. Aber bei mir ging es nie weg, im Gegenteil. Wir redeten schon beim zweiten Treffen davon, dass wir zusammenbleiben werden. Ich sicher. Das war meine Frau, ich bin ja kein Schwärmer.

Das erste, was das Hildi zu mir sagte, war: «Denk daran, Hans, dass ich viel älter bin als du.» Das sagte sie als allererstes. Sie war fünf Jahre älter als ich, Jahrgang 1908.

Ich gab ihr zur Antwort: «Jetzt hör zu, Hildi. Es stört mich nichts, wenn es dich nicht stört.»

Es hätte ja genausogut sie stören können, dass ich so ein junger Schnuderi war, erst neunzehn und auch sonst nicht viel. Als Mann heiratete man so Mitte zwanzig, die Frauen meistens früher. Für das Hildi mit ihren vierundzwanzig war es also ein bisschen Eisenbahn. Die Männer heirateten erst, wenn sie eine rechte Stelle oder ihre Existenz sonst gesichert hatten. Ohne das heiratete niemand, gäll, so verrückt war keiner. Ausser man musste.

Das einzige, was sie ein wenig störte am Anfang, war das Reformierte. Sie war katholisch, ich Protestant, auf dem Papier, gäll. Säbi Zit war ein grosser Graben zwischen den Katholiken und den Protestanten. Eine richtige Kluft, fast unüberwindbar. Paare, wo der eine etwas glaubt und der andere etwas anderes, oder wenigstens so tut, das gab es nicht. Ich sagte zu ihr: «Hildi, das ist kein Problem. Wir heiraten katholisch.»

«Ja kannst du das?»

«Sicher kann ich das. Das spielt mir überhaupt keine Rolle. Der Glaube kommt bei mir unter ferner liefen.»

Ich merkte schnell, dass sie eine gute Katholikin war. Dass ihr der Glaube etwas bedeutete. Ich wollte von dem Pfaffenzeug nie etwas wissen, mir sagt das gar nichts. Religion ist für mich fast ein Lügengebilde, so könnte man es nennen. Denk doch, ich habe im Zweiunddreissig das letzte Abendmahl gehabt. Auch jetzt habe ich solche Bedürfnisse nicht, obwohl ich zuoberst auf der Abschussrampe stehe. Es heisst ja, dass dieses weisse Plättchen, das der Pfarrer verteilt, das Billett sei in die Glückseligkeit. Das letzte Billett bekam ich also vor über siebzig Jahren in der Urseren-Kirche in Solothurn. Das ist sicher längst abgelaufen.

Wahrscheinlich ging ich dem Hildi zuliebe zum Abendmahl, Kommunion heisst das ja bei den Katholischen. Aber damit hatte es sich dann. Ich sagte immer: «Das ist dein Glaube. Halte du dir den schön fest. Ich brauche das nicht.» Ich legte ihr nie Fesseln an, nie. Das darfst du nicht oder das geht nicht, so redeten wir nie miteinander. Es war auch nicht nötig. Ich habe sie später oft in die Kirche begleitet, weil das eben wichtig war für sie. Ich förderte es richtiggehend, allein wäre sie ja nicht gegangen. Das ganze Kirchenzeug war für mich nicht schlimm, das wäre schon zuviel gesagt. Eher war es mir gleichgültig. Ich war mir einfach sicher, dass das nicht stimmt, was die Pfaffen verzapften. Ein hoffnungsloser Fall, bis heute.

Die Religiosität in Hildis Familie kam von der Mutter, eindeutig. Die hiess Berta und war kolossal fromm. Fast ein bisschen überfromm, wenn du mich fragst. Aber wenigstens merkte man es der an, wenn sie aus der Kirche kam. Die war nachher verändert, sie sah richtig erleichtert aus. Dabei konnte ich mir gar nicht vorstellen, dass die gesündigt hätte. Wahrscheinlich betete sie für andere. Die Berta ging fleissig beten, jeden Tag. Manchmal zweimal, auch unter der Woche. Das konnte ich nie verstehen, bei der vielen Arbeit, die die doch hatte. Eigentlich die ganze Familie vom Hildi, kolossal fromm waren die.

Ausser dem Vater, dem Ernst. Der war ein Umgetaufter, ein Apostel. Ein Sekteler aus dem Emmental war er ursprünglich, dort hatte es viele solche. Überhaupt viele von denen, die es sonst nirgends litt, die verschlug es am Schluss ins Emmental. Neuapostole war der von Haus aus, dann wurde er plötzlich Katholik, das war mir sowieso suspekt. Das Zentrum dieser Sekte ist ja in Zürich. Die meinen, sie seien etwas Besseres, Auserwählte vor dem Weltuntergang und solchen Kabis. Jeder noch ein bisschen auserwählter als der andere, gäll. Alles Laferer, wenn du mich fragst. Aber wenn einer so einen Mumpitz glauben will, ist das dem sein Bier, soll mir einfach nicht kommen damit.

Was ich nie verstehen konnte, ist, dass einer etwas glaubt und sich dann umtaufen lässt wegen einer Frau. Wahrscheinlich war das dem Ernst möglich, weil er ein Stündeler war. Ein Stündeler ist eher bereit, den Glauben zu wechseln, als ein Protestant. Ich weiss es nicht, ich denke das nur. Der protestantische Glaube wäre einem Stündeler sowieso zu lasch, die wollen Vorschriften. So einem bietet das Katholische mehr, weil dir dort gesagt wird, was du zu tun hast. Es wäre säbi Zit ein mühsames Leben gewesen für einen Protestanten im katholischen Solothurn. Bischofsitz, gäll. Das kannst du dir vielleicht nicht vorstellen, aber so einer wäre wahnsinnig geschnitten worden, um 1900. Geschnitten und fertiggemacht als Bürger wurde ein Andersgläubiger, und dann ab zum Beichten, so war das mit den Katholen.

Ein Solothurner ist ganz anders als ein Emmentaler. Die kannst du nicht vergleichen. Wenn du von Solothurn ins Emmental gehst, dann kommst du auf einen anderen Erdteil, obwohl das nicht weit ist. Beide sind in ihrer Art eigen. Der Emmentaler ist wie gesagt Protestant und in erster Linie liberal-konservativ, wenn dir das etwas sagt. Er hängt am Alten, ist auch fürs Neue aufgeschlossen, aber vorsichtig, sehr vorsichtig. Der katholische Solothurner hingegen ist offen, das ist eher ein offener Mensch. Es kann sein, dass da ein Unterschied war zwischen dem Hildi und mir. Ich hätte das nie bemerkt. Aber sie vielleicht.

Mir gefiel Solothurn ausserordentlich, eine wunderschöne alte Stadt ist das. Ich war im Einunddreissig dort gelandet auf der Suche nach Arbeit. Das war extrem schwierig säbi Zit, Weltwirtschaftskrise. Ich arbeitete in der Metzgerei Suri, oder besser, ich schuftete dort für ein Hungerlöhnchen. Grenchen war zwar das Zentrum der Uhrenmacherei, aber Solothurn war das Hirn, gäll. Die Stadt prosperierte wegen den Schräublern, nicht wegen den Metzgern. An der Bielstrasse in Solothurn war die Uhrmacherschule. Es gab die grossen Fabriken, Meier-Stüdeli zum Beispiel, das war eine der grössten Firmen, eine Weltfirma, die hatten säbi Zit schon tausend Leute. Dann die Lanco, die Langendorfer Uhrenfabrik. Die ging nachher ein wie die meisten, leider. Es gab natürlich auch kleinere, alle machten Uhren in der Gegend. Uhren kamen richtiggehend auf. Das hatte man vorher nicht gekannt, die Zeit überall.

Aber gäll, eine Uhr hatte noch lange nicht jeder. Zuerst gab es für den Bürger nur Sackuhren, Taschenuhren. Der Vatter hatte auch eine, aber die trug er höchstens, wenn er einen Kittel anhatte, also wunderselten. Unter der Woche hätte sich doch kein Bauer eine Uhr an den dreckigen Kittel gehängt. Der Kirchturm sagte einem die Zeit, wenn man sie wissen wollte. Oder die Sonne. Die Sonne und die Glocken, das war die Zeit, mehr brauchte man nicht.

Neben den Uhrenfirmen gab es noch die Schraubenfabriken und sonst nichts. Diese Schrauben waren alle für den

Export. Eine moderne Fabrik gab es, die hiess – ein Elsässer Name. Grutprotzheim, das war die grösste Schraubenfabrik in Solothurn, Grutz-Blotzheim. Es gab Uhren, Schrauben und Metzger. Und ein paar Konsumenten auch noch. Jetzt kommt's richtig, Glutz-Blotzheim hiess die. Als ich nach Solothurn kam, ging es aufwärts mit der Stadt, es wurde Geld verdient. Es gab eine gesunde Industrie und ein gesundes Gewerbe, eine gute Mischung. Aber Geld hatte man natürlich nur, wenn einem die Firma gehörte.

Eine grosse Firma war auch die Kofmehl. Das ist heute eine Fabrik, wo Junge ihre Freizeit verplempern mit lauter Musik. Kultur, gäll. Warum aus den alten Buden immer diese Kulturtempel werden, frage ich mich. Ist auch egal, ich muss ja nicht hingehen. Säbi Zit war das ein Lumpenhändler. Alteisenhändler hiess das offiziell, aber wir sagten Lumpenhändler. Das war aber nichts Anrüchiges, wenn einer Lumpen sammelte, im Gegenteil. Auch der junge Kofmehl macht das jetzt nicht schlecht mit der Fabrik. Ich habe den einmal im Fernsehen gesehen. Der hat natürlich einen Bart. Aber es ist dem trotzdem ernst mit dieser Kultur, sonst wäre er nicht im Fernsehen gekommen. Den alten Kofmehl schaute man als Geschäftsmann an, vor dem hatte man richtig Respekt. Er führte diese «Abfallentsorgungsstätte». Es gab viel Eisenabfälle, wegen den Schraubenfabriken. Mit den Eisenabfällen hat der Kofmehl im Ersten Weltkrieg sein Geld gemacht, denk auch. Das gab Munition. Aber er nahm nicht nur Eisen, er nahm alles, was man brachte, und sortierte das. Ich brachte ihm immer die Knochen. Er verkaufte die, dann wurden sie gesotten, und das gab Leim. Auch noch anderes, Gelatine und Kosmetik, aber das hören die angemalten Hühner nicht gern.

Item, der Vater vom Hildi, der Ernst, der war so ein Schräubeler. Der schräubelte Uhren, nicht Schrauben. Er schräubelte mit winzigen Schraubenzieherchen winzige Schräubchen in die Uhren, damit die liefen. Wahrscheinlich war er wegen dem Uhrenboom aus dem Emmental nach Solothurn gekommen.

Gelernt hat der das nicht richtig, für eine solche Lehre brauchte man Geld, und er kam nicht aus einer hablichen Familie. Wahrscheinlich wurde er irgendwo angelernt. Anscheinend war er ein guter Uhrmacher, das hiess es jedenfalls. Verdient hat er wenig damit. Aber gäll, ein Metzger schaut einen Uhrmacher sowieso nicht als Berufsmann an. Das ist nicht richtig arbeiten, Schräubchen drehen. Heute ist das anders. Jetzt sehe ich das natürlich auch, dass einer, der nur dahockt und schräubelt, unter Umständen strenger arbeitet als einer, der körperlich schuftet, aber sich dafür austoben kann. Der andere hockt nur und muss den Grind anstrengen. Aber säbi Zit sah ich das ganz anders.

Ich mochte Hildis Vater nicht besonders. Ich würde sagen, ich liebte den von Anfang an nicht. Nicht, weil er hockte beim Schaffen. Ich respektierte ihn, achtete ihn sogar, aber er durfte mir nicht zu nahe kommen. Was er tat, war mir wurst, es interessierte mich nicht. Er durfte sich nur nicht bei mir einmischen, da war ich extrem allergisch. Einer wie der durfte sich bei mir nicht einmischen. Ich hatte meine Gründe.

Wenn ich ehrlich bin, das war ein Sürmel von einem Mann. Das sollte man natürlich nicht denken vom Vater der eigenen Frau, aber ich dachte das sofort. Obwohl die meisten Männer säbi Zit im allgemeinen keine Heiligenlichter waren, auch wenn sie so taten. Da fiel der Ernst gar nicht auf. Aber irgend etwas an ihm konnte ich auf den Tod nicht ausstehen. Ich hätte nicht gewusst, was es war.

Die Mutter war wie das Hildi. Oder umgekehrt, das Hildi war wie die Berta. Wenn du die Berta gekannt hättest, müsstest du nicht fragen, warum das Hildi so war, so zurückhaltend. Fast ein bisschen ergeben. Hildis Mutter schätzte ich sehr. Mit ihr konnte man über alles reden, sie hörte zu und behielt es für sich. Sie wurde nie laut oder wäre ausgeflippt, da konnte kommen, was wollte. Ich sah immer die Berta im Hildi, ich schätzte diese Frau, sehr. Erstens einmal hatte ich eine Mutter nie richtig erlebt. Und zweitens, was diese Frau leistete, gäll.

Fünfzehn Gofen und ein Sürmel von Mann. Da muss man doch den Hut ziehen.

In einem Käffchen kam das Hildi zur Welt, in St. Niklaus, dort wurde sie auch getauft. Das liegt oberhalb von Solothurn, am Südhang vom Jura. Die Familie ihrer Mutter, die Felder, wohnten am Ende der Strasse vor dem Schloss. Sehr schön gelegen ist das, drum steht dort auch das Patrizierschloss, die Waldegg. Das gehörte den von Suri, einem alten Solothurner Geschlecht, die waren im diplomatischen Dienst. Denen habe ich oft Fleisch geliefert, natürlich die besten Stücke, aber nur am Hintereingang. Vorn ist das zu prächtig für einen mit dem Fleischkorb. Obwohl dieses Fleisch auch prächtig war, das darf ich sagen. St. Niklaus liegt am Eingang zur St.-Verenen-Schlucht, das ist eine wilde Sache. Zuhinterst in der Schlucht ist die Einsiedelei. Dort wohnt ein Waldbruder, der Niklaus, vielleicht heisst er auch anders. Ganz allein lebt der dort, jedenfalls wäre das die Idee. Am Ende der Schlucht hat der seine Hütte und seine Kapelle. Das solltest du kennen als Katholikin. Es ist ja meistens ein Geläuf dort, richtiger Massenandrang, vor allem an einem schönen Sonntag. Ich ging oft dorthin spazieren mit dem Hildi. Häufig wurden von den Spaziergängern in der Schlucht Spottlieder gesungen, dass es hallte in den Felsen. Eins kann ich heute noch:

> Waldbrüederli im Hüttli
> hed s'Stübeli gwüscht
> hed s'Bäseli lo falle
> und s'Jümpferli küsst.

Item, die Berta und der Ernst wohnten also bei den Eltern von der Berta, in einem bescheidenen Arbeiterhäuschen in St. Niklaus. Das steht heute noch dort an der Riedholzstrasse, ganz in der Nähe vom Schloss. Die Berta bekam ja in gut zwei Jahren vier Kinder, und das war erst der Anfang. Die Lotte, der

Ferdi, das Hildi und das Anni. Und so ging das ungefähr weiter, gäll. Man staunt, dass die überhaupt alle in dieses Häuschen passten. Der Ernst wird kaum Einkünfte gehabt haben, als junger Ühreler. Aber zum Kindermachen braucht es scheint's weder besondere Einkünfte noch eine Begabung. Und bei den Katholiken war das sowieso Vorschrift, ein Gebot des Papstes, obwohl der selber ja keine macht. Man wäre säbi Zit auch noch nicht vor dem Fernseher eingeschlafen. Sicher war die Altersversorgung mit ein Grund. Es gab diesen Spruch: «Ein Vater kann zehn Kinder ernähren, aber nur zehn Kinder zusammen können einen Vater ernähren.» Von der Mutter ist da nicht die Rede. Eine Frau isst ja im allgemeinen weniger.

Die Berta war ein hübsches Fraueli. Klein und bescheiden, könnte man sagen. Mit der war es nicht schwierig auszukommen. Das war noch eine richtige Frau, eine ruhige Person. Das hörst du jetzt nicht gern. Die klöpfte nicht mit der Geisel, nie, auch wenn es dieser Möff vielleicht verdient hätte. Das Hildi war die Drittälteste, zusammen mit ihrer Zwillingsschwester, dem Anni, aber das war natürlich nicht das gleiche. Ich meine, man konnte das Anni nicht mit dem Hildi vergleichen. Gut, es waren zweieiige Zwillinge. Aber ein Unterschied wie Tag und Nacht.

Das Hildi war die Frau, die ich mir gewünscht hatte, absolut. Und ich möchte sagen, ich war der Mann, den sie wollte. Sie hätte jedenfalls nie etwas anderes gesagt. Die Liebe war für mich nie ein Abenteuer. Sie war für mich – heilig ist natürlich ein Wort, das gar nicht zu mir passt. Sagen wir, etwas sehr Ernstes. Ich wünschte mir eine solche Frau. Eine, die zu dir steht. Die dir hilft, aber nicht befiehlt. Das war wichtig, dass sie nicht befiehlt. Natürlich, wenn ein Mann eine Frau braucht, die die Hosen anhat, dann ist das etwas anderes und dem seine Sache. Aber ich brauchte das nicht. Mir durfte niemand dreinreden, da bin ich viel zu stur. Und zu so einem Chniepi passt eben nur eine Frau wie das Hildi.

Ich hatte schon das Gefühl, dass ich ihr auch ein bisschen gefiel. Aber wie gesagt, ich war in dieser Hinsicht sehr skeptisch. Keine Bekanntschaften, nichts. «Freundin» sagten wir ja nicht. Wenn ich jetzt zurückdenke – da waren ja einige auf dem Giwiff, auf dem Sprung, meine ich. Die Liese beim Suri, wo ich Metzgerarbeiter war, die lief mir nach. Und nachher die Grite, sie arbeitete auch im Laden beim Suri, noch schlimmer. Beides hübsche Weibsbilder, absolut. Aber diese Liese, ich weiss nicht, was es war, die hatte etwas an sich, das mich abstiess. Dann ist bei mir sofort fertig. Bei der Grite war das nicht so, aber die kam halt zu spät. Die passte mich immer ab im Dunkeln, wenn ich vom Hildi kam, und wollte mir ihr Zimmer zeigen. Bis ich der eines Tages in der Wursterei einen Munistotzen an den Grind warf, da hörte das auf. Ich hatte doch bereits ein Verhältnis mit dem Hildi, als die anfing an mir rumzubickeln.

Hübsch war die Grite ja, da gibt's nichts zu rütteln. Richtig schön. Und eine Metzgerstochter, ein Luzerner Prachtsweib. Sie heiratete dann einen anderen Metzger, mit eigenem Betrieb. Und daneben führte sie ein Restaurant, aber ich kehrte nie da ein, kein einziges Mal. Ich glaube, ich wollte mich von dieser Grite fernhalten. Die wäre mir gefährlich geworden, das war gescheiter so. Höchstwahrscheinlich wäre ich mit der nicht glücklich geworden, die hatte die Hosen an. Obwohl, für ein Geschäft wäre so eine tipptopp gewesen, geeigneter als das Hildi. Die kannte ihr Metier. Aber das reicht eben nicht. Ich sah sie nie mehr. Hatte auch kein Verlangen danach, meistens.

Es war gar nicht einfach, mit mir auszukommen. *Aber als ich das Hildi sah, war mir klar, das ist die Frau, mit der du auskommst. Sie war eine Frau, der es entgegenkam, dass ich dominant war. Sie war lieber zurückhaltend. Sie sagte meistens: «Papi, mach du das. Du weisst das besser als ich.» Das war immer ihr Slogan, gäll. Sie übergab mir die Entscheidungen.*

Ich weiss nicht, ob ich der erste Mann war vom Hildi, wir hätten darüber nie geredet. Ich weiss, dass sie vorher einen Schatz hatte, sie erzählte es mir einmal. Einen Briefträger aus Olten, und sie war ja in Solothurn. Da sahen die sich natürlich sehr selten. Olten ist etwa dreissig Kilometer von Solothurn weg, eine sehr weite Reise, und sie hatte kein Fahrrad. Er aber sicher, als Briefträger. Ich passte natürlich gut auf, ob noch irgendwie eine Zusammenkunft besteht, aber da war absolut nichts. Das ging vorher auseinander, weil die Mutter dieses Briefträgers fand, ihr Söhnchen dürfe nicht mit einer Fabrigglere daherkommen. Der war ihr einziges Söhnchen. Der sollte etwas Besseres nach Hause bringen, wegen der Altersversorgung. Da kann man das verstehen, dass der Mutter eine Fabrikarbeiterin zuwenig war. Das Hildi wollte nie nach Olten.

Natürlich haben wir die Sachen miteinander besprochen. Wohin wir auf die Hochzeitsreise gehen, wo wir wohnen und solche Sachen. Kann sein, dass ich etwas mehr mit der Rute klöpfte, sicher. Aber wir besprachen es miteinander, wenn es wichtig war. Wenn sie nichts dagegen hatte, machten wir es so, wie ich sagte. Das Hildi wusste, dass sie sich hundertprozentig auf mich verlassen konnte. Sie wusste auch, wenn ich ein Problem habe, mit dem kann ich zu ihm gehen. Der Papi hilft mir. Aber ich sagte, woher der Wind pfeift. Das bestimmte ich. Das können nicht viele Frauen akzeptieren, eben nicht, jetzt schon gar nicht. Säbi Zit war das normal auf beiden Seiten, es hätte niemanden gestört.

Geschenke hätte ich ihr nie gemacht. Das Flattieren war nicht so Mode in Metzgerskreisen. Und für Geschenke brauchte man Bares, das hatte ich sowieso nicht. Man schrieb sich Briefchen, aber nur die, die gern schrieben. Wir schrieben uns viel, man hatte ja nichts anderes, wenn man nicht beieinander war. Säbi Zit war das Schreiben den Leuten noch nicht so eine Mühsal wie jetzt. Früher schon und heute ja auch wieder. Die Jungen können jetzt nicht einmal mehr lesen, das habe ich im Fernsehen gesehen, Pisastudie. Da haben die doch auch Mühe mit Liebesbriefen. Das ist schade, weil das doch etwas vom Schönsten ist. Blumenläden gab es keine. Man brachte der Angebeteten keine Sträusse, höchstens wenn man vielleicht etwas im Garten hatte. Ich hatte aber keinen Garten, ich wohnte mit anderen Gesellen beim Suri in der Dachkammer. Vielleicht ging man hin und wieder ein Blümchen pflücken. In einem fremden Garten, das könnte sein.

Gestritten haben wir nie, während der ganzen sechzig Jahre nie, in denen wir zusammen waren. Das Hildi sagte ihre Meinung, wenn ich sie fragte, und dann redeten wir darüber. Dann war die Sache geklärt, sie war meistens einverstanden. Aber gäll, sie wäre deshalb nie böse geworden, und gehadert hat sie auch nicht. Jetzt ist ja das Diskutieren das grosse Hobby, viel schwatzen und nichts entscheiden. Über vieles kann man diskutieren und sich auch von diesen Heerscharen von Siebengescheiten beraten lassen. Bis man schwarz wird, kann man das, und das Zeug kommt auch entsprechend heraus. Wir hatten keine Zeit für langes Geschwafel. Einer entschied, der übernahm die Verantwortung, und dann werkte man weiter. Sie vertraute mir blind, kann man sagen.

Siehst du, in diesen vielen Jahren dachte ich nie etwas anderes. Wir waren achtundfünfzig Jahre verheiratet, bis sie starb im Zweiundneunzig. Ich habe dieses Hildi einfach immer geliebt. Und sie mich. Da gab es nichts zu diskutieren und zu fragen. Wenn sie noch lebte, könntest sie fragen. Ich behaupte, ohne das hätte ich es nicht so viele Jahre durchgezogen, nie! Das hätte das Herz doch nie preschtieren können, das hätte es nicht ertragen.

Das Herz ist ja ein Muskel, ein eigenartiger Muskel. Sehr zäh, aber zart. Zum Essen ist das etwas Wunderbares, Kalbsherz natürlich. Jetzt tut es mir manchmal weh, wahnsinnig blöd tut es sogar. Dieses alte Gestell rostet, und da meldet sich also plötzlich auch die Pumpe. Das ist neu. Früher habe ich mein Herz nie gespürt.

Für das Hildi war es klar, dass ich derjenige bin, das weiss ich. Das weiss ich einfach. Wir hatten das Heiraten von Anfang an vorgesehen. Sonst wäre ich sicher nicht mehr zum Wäldli nach Zuchwil gegangen am Abend. Wir trafen uns oft im Birchiwäldli. Hätte das Hildi zu mir gesagt: «Schau Hans, heiraten kommt nicht in Frage», dann hätte ich gesagt: «Gut, das ist in Ordnung, Hildi. Ich danke dir vielmals. Aber ohne mich.» Und fertig. Wir kannten uns lange, anderthalb Jahre, bevor wir heirateten. Und schliefen auch miteinander, kannst denken. Da war man erfinderisch. Ob das normal war säbi Zit, weiss ich nicht, aber bei uns war das normal. Auf jeden Fall machten wir es so, wie es uns am besten gefiel. In erster Linie machten wir es so. So wie wir am meisten voneinander hatten. Aber sicher, das war keine Situation, von der man hätte sagen können, man könnte bei der bleiben. Nicht wie jetzt, wo das Provisorische normal ist. Die Zeiten waren freizügiger als sie heute tun. Es durfte nur nicht an die Oberfläche kommen, das war das Entscheidende. Nicht darüber reden. Man durfte es nicht wissen.

Fröhlich konnte man es trotzdem haben, sowieso unter Metzgern. Der Metzgerball hatte einen sehr guten Ruf, das war ein richtiges gesellschaftliches Ereignis in Solothurn. Da war man jemand, wenn man zum Metzgerball eingeladen wurde. Ich sage es dir in aller Bescheidenheit, Metzger sind etwas Besonderes. Metzger sind stolze Brüder, absolut. Es gibt auf der Welt keinen Berufsstand, der so zusammenhält und seine Sache pflegt, ob die nun gut oder schlecht ist, das sei dahingestellt. Und gäll, das waren wir, die Büezer, die Unterhunde, die einluden. Wir veranstalteten in Solothurn das wichtigste gesellschaftliche Ereignis.

An den Metzgerball musste jeder eine Dame mitbringen. Und die Dame wurde abgeholt in der Kutsche, Vierspänner. Die Dame und der Herr in Robe natürlich. Die musste unsereiner mieten, sicher, aber das sah man ja nicht. Die Metzger in der blütenweissen Schürze, mit dem Schürzenzipfel im Hosenbund. Wenn wir in diesen Schürzen im Städtchen unterwegs waren, da wussten die, die nicht eingeladen waren: «Aha, heute Nacht tun die Metzger wieder blöd.» Das waren Anlässe! Von den Meistern wurden nur die eingeladen, die uns genehm waren. Nur jene, die die Angestellten anständig behandelten und genug gespendet hatten. Nicht nur ein Zwanzigernötli, mindestens einen Fünfziger. Die mit über hundert wurden natürlich ein bisschen speziell plaziert im Saal. So ein gewisser gepflegter Usus musste schon eingehalten werden, da gab es strenge Regeln. Und eine sehr gute Musikkapelle wurde engagiert.

Dann ging es los mit dem Tanzen und Trinken. Metzger trinken gern, wie gesagt. Jetzt ist das vielleicht anders, aber säbi Zit war das so. Das lag wahrscheinlich am Fleischkonsum, der macht Durst, und man muss dem Magen verdauen helfen. Das geht mit Alkohol prächtig. Oder umgekehrt, wenn der Magen so gut mit Fleisch gebödelt ist, dann verträgt es schon ein paar Promille. Das Hildi hat weniger getrunken, aber ohne darum ein Theater zu machen. Das Theater ist doch übertrieben. Ich habe vor allem Wein getrunken, und Chirschiwasser, das ist der beste Schnaps in der Schweiz, der Kirschbranntwein. Mit dem Weisswein musste ich jetzt aufhören, wegen der Pumpe. Der Weisse bringt das Herz in die Sätze, und mit zweiundneunzig soll man besser keine grossen Sprünge mehr machen. Jetzt kauf ich keinen Wein mehr, fertig lustig. Mein Freund Schälli hat mich immer gefahren, mit neunzig gab ich ja das Billet ab. Im Schrankabteil unten im Heimkeller hat es noch genug zu saufen. Hab ja fast keinen Platz für das Winterzeug und den schwarzen Anzug. In dem will ich dann übrigens abtreten, und bis dahin langt der Wein.

Item, zuerst ass man etwas. Dann gab es Kaffee, und dann ging die Tanzerei los und die Spiele. Diese Spiele waren sehr beliebt. Zum Beispiel wurde den Damen ein Schuh ausgezogen, und diese Schuhe wurden in Körbe getan. Und dann mussten die Männer blind einen Schuh herauslesen und schauen, wem dieser Schuh nun passt. Die meisten Männer kannten die Schuhe ihrer Begleitung nicht so genau. Mit der Betreffenden wurde dann getanzt, also meistens nicht mit der eigenen. Oder es war Damenwahl. Das war immer besonders schön, diese Spiele. Es waren natürlich alle bereits angesäuselt. Aber ich kann mich nicht erinnern, dass es nur ein einziges Mal eine

Schlägerei gegeben hätte, so voll waren wir am Metzgerball nie. Vielleicht lag es auch daran, dass Frauen dabeiwaren. Die haben alles mitgemacht, aber sie liessen sich nicht vollaufen bis zur Bewusstlosigkeit. Das machen Frauen im allgemeinen nicht. Wenn eine spröde war, ging sie natürlich nicht mit an diesen Ball, das hätte der nicht gefallen. Aber das Hildi kam immer mit, und gern, das darf ich sagen.

Ein bisschen eifersüchtig konnte man schon werden. Wahrscheinlich war ich ja eifersüchtiger als das Hildi. Für den ersten Metzgerball, an den wir zusammen gingen, da hatte sie eigentlich schon einen anderen Partner. Das passte dem natürlich, aber mir passte das gar nicht. Ich passte den ab, ich wusste, wo er arbeitete, der Stierli Paul. Der war beim Zimmermann an der Bielstrasse. Ich sagte zu ihm: «Du, Paul, das Hildi kommt nicht mit dir an den Ball, wusstest du das schon? Nur damit es dir klar ist, das Hildi kommt mit mir.» Der kannte mich und akzeptierte das. Und dann brachte der so ein Hurschi mit, so ein Mauerblümchen, da hat er mir fast ein bisschen leid getan.

Es machte mir nichts aus, wenn das Hildi mit anderen tanzte, sicher nicht, das gehörte dazu. Da war man sogar ein bisschen stolz als Mann, wenn die Begleitung gefragt war. Beim Königstanz sah man das besonders gern, das war die Wahl zur Ballkönigin. Es wurden sechs Tänze gemacht. Die Partner wechselten bei jedem Tanz, und nach dem Tanz musste der Mann der Tanzpartnerin einen Geldschein in den Ausschnitt schieben. Diese Ballkleider waren am Décolleté ein bisschen offenherzig, da ging schon etwas hinein. Ballkönigin war dann diejenige, die nach sechs Tänzchen am meisten Geld im Ausschnitt hatte. Wenn nun einer seiner Angebeteten beim ersten Tanz schon einen Hunderter reinsteckte, dann hatte die gute Chancen. Das konnte ich natürlich nicht. Aber das Hildi wurde trotzdem einmal Ballkönigin.

Das ging meistens bis morgens um drei oder vier, dann marschierte man nach Hause. Wobei, von marschieren konnte nicht unbedingt die Rede sein. Ich weiss noch, das Hildi und ich gingen über den Bahnhof Solothurn zurück Richtung Zuchwil, dem Geleise nach. Und plötzlich mussten wir wahnsinnig aufpassen, weil schon wieder der Zug fuhr. Wir sangen, um nicht zu sagen johlten. Das Hildi wahrscheinlich nicht. Ich in der verrutschten Schürze, die hätte ich beinahe verloren, das Hildi in der langen Robe mit einem fliegenden Mantel. Morgens um sieben kamen wir an in Zuchwil. Es hatte ein paar längere Verschnaufpausen gegeben auf dem Weg.

Eines Tages, im Vierunddreissig, kam dann dieser Brief. Nach Brig kam der. Brig ist weit weg von Solothurn, in einem grossen Tal mitten in den Alpen. Das ist das Wallis. Dort ist das Bett der Rhone, heute sieht man dort fast nur noch Industrie. Säbi Zit war Brig ein schönes Städtchen. Ich hatte nach langem Suchen endlich Arbeit gefunden in Brig. In der ganzen übrigen Schweiz gab es nichts, das war die einzige Stelle weit und breit. Denk auch, in dieser fürchterlichen Wirtschaftskrise.

Die Stelle gefiel mir eigentlich, aber sie befriedigte mich nicht, das war ein kleines Budeli. Der Schmied Hans, dem das Metzglein gehörte, der hätte mich gern behalten. Ich hatte bei dem alle Rechte, war absolut selbständig, das war mir wichtig. Aber ich wollte höher hinaus. Ich wollte unbedingt Französisch lernen, Geld verdienen, möglichst viel lernen wollte ich. Nicht ein Leben lang ein Metzgerlein bleiben, auf dem irgendein Patron herumtrampte. Ich wollte etwas werden, damit ich endlich das Hildi heiraten konnte, das in Solothurn auf mich wartete. Vielleicht mit der Zeit ein eigenes Geschäftchen gründen, so gingen meine Gedanken, seit ich vom Vatter weggegangen war. Aber der dummen Träumerei wurde dann ein Strich durch die Rechnung gemacht. Nicht nur wegen dem Krieg im Neununddreissig. Sondern wegen dem Briefchen, das ungefähr an Ostern kam.

«Lieber Hans, es tut mir leid. Ich bin in der Hoffnung, im dritten Monat. Was machen wir jetzt? Deine Hilda.» Etwa so stand das da. Ich musste absitzen, als ich das las. Es hatte keinen Stuhl in der Wursterei, also ging ich in die Kammer, die war leer um die Zeit. Ich hockte da wie gekläpft. Eine Ewigkeit hockte ich so auf dem Bett, in der Gummischürze, und stierte auf den Zettel. Ich wusste, jetzt musst du heim. Jetzt musst du zur Sache schauen, und das kannst du nicht von Brig aus. Fertig lustig.

Das war für mich nie ein leeres Wort, Verantwortung übernehmen. Verantwortung heisst, sie ganz übernehmen und es durchziehen. Das war für mich immer etwas vom Höchsten. Ob ich das auch gemacht hätte, wenn ich eine Wahl gehabt hätte – *siehst du, das habe ich nie überlegt. In diesen langen Jahren habe ich das nie überlegt. Kein einziges Mal. Wir hatten keine Wahl. Es gab nichts zu überlegen, es gab für mich nur diese Pflicht. Heute wäre das sicher anders, und das ist gut. Es waren schwere Zeiten, kannst mir glauben.*

Zwischen dem Hildi und mir änderte sich nach diesem Briefchen wenig. Aber in der beruflichen Entwicklung änderte sich alles, absolut. Mit dem Vorwärtskommen war fertig. Ich musste schauen, dass ich möglichst sofort eine Stelle fand in Solothurn oder in der Nähe. Damit ich der Frau und dem Kind ein Heim bieten konnte, das gehörte sich für den Mann, das war seine Pflicht. Das war das mindeste. Mit einundzwanzig ist man nicht unbedingt ein Ausbund an Weisheit, aber das wusste ich. Es pressierte wahnsinnig, das Kind sollte im Oktober kommen, und es war schon Mai.

Für das Hildi war es sicher ein Schock, diese Schwangerschaft. Ausgerechnet in dieser Familie. Aber sie wusste wenigstens, dass ich zu ihr stand. Darum war sie nie unglücklich, ich wüsste nichts anderes. Als sie mir das nach Brig berichtete und ich dann sofort heimkam, da wusste sie, das ist also nicht einer, der nur hoch angibt. Der steht auch dazu. Ich war zwei Tage später bei ihr und sagte: «Hildi, dann heiraten wir jetzt.»

Ich wunderte mich eigentlich, wie gut sie sich drein schickte. Weil das richtige Leiden hat ja die Frau. Schwanger zu werden vor der Zeit, das war für eine Frau nicht einfach säbi Zit. Auch wenn das sehr häufig vorkam, viel häufiger, als offiziell bekannt wurde. Ich würde sagen, fast in jeder Familie gab es das. Aber es war gesellschaftlich kolossal verpönt. Eine ledige Mutter war niemand mehr, ein Fussabstreifer.

Für mich lag das Leiden auf einer anderen Ebene. Ich musste meine Pläne begraben, und daran hatte ich zu kätschen. Ergebenheit wurde mir ja nicht in die Wiege gelegt, das kann man sagen. So wenig wie die Zufriedenheit, leider. Da hätte ich vom Hildi etwas lernen können, aber das merkte ich eben erst später. Ich staunte, wie leicht sie sich drein schickte. Sie freute sich von Anfang an auf das Göfli, das wurde ja dann deine Mutter, das Sophie.

Das Hildi hat gern Kinder bekommen. Ich merkte das daran, dass sie sich viel mehr Sorge trug als vorher. Und überhaupt nie, nicht mal im Traum – wir hätten absolut nie davon geredet, das Kind zu verlieren. Das wäre doch verständlich gewesen, wenn man die wirtschaftliche Situation dazunimmt. Ich so ein Würstchen, keine Arbeit, viel jünger als die Frau und erst noch Protestant. Grad ein bisschen sehr wenig. Aber das stand bei uns nie zur Diskussion, von so etwas redeten wir nie. Vielleicht deshalb – so etwas ist einfach zu gewaltig für mich als Gedanke, viel zu weit weg. Das Hildi wurde schwanger, sie trug mein Kind, dieses Kind wollte kommen. So ist die Natur und basta. Ob es passt oder nicht, spielt doch keine Rolle. Kinder passen nie, das meint man nur. Wir hatten diese Tatsache, und mit der mussten wir leben, fertig. Das hat nichts mit Religion zu tun. Sicher nicht mit Religiösem. Sicher nicht bei mir. Man kann sagen, bei mir spielte eher das eine Rolle, was recht ist, das, was sich gehört, die Ethik. Und der Stolz. Die Ethik und der Stolz spielten bei mir eine Musik. Dazu brauchte ich keine Pfaffen. Entweder weiss man, was man zu tun hat, oder man weiss es eben nicht.

Es hat vielleicht ganz allgemein mit dem Leben zu tun und mit der Natur. *Ich liebe ja beides. Sag mir etwas Schöneres auf dieser Welt, als dass neues Leben entsteht. Das gibt es nicht. Das sage ich jetzt als alter Möff auf der Abschussrampe. Aber ich wusste es eben auch als junger. Nichts Schöneres gibt es. Ich bin nur ein Metzger, aber da soll man nicht dreinpfuschen, das ist meine Meinung. Nur schauen soll man, dass etwas Schönes daraus wird.*

Vielleicht war es ja wirklich eine leidenschaftliche Liebe. Vielleicht war sie das, am Anfang. Ich bin sicher, dass sie dem Vater sehr gefallen hat. Ich kann mir auch vorstellen, dass er ein Draufgänger war. Wenn der Hans Meister etwas wollte, hat er es bekommen.

Jehre Gott, wie soll ich die Mutter beschreiben. Sie war eine liebe Frau. In meinen Augen war sie vor allem eine sehr liebe Frau. Ein bisschen auf Distanz vielleicht, ich hätte sie gern näher gehabt. Aber welches Kind möchte das nicht. Die Mutter nahm einen nicht einfach so in den Arm. Mich jedenfalls nicht. Man musste zu ihr gehen, sie kam nicht von sich aus. Ich hörte nie Kritik über sie, weder von den Tanten noch von den Schwägern, geschweige denn vom Grossmueti, der Berta. Jeder hatte das Hildi gern in diesem grossen Haus, in dem der ganze Clan zusammen wohnte. Immer hiess es nur: «Ja, das Hildi.» Nie etwas Negatives, aber sonst war kein Mangel an bösem Geschwätz. Da schimpfte doch immer irgendeine über irgendwen. «Die dort oben ist so frech. Pass auf, die da unten ist total verlogen. Und die nebenan hat immer ein dummes Maul», so ging das den ganzen Tag. Über die Mutter hörte man so etwas nie. Sie konnte auch lustig sein, sehr fröhlich. Manchmal lachte sie wie nicht gescheit. Aber das wurde immer seltener, wenn ich es recht überlege.

Meine Mutter – vor allem fand ich sie schön. Ich bewunderte sie sehr, weil sie so schön war in meinen Augen, viel schöner als andere Mütter. Wenn ich ehrlich bin, war ich sogar ein bisschen eifersüchtig auf sie. Sie war immer schön angezogen. So elegante Sachen hätte ich auch gerne gehabt. Diese blauweissen Schuhe zum Beispiel, ich musste sie immer anschauen, weil sie mir so gefielen. Heimlich probierte ich sie auch und schlurfte darin durch die Wohnung. Und dann dieses Deux-pièces, ein Kostüm mit Moosrösli drauf. Bis heute ist das für mich das schönste Sujet auf einem Stoff, Moosrösli, wie auf den Kleidern der Mutter.

Sie war sehr gepflegt, ich glaube, sie legte grossen Wert darauf, wie sie aussah. Sie frisierte sich gern ein bisschen extravagant, und sie schminkte sich sogar und trug Parfum. Wir durften stundenlang ihr dichtes Haar kämmen. Sie hatte keine langen Haare, kein Bürzi wie die meisten Mütter, sie war sehr modisch. Manchmal stöhnte sie vor Wonne, wenn wir sie kämmten. Bei den Fabrikfrauen war es nicht unbedingt üblich, dass sie so gepflegt daherkamen. Bei den Hausfrauen schon gar nicht. Die Mutter sah nicht aus wie eine Fabrikarbeiterin und eigentlich auch nicht wie eine Hausfrau. In meinen Augen sah sie viel besser aus. Die meisten Frauen legten, ausser wenn sie ausgingen, keinen Wert auf ihr Äusseres. Nur praktisch musste es sein. Die wenigsten nahmen sich Zeit für sich. Die Mutter hatte sicher auch keine Zeit, aber sie trug zum Beispiel nie einen Rockschurz. Das trugen die Frauen normalerweise zu Hause, den Unterrock und darüber die Hausschürze. Das schonte die Kleider, Geld hatten sie ja keins. Aber in dem grossen Haus wurde abgeändert wie verrückt. Das war voller Frauen, die alle nähen konnten. Jedes Stoffstückchen wurde gedreht und gewendet, solange es noch ein paar heile Fäden hatte. Aus jedem Lappen konnte man noch etwas machen. Vor allem das Tante Käti nähte ihr die Kleider. Das Käti ging aber bald nach Zürich, die bekam auch ein Kind nach dem anderen wie das Grossmueti, die Berta. Später nähte dann das Mili für den Clan, die lernte Weissnäherin. Das Mili ist zwar meine Tante, sie ist aber nur acht Jahre älter als ich. Dafür war das Hildi achtzehn Jahre älter als ihre jüngste Schwester. Sie hätte Milis Mutter sein können.

Von Zeit zu Zeit bekamen wir Pakete von der Tante Höhlein, einer sehr reichen Grosstante. Die wohnte in Dietikon bei

Zürich und hatte eine Villa und eine Strickwarenfabrik. Die schickte uns die fehlerhaften Sachen nach Zuchwil. Immer bekamen wir das fehlerhafte Zeug, die guten Stücke, zum Beispiel die ganz feinen Baumwollstrümpfe, die bekamen andere Verwandte. Das regte den Vater furchtbar auf. Die Mutter hatte nicht nur eine sehr gute Figur, sie hatte auch lange Beine. Das hätte ich auch gerne gehabt. An ihr sah alles schön aus, auch wenn es fehlerhaft war.

Sie hat mir von jener Nacht erzählt, als sie mich zeugten. Ich wollte das einmal wissen. Es war nach dem Metzgerball, im Februar 1934. Die beiden waren völlig betrunken. Sie strolchten am Bahnhof Solothurn herum und sangen, sagte sie. Sie wisse noch, wie sie auf dem Bahnsteig gesessen und die Handtasche über die Randsteinkante geschwungen habe, weil das so schön klirrte. In der Tasche waren Weingläser, die ihr die Eltern ausgeliehen hatten, für einen Aperitiv mit Freunden vor dem Ball. Sie habe ihren Festbeutel mit Schwung auf den Bordstein gehauen, immer wieder, völlig blau. Die beiden tanzten, so erzählte sie es, sie sangen, und sie schmusten auch. Griffen sich doch unter die Kleider, das kann man sich vorstellen. Und plötzlich habe er nicht mehr lockergelassen. Es ging mit dem Vater einfach durch, er wollte sie endlich, ganz. Vielleicht war das in einem der Schöpfe, die dort an den Geleisen standen.

Ich denke schon, dass sie ihn auch wollte. Sie war jemand, der geniessen konnte, das weiss ich. Gefallen hat er ihr sicher, und die Frauen sind ja keine Steine. Aber sie hatte Angst, stell dir vor, sie hatte sicher grosse Angst davor, so weit zu gehen. Besonders in der Familie. Sie sah doch keine Zukunft mit dem Vater, jung wie der war. Vielleicht hat sie nicht viel überlegt, aber Angst hatte sie sicher. Sie habe sich gewehrt, sehr sogar, das hat sie erzählt. Sie habe das nicht gewollt. Aber er hat sie nicht mehr losgelassen.

Dem kann man nicht unbedingt vergewaltigen sagen. Wenn die Frau es so weit kommen lässt, ist es wahrscheinlich ein Grenzfall. Sie empfand es aber als Vergewaltigung. Erst viel später, als sie schon eine alte Frau war, gestand sie mir das einmal. Es ging ihr psychisch schlecht. Sie hatte ihn sicher gern, aber sie wäre niemals bis zum letzten gegangen. An die schlimmen Konsequenzen muss immer die Frau denken, ausbaden müssen es doch hauptsächlich die Frauen. Die schlimme Konsequenz, das war ich.

Er brachte sie dann nach Hause, mit der Handtasche voller Scherben.

Dort lief die Mutter in den nächsten Hammer. Wegen der Gläser, und weil sie so spät und ziemlich zerzaust ankam. Sie musste sofort zur Arbeit in die Fabrik. Der Grossvater, der Ernst, konnte wahnsinnig toben. Das Grossmueti hat immer alle Stürme geglättet, sie nahm die Mutter sicher in Schutz. Mein Grossmueti war zu allen sanft, immer nur sanft und lieb. Die Schwestern werden vor dem fuchsteufelswilden Vater geschwiegen haben. Nachher haben sie das Hildi sicher getröstet.

Sie war vierundzwanzig und ernährte die ganze Familie mit ihrem Lohn. Der Grossvati, der Ernst, verdiente fast nichts mit seiner Uhrmacherei. Er war sowieso nicht einer, der arbeitete bis zum Umfallen. Das Hildi war sehr wichtig für die Familie, schon deshalb passte dem Grossvati dieser dahergelaufene Metzgertrübel wahrscheinlich nicht. Weil die Familie auf den Lohn doch nicht verzichten konnte. Ich bin sicher, dass alle auf sie einredeten wegen dieser Bekanntschaft. Wahrscheinlich hiess es, sie solle sich rar machen. Das war ja ein geflügeltes Wort in der Familie, du kennst es. Alle Mütter in unserer Familie gaben das an ihre Töchter weiter, mit mehr oder weniger Erfolg. Es kam vom Grossmueti: «Macht euch rar, Mädchen! Das ist das wichtigste für eine Frau!» Die Familie wollte mit Sicherheit, dass sich die Mutter nach etwas Besserem umschaute.

Weisst du, ich bin mir gar nicht sicher, ob die Mutter den Vater wirklich heiraten wollte, wie er das immer behauptet. Sie sagte mir später etwas anderes. Sie sagte, dass sie ihn nur heiratete, weil sie musste. Das hat mich ziemlich traurig gemacht.

In diesem grossen Haus wurde viel geflüstert und getuschelt und gemunkelt. Immer gab es Geheimnisse, alles war voll davon. Trotzdem lebte ich wahnsinnig gerne dort, an der Birchistrasse in Zuchwil. Die Mutter hatte schon vor der Heirat ein paar Jahre in dem alten Haus gewohnt, mit den Eltern und ihren dreizehn Geschwistern. Sieben Schwestern und sechs Brüder waren es. Früher waren sie acht Schwestern gewesen, bis dann die erste Katastrophe passierte, dieser grässliche Verkehrsunfall.

Ein paar der Geschwister waren bereits verheiratet und ausgezogen, als ich kam. Darum war der Verdienst der Mutter so wichtig für die Familie. Der Grossvati hatte das Haus nach und nach auf beiden Seiten angebaut. Der Vater und die Mutter bekamen eine eigene Wohnung im westlichen Teil, als wir eine Familie wurden. Die Mutter blieb immer eine Art Zentrum im Haus. Wahrscheinlich weil sie zu allen lieb war wie das Grossmueti, das denke ich, pure Liebe war das Hildi irgendwie. Wenn man die Mutter auf Fotos sieht, hat man das Gefühl, man müsse sie beschützen, ein bisschen bemuttern. Sie hatte etwas Schutzloses an sich, etwas Seelenvolles, das jeder Luftzug verletzen konnte.

Ich kann mir sehr gut vorstellen, dass Hildis Schwestern ihr keine Ruhe mehr liessen, als sie schwanger wurde. Ich kenne ja diese Schwestern. Die Familie war sozusagen vorbelastet, aber das war ein Tabu. Es hatte nämlich sechs Jahre vor mir Katastrophe Nummer zwei gegeben, das war der Ueli. Die dritte Katastrophe war dann ich. Die Resi hatte den Ueli fast noch als Kind bekommen, sie war erst fünfzehn. Er lebte bei den Grosseltern, und ich dachte lange, er sei ihr jüngstes Kind. Später gab es diese Gerüchte. Der Ueli sei auch gekommen wegen einer Vergewaltigung. Die Resi sei im eigenen Bett überwältigt worden. Die Tante Resi war ihr Leben lang sehr eigenartig, da wäre das vorstellbar. Ich hielt es lange Zeit für böses Geschwätz. Wegen der Resi hat die Mutter übrigens den Vater kennengelernt im Schlachthaus.

Ich kann mir durchaus vorstellen, dass es hinter vorgehaltener Hand hiess: «Hildi, du musst ums Gottswillen schauen, dass du wegen dieser Sache nicht zu heiraten brauchst. Es gibt doch Mittel und Wege.» Man kannte die Engelmacherinnen, diese Hebammen, die den Frauen halfen, wenn sie einen Unfall hatten. Die haben oft das Schlimmste verhindert. Die meisten Frauen haben es in der Verzweiflung wahrscheinlich zuerst selber probiert. Mit Haarnadeln und Spritzen und solchen Sachen. Ich bin fast sicher, dass unter den Fabrikarbeiterinnen solche Dinge besprochen wurden, die Mutter hat das später angetönt. So viele Frauen auf einem Haufen, da war das sicher ein wichtiges Thema. Beim Getuschel im Haus ging es oft um Frauengeheimnisse. Laut durfte man nicht darüber reden. Ab und zu sickerte etwas durch zu uns Kindern, es war ja eng in dem Haus. Von Spülungen, Duschen, Frauenzeug. Wenn etwas nur geraunt wurde, spitzten wir die Ohren doch besonders. Man weiss zwar als Kind nicht, um was es geht, man hört nur die Wörter und macht sich daraus ein Bild, reimt sich etwas zusammen. Etwas mehr oder weniger Wildes, je nach Phantasie.

Ich bin mir ganz sicher, es war für die Mutter schrecklich, mit mir schwanger zu werden. Und dann kommen diese Ratschläge, wahrscheinlich waren sie gut gemeint: «Probier es doch mit einer Tinktur.» Vielleicht sagten sie auch Wässerchen, ich weiss, es gibt da so Lösungen. Diese Lösungen töten die Kinder ab, wenn eine Frau das in sich hineinspritzt. Für mich war das die Hölle. Diese Bilder, die ich mir nach und nach ausmalte.

Ich erzähle dir jetzt etwas. Ich war sehr lange hundertprozentig überzeugt, dass meine Eltern mich nicht wollten. Nie haben sie so etwas gesagt, aber das war mein Albtraum. Ich hatte als Kind immer so ein eigenartiges Gefühl. Es kam in der Nacht, wenn ich nicht schlafen konnte, das konnte ich oft nicht. Eines Tages fand ich den Beweis. Heute ist das lächerlich, aber für mich als Kind war es der Beweis. Die Eltern waren wieder einmal im Ausgang, und ich hütete meine kleinen Geschwister. Manchmal, wenn sie fort waren, ging ich in den Schränken rumstöbern, ohne irgend etwas Bestimmtes zu suchen. Einfach so aus Neugierde und Langeweile, wie das Kinder eben machen. Und da fand ich hinter der Unterwäsche ein grosses Buch. Es war ein Aufklärungsbuch, mit grässlichen kolorierten Tafeln von Geschlechtsteilen und unheimlichen Geräten. Wahrscheinlich waren das Verhütungsmethoden. Es war doch furchtbar, mit was für Mitteln man in jenen Zeiten zu verhüten versuchte.

Und da war eben auch diese Pumpe abgebildet. Genau eine solche Pumpe hatte ich schon früher im Nachttischchen meiner Mutter entdeckt. Diese Pumpe passte haargenau zu den Bildern, die ich mir von den Vorgängen machte, von denen die Frauen im Haus raunten. Und sie passte haargenau zu diesem Gefühl, von dem ich vorher sprach. Ich hatte eine Art Erinnerung, die verfolgte mich bis vor wenigen Jahren. Kein Bild, nur ein Gefühl. Wie es mich wegschwemmt. Dass ein Stoss Wasser mich aus allem wegreissen will. Es aber nicht kann, weil ich mich mit aller Kraft an etwas festklammere. Woher dieses Gefühl kam, das mich so verfolgte, weiss ich bis heute nicht. Es spielt auch keine Rolle mehr. Ich habe lange gebraucht, bis es mich nicht mehr plagte, aber jetzt ist es nicht mehr wichtig. Ich kam ja trotzdem auf die Welt, und das finde ich super.

Wir redeten nie darüber, ob das jetzt schlimm sei, dieses Kind, überhaupt nicht, nie. Für mich war klar: heimfahren, heiraten. Wie, spielte keine Rolle. Jetzt wird dieses Hildi geheiratet, eine Stelle gesucht, ein Dach über dem Kopf, und dann kommt das Kind. Das war das einzige, was ich im Kopf hatte. Erschreckt hat mich diese Tatsache nicht, erschüttert schon. Die Vermutung, dass so etwas passieren könnte, wenn man in dieser Zusammenstellung mit einer Frau zusammen war, lag doch ständig in der Luft.

In dieser Zeit waren wir aber glücklich, wir waren sehr verliebt. Vielleicht zu verliebt. Und ich vielleicht ein bisschen zu mutig. Mit dem Hildi war mir die Angst vor den Frauen vergangen. Von Verhütung, Tablettenzeugs und -geschichten wussten wir nichts. Die Pille gab es nicht. Und richtig aufgeklärt waren wir auch nicht, ich sicher nicht. Das Hildi schon eher, weil ihre jüngere Schwester als Kind schwanger geworden war. Das hat natürlich auf die ganze Familie abgefärbt, das ist klar. Da hiess es: «Siehst du, so kommt es heraus.» Viel mehr Aufklärung war es wohl auch bei ihr nicht.

Aber gäll, ich bereue nichts. Absolut nichts, im Gegenteil. Wer nie so verliebt war und eine solche Zeit hatte wie ich mit dem Hildi, der hat doch überhaupt nicht richtig gelebt. Auch wenn es für uns Folgen hatte, die wir uns nicht unbedingt wünschten. Die Liebe ist das Schönste, was es gibt. Manchmal kommt sie nur einmal, manchmal mehrmals, manchmal gar nicht. Aber man muss sie erkennen. Es sind so viele, die am Besten im Leben vorbeigehen. Die leben zwar, und sie geniessen das Leben zu wenig. Das hat mir nicht die Kirche gesagt. Ich war immer überzeugt, die Liebe ist etwas, das nur die beiden angeht und sonst niemanden. Aber ohne Heiraten wäre es natürlich nicht gegangen säbi Zit.

Als ich es dem Vatter erzählte, weisst du, was er sagte? Nichts. Gar nichts sagte er. Er sagte nicht: «Hans, geht das nicht anders? Willst du wirklich eine Katholikin?» Der wusste, wenn ich sage, ich heirate, dann wird auch geheiratet. Da hätte er nichts machen können, und er wollte es auch nicht. Aber glaub mir, das war schwierig für ihn. Weil er doch wusste, dass er mir nicht helfen konnte. Er half mir dann aber doch mit der Hochzeit. Er kam sogar in die Kirche, da stand ich doch fast auf den Grind, als ich den Vatter in der hintersten Reihe hocken sah. Es war das einzige Mal, dass er in eine Kirche ging, bis zu seiner Beerdigung.

Zuerst gab es natürlich Theater mit dem Pfaffen in Zuchwil. Zengerling hiess der, und der wollte mich dem Hildi ausreden. «Ja Hilda, haschst keinen besseren gefunden?» Er war Schwabe und meinte, er müsse eine grosse Röhre schwingen. Er könne sie unmöglich so mir nichts dir nichts mit einem Protestanten trauen. Schon gar nicht ohne Unterweisung. Das war eine Art religiöse Anlehre für Heiratswillige. Was man zu tun und was man zu lassen hatte als gutes katholisches Ehepaar. Ich erklärte diesem Zengerling in aller Ruhe, entweder traue er mich mit dem Hildi, so wie ich sei, oder dann werde eben protestantisch geheiratet. Da gebe das nicht so ein Theater. Dann würden aber auch die Kinder Protestanten, das sei klar. Und plötzlich ging das.

Vorher mussten wir noch zum Kanzleier. Auf die Gemeindekanzlei, zum Unterschreiben. Die kirchliche Trauung, ob katholisch oder protestantisch, das ist ja nur Beigemüse. Richtig geheiratet wurde vor dem Kanzleier, dem Zivilstandsbeamten. Das war bei uns der Maienfisch, ein hochangesehener Lehrer aus Zuchwil, eine Respektsperson. Kanzleier war ein Ehrenamt, der Maienfisch hatte viele solche Ämter.

Mausarm heirateten wir, das kann ich dir sagen, mausarm. In der Kirche in Zuchwil, am 11. Mai 1934. Die Eheringe kaufte ich in Solothurn, in der Bijouterie Mägli, die gibt es heute noch am Kronengässli. In den Ringen stand das Datum, das der Verlobung. Ostern 1934 muss das heissen, und HM, in beiden Ringen HM, gäll. Ich liess meinen extra ein bisschen weiter fertigen, er störte mich am Anfang. Ich hatte doch meiner Lebtag vorher nie einen Ring an. Das Gewändchen, das ich trug, war mein Konfirmationsanzug, nur die Schuhe waren neu und der Hut.

Das Hildi sah sehr schön aus, sicher. Ob sie ein weisses Kleid anhatte, wüsste ich nicht mehr. Vielleicht hat das Käti ihr eins genäht. Man sah überhaupt nicht, dass sie schwanger war. Elegante Schuhe mit Absätzen trug sie, das weiss ich noch, weil sie in der Kirche damit fast auf die Nase fiel. *Du wirst es nicht glauben, wir waren doch glücklich. An dem Tag waren wir einfach glücklich. Alles andere war nicht so wichtig. Nur das war wichtig, dass ich diese Frau heiratete.*

Bevor wir zum Hochzeitsessen fuhren nach Solothurn, steckte mir der Vatter noch ein Fünfzigernötchen ins Poschettli. Er gab mir nur zweimal im Leben Geld, zum ersten Mal, als ich in die Lehre fuhr nach Thun, und dann, als ich heiratete.

Mit dem Bus hotterten wir von Zuchwil nach Solothurn in den Rebstock, das ist beim Fleischmarkt, jetzt verkaufen sie im Rebstock Spannteppiche. Einen Bus zu mieten für so einen kurzen Weg war säbi Zit möglich. Es war doch eine Strecke, und niemand hatte ein Auto. Heute würden sie bei einem Carunternehmen nur lachen. Es kam natürlich nicht die ganze Familie vom Hildi mit, da hätten wir einen Sponsor gebraucht. Ich weiss noch, was es gab, Suppe, Salat, Rahmschnitzel, Nüdeli und ein Caramelköpfli. Das alles kostete drei Franken zwanzig pro Person, und dann war ich pleite. Wir waren etwa zwanzig Personen. Vaters Fünfziger brauchte ich nicht an. Der kam mir ein paar Tage später sehr gelegen für einen Notfall.

Am Nachmittag um halb drei fuhr dann das Züglein am Bahnhof Solothurn, wir hatten ja nicht viel Zeit. Ferien schon gar nicht, das gab es äusserst selten. Wir zuckelten auf unsere Hochzeitsreise, von Solothurn nach Bern mit dem Bähnchen. Und nachher Bern–Thun auch wieder mit der Eisenbahn. Im Hotel Blaukreuzhof in Thun logierten wir, alkoholfrei, das darfst du niemandem sagen. Den Blaukreuzhof kannte ich, weil ich in der Lehre dort Fleisch lieferte. Der hatte mir immer gefallen. Erstens einmal war er abgelegen. In der Nähe der Kaserne, aber nichts sonst, kein Tingeltangel rundherum. Und zweitens billig. Das Zimmer kostete fünf Franken für beide pro Nacht. Wir blieben zwei Nächte, vom Samstag auf den Sonntag und vom Sonntag auf den Montag. Das Abendessen gab es am Samstag im Hotel. Am Sonntag assen wir zu Mittag auswärts. Dann fuhren wir wieder nach Hause, das war das ganze Flittern.

Vorher spazierten wir noch ein wenig herum, ich wollte dem Hildi Thun zeigen, das schöne Städtchen und die wunderschöne Umgebung mit dem See. Thun war für mich immer etwas Spezielles, gäll, etwas speziell Schönes und Würdiges. Es war warmes Wetter, und ich wollte meine Frau über den See rudern, so hatte ich das geplant, als Überraschung. Ich war immer verliebt gewesen in diesen See, ich schwamm wahnsinnig gern. Das Wasser war mein Element. Ich schwamm gern, und ich wäre gerne gereist, in der Welt herumgekommen. Wie anders das für das Hildi war, wusste ich damals noch nicht.

Item, zuerst spazierten wir durch Thun bis nach Hünibach, das liegt vis-à-vis von der Schadau, auf der rechten Seeseite. Die Geographie war mir immer ein Hobby. Die Aare kommt vom Grimselpass und macht zuerst den Brienzersee, dann den Thunersee, dann fliesst sie bei Thun weiter, dort hat es viel Militär, dann durch viele kleine Käffchen wie zum Beipiel Münsingen, dort hat es eine Klapsmühle, dann durch grössere wie Bern, das ist die Hauptstadt, und dann auch nach Solothurn. Später in den Rhein und in den Ozean, den Atlantik, dann ist sie weg.

Ich mietete also ein Bötchen und lud das Hildi zu einem Spritzfährtchen ein. Es war richtig sommerlich für den Mai.

Zuerst ruderte ich nach Oberhofen, von Oberhofen dann Richtung Spiez auf den See hinaus. Schön mitten auf dem See hielt ich an. Wir waren jetzt verheiratet, und ich zog fröhlich meine Kleider aus. Da wäre das Hildi doch fast gestorben. Nicht weil ich nackt war, sondern weil das Boot ein bisschen schwankte, als ich aufstand und sie zu einem Bad überreden wollte. Sie wurde sehr bleich und klammerte sich am Bootsrand fest. Ich wusste doch nicht, dass sie so furchtbare Angst hatte vor dem Wasser, richtige Todesangst. Durch und durch wasserscheu war sie, sie konnte auch nicht schwimmen. Sie sagte nur: «Jö, Hans, nein! Lieber nicht! Ich möchte wirklich lieber nicht baden.» Da sprang ich allein ins Wasser und machte einen schönen Schwumm.

Erst viel später erzählte sie mir einmal, was sie ausgestanden hatte, als ich ins Wasser gesprungen war und sie allein gelassen hatte in diesem Bötchen. Sie wusste, dass der See über zweihundert Meter tief war, das hatte ich ihr beim Rudern erzählt. Hatte ein bisschen rumgehornt und die Gegend erklärt, ich kannte jeden Berg. Richtig majestätisch sind sie dort. Man sah die Alpenkette, Eiger, Mönch und Jungfrau und den Niesen natürlich, dieses Dreieck. Nach einer Weile kletterte ich ins Boot zurück, das schaukelte ein bisschen, das ist klar. Das Hildi blieb ziemlich schweigsam, aber das war sie ja oft, es wäre mir nicht aufgefallen. Ich fühlte mich herrlich und ruderte sie gemütlich nach Spiez und wieder zurück nach Thun. Das war eine rechte Strecke, das kann man sagen. Säbi Zit konnte ich rudern, ich war doch ständig auf dem See in der Lehre. Bin auch zweimal über den See geschwommen, von Gwatt nach Hilterfingen.

Der Spaziergang hatte dem Hildi gefallen, aber diese Bootsfahrt wie gesagt überhaupt nicht. Aber sie hätte nicht protestiert, als ich sie in diesen Kahn einlud, sie hat eben nie protestiert. Wenn ich gewusst hätte, was für eine grosse Angst sie ausstand, hätte ich das doch nicht gemacht. Aber ich wusste es eben nicht. Ich hätte es merken müssen, gäll.

Wir gingen mit den Kindern viel baden, später, das war etwas, was ich gerne machte mit den Kindern, das Sportliche. Das Hildi schwaderte immer nur am Rand herum, sie ging nie weiter als bis zu den Knien ins Wasser. Wenn ich dabei war, kam sie manchmal bis zum Bauchnabel. Ich hätte sie gerne schwimmen gelehrt, aber sie hatte den Fidutz nicht dazu, keinen Mut. Und ich war nicht unbedingt gesegnet mit Engelsgeduld. Sie hatte einfach diese furchtbare Angst vor dem Wasser. Auch vor der Höhe hatte sie Angst. Aber damals wusste ich auch das nicht. Weisst du, es war typisch, dass sie nichts sagte. Ich denke, dort auf dem Thunersee auf unserer Hochzeitsreise wollte sie tapfer sein. Sie wollte mehr können und ertragen, als sie in Wirklichkeit ertrug, und schwieg. So war das immer mit ihr.

Als wir das Boot zurückbrachten, merkte ich dafür etwas anderes, etwas Schreckliches. Ein grauenhafter Moment war das, es verdarb mir grad den Tag. Ich hatte den Ring verloren, den Ehering. Er war mir ja zu weit, und jetzt war er weg. Wenn man ins kalte Wasser springt, zieht es einem alles zusammen. Da ist mir der neue Ring vom Finger gerutscht beim Schwimmen, und ich merkte es nicht. Herauftauchen hätte ich ihn nicht gekonnt, bei der Tiefe, auch wenn ich es sofort gemerkt hätte. Ich musste so nach Hause, mit dem Finger ohne Ring.

In Solothurn kaufte ich mir sofort einen neuen, aber nicht im gleichen Geschäft, das war mir peinlich. Ich brauchte dazu die fünfzig Franken vom Vatter. Diesmal liess ich ihn eng genug machen, kannst denken, damit ich ihn nie mehr verlieren konnte. Der wuchs mit den Jahren richtig ein ins Fleisch. Und jetzt ist der so verkrüppelt. Der kleine Finger ist ab, das war ein Unfall, und der Ringfinger ist verkrüppelt. Ich kann den nicht mehr geradebiegen, da kann ich mir Mühe geben wie ich will. Seit das Hildi tot ist, wird er nur noch krummer.

Erst nach ihrem Tod habe ich den eingewachsenen Ring wegnehmen lassen, vor dreizehn Jahren. Aufklemmen musste man ihn, richtig in zwei Hälften sägen. Mit dem eingewachse-

nen Ring war der Finger noch gerade. Seit der Ring weg ist, ist das nur noch ein Krüppel.

Das stört mich aber nicht. Ich brauche diesen Ringfinger ja nicht mehr, gäll. So verzworgelt braucht er auch weniger Platz im Sarg.

II

Teufel

Nicht, das Hildi war meine Schwester und achtzehn Jahre älter als ich. Ein bisschen wie eine Mutter war sie für mich, solange wir alle zusammen in Zuchwil wohnten. Unsere Mamme hatte ja wenig Zeit. Wie es für das Hildi war in der Zeit mit uns in Zuchwil, das kann ich dir nicht ganz genau sagen. Weil wir eben diesen grossen Altersunterschied hatten. Ich bin jetzt achtzig, und man vergisst ja viel. Aber von mir kann ich dir erzählen, was ich noch weiss vom Leben in unserer Riesenfamilie. Ein bisschen stellvertretend, oder nicht, dann hast du ein Bild. Für das Hildi wird es nicht so anders gewesen sein als für mich. Sie hätte dir selber wahrscheinlich gar nicht viel erzählt von sich, das könnte gut sein. Das Hildi schwieg lieber, wenn es um sie ging, sie war nicht so eine Plaudertasche.

Die Mamme, die Berta, machte die Barriere auf und zu, aber mich gab es da noch gar nicht. Sie wusste, wann die Züge fahren, und dann machte sie die Barriere zu. Viele Züge waren es sicher nicht, am Anfang vom zwanzigsten Jahrhundert. Und Solothurn war ja nicht unbedingt eine Grossstadt. Die Mamme war Bahnwärterin, und darum bekamen wir das Bahnwärterhaus, also noch ohne mich. Ich kam erst als letzte, 1926. Aber zwölf waren schon gekommen von uns fünfzehn. Die Fehlgeburten zähl ich jetzt nicht, sonst wären wir siebzehn gewesen. Nachher waren wir ja nur noch vierzehn. Die Fehlgeburten sind dort, wo es Löcher hat in den Jahrzahlen, so zwischendrin hatte sie die.

Am Anfang waren gar keine Löcher, da kam jedes Jahr eins. 1906 fingen sie an, die Mamme und der Pappe, gerade nach der Heirat, in St. Niklaus. Vielleicht fingen sie ja schon vorher an, das weiss man nie so genau. Vier kamen dort. Die

Lotte, das ist die älteste, dann der Ferdi, der lernte Konditor und wollte mal abhauen zur Fremdenlegion. Dann kamen schon das Hildi und das Anni.

Lustig, die Mamme erzählte mir einmal, dass sie gar nicht wusste, dass da Zwillinge drin sind. Sie ging doch nicht zu einem Doktor wegen einer Schwangerschaft. Solange sie arbeiten konnte, ging sie nicht zum Doktor. Da brauchte es also viel. Erst als die Hebamme sagte: «Berta, jetzt nochmal tapfer sein. Es kommt noch eins», da merkte sie das. Das Hildi war die ältere, das Anni die jüngere. Dass Zwillinge so verschieden sein können, das kann man sich gar nicht vorstellen. Die Hebamme machte beiden Mädchen ein Bändchen ans Handgelenk, dem Anni ein hellblaues, dem Hildi ein rosarotes. Das machte man so bei Zwillingen, damit man sie auseinanderhalten konnte. Das wäre aber gar nicht nötig gewesen. Die Hebamme sagte: «Jetzt schau dir die beiden an, Berta. Die eine so hübsch und die andere so ein hässliches Entlein, nicht. Die Bändchen können wir grad wieder abnehmen, du weisst auch so, welches schon gefüttert hast.» So hat mir das die Mamme erzählt.

Dann wird es endgültig zu eng geworden sein im Häuschen in St. Niklaus, und sie mussten fort. Der Pappe, der Ernst, wird noch in der Uhrenfabrik gearbeitet haben. Und für die Mamme fanden sie eben diese Stelle, zu der auch das Bahnwärterhaus gehörte. Der Verdienst war da gleich null, aber man hatte ein Häuschen, das wird den Ausschlag gegeben haben. Gross war es nicht, eher winzig. Eine oder zwei Kammern und eine Stube und eine Küche. Der AB war draussen. Die Barriere gehörte zu Bellach, wo die Bahn sich scheidet. Auf der unteren Seite ist die Allmend, auf der oberen Seite die Bielstrasse, das ist eine der grössten Strassen in Solothurn. Dort stand das, aber jetzt nicht mehr.

Nach dem Hildi und dem Anni gab's ein Loch, und dann kamen der Otti, der Franz, die Resi, der Oski, der Walti, das Lineli, das Käti, wieder ein Loch, das Emmi, das Elsi, der Hubert und zuletzt eben ich. Mili nannten sie mich, Milena sagte nie jemand, nicht einmal der Pfarrer. Zwölf waren es im Bahnwärterhaus, ich frage mich wirklich, wo sie alle hingetan haben. Wahrscheinlich waren drei oder vier in einem Bett, oder nicht. Wir drei Kleinsten kamen aber erst auf dem Land, im Bauernhaus im Schöngrün. Dort sind wir später hingezogen. Wahrscheinlich auch, weil sich im Bahnwärterhäuschen die Wände bogen vor lauter Kindern, das könnte man sich vorstellen.

Da kam ja einmal ein Uniformierter von der Bahn, der kontrollierte, wie viele Leute in dem Häuschen hausten. Die wollten nicht, dass eine ganze Schulklasse drin wohnte, weil dann so ein Haus ja kaputtgeht. Der fragte unseren Pappe: «Wie viele Kinder haben Sie?»

«Eins.»

Das war doch gelogen. Das hat der Pappe oft erzählt, und dann auch immer gesagt, es sei aber nicht gelogen. Weil er nämlich bei sich dachte «ein Dutzend», und dann stimmt das eigentlich, wenn man das so anschaut, nicht. Lügen war schlimm, das achte Gebot. Da litt es gar nichts. Der Pappe war streng mit diesen Sachen. Sehr streng. Vielleicht sogar ein bisschen jähzornig. Das wirkte sich vermutlich in diesen Schlägen aus. Er war sehr – er schlug also sehr schnell drein, doch. Die Mamme ja nicht. Nur ein einziges Mal hat sie mich geschlagen. Das machten früher alle, man ist als Kind doch andauernd gehauen worden. Da war der Pappe überhaupt nicht der einzige.

Aber dass er ein Böser sei, das hätte ich deswegen nicht gedacht. Ich hatte meinen Pappe gern. Er hatte zwar einen stacheligen Schnauz, aber sonst hatte ich ihn gern. Es kann schon sein, dass es für die Älteren anders war als für mich. Ich hatte ein bisschen eine Sonderstellung, ich war ja das Nesthäkchen, nicht.

Das Hildi erzählte mir, dass es nicht nur im Bett, auch beim Essen so eng gewesen sei im Bahnwärterhaus. Ein Gedränge und Gepuffe und nicht unbedingt grad viel zu essen. Man ass oft aus der gleichen Schüssel, und die war in der Mitte vom Tisch. Die mit den Ellbögen bekamen natürlich mehr, das ist klar. Und der Pappe ass auch gern, er war ja kräftig, er hatte etwa meine Grösse. Eine Riesin war ich bei Gott nie, aber jetzt bin ich noch kleiner geworden. Ein Grosser war der Pappe also nicht. Dafür hatte er immer diesen Stecken neben dem Teller, weil seine Arme zu kurz waren. So einen langen Holzstecken mit Lederriemen vorn dran, die hatten Knoten, Knute sagten wir dem Stecken. Man konnte damit auch Teppiche klopfen. Diese Knute hatte er immer dabei, auch später für uns. Er hätte ja in der Enge am Tisch nicht aufstehen und Schläge verteilen können. Die unten am Tisch hätte er sowieso nicht erwischt, da ging das besser mit der Knute, dann war es ruhig. Das Hildi fand diese Essen immer schrecklich, das erzählte sie mir. Sie war in Bellach im Bahnwärterhaus schon ein Schulkind.

Die Mamme, die Berta, sah genau so aus wie das liebste Mammeli der Welt. Und so war sie auch. Jemand sehr liebes also, und sehr herzig. Ein herziges kleines Fraueli, nicht. Sie war etwa so gross wie der Pappe. Sie hatte dickes schönes Haar, immer ein Hüppi, einen Chignon sagt man auch. Nicht nur so ein kleines Knöpfchen wie die meisten, sondern einen schweren Haarknoten, auf den war sie stolz. Sonst hatte sie nicht viel an sich, worauf sie stolz gewesen wäre. Das war gar nicht ihre Art.

Laufen konnte sie nicht gut, weil sie geschwollene Beine hatte. Von den Schwangerschaften, oder nicht. Und müde war sie immer, ganz still vor Müdigkeit. Oft sass sie da und lächelte, das Mammeli, mit dem kleinen Buckel. Der wurde mit der Zeit immer grösser. Sie hat häufig gelächelt, und man wusste eigentlich nicht warum. Vielleicht hat sie gebetet. Sie ging ja jeden Tag mindestens einmal in die Kirche, sehr fromm war das Mammi. Aber das war eine Fromme, die nicht an den anderen herumbickelte. Die Mamme hat nicht andauernd allen gesagt, was sie zu tun hatten und was nicht. Sie beharrte nicht darauf, dass nur sie recht hätte. Auch den Ferdi, den Ältesten, hat sie nicht verstossen, obwohl der dann zu dieser Sekte ging, zu den Zeugen Jehovas. Sie sagte nur: «Glaub, was du glauben musst, Ferdi. Aber glaube es richtig.» Auch das Resi verstiess sie nicht wegen dem Ueli, das schon gar nicht. Gelitten hat sie aber, das weiss ich. Gesagt hat das Mammeli wenig, und geklagt hat sie nie.

Der Pappe liebte das Mammi sicher. Sonst hätte er sich wahrscheinlich nicht umtaufen lassen. Doch, ich hatte das Gefühl, sie hatten sich gern. Einmal kam ich früher von der Schule nach Hause, und da sah ich sie zusammen auf dem Bett. Der Pappe lag auf dem Mammi drauf, und sie schmüselten. Also gern hatte er sie schon. Aber ich weiss auch, dass er sehr eifersüchtig war. Weil – mein herziges Mammeli – mit so vielen Kindern – eins nach dem andern und immer schwanger, oder nicht! Vielleicht wollte sie nicht so oft wie er, das könnte man sich denken.

Einmal traf sie sich am Abend mit einer Kollegin, das erzählte sie einmal. Ihre Mutter war aus St. Niklaus zu Besuch gekommen und schaute zu den Kindern, und das Mammi konnte sich mit dieser Freundin treffen. Die wohnte am anderen Ende von Solothurn, ein bisschen ausserhalb. Da sei ein wahnsinniger Regen gekommen, Sturm und Gewitter, und das Mammi war ja zu Fuss unterwegs. Die Freundin sagte: «Jetzt kannst du nicht nach Hause, Berta, das kommt nicht in Frage.» Sicher war die Mamme schwanger, und zum Fahren hatte sie nichts. Ein Telefon gab es auch nicht. Da übernachtete sie bei der Kollegin und dachte, dass der Pappe sich das überlegt, dass sie bei dem Hudelwetter bei der Freundin bleibt. Als sie am nächsten Tag nach Hause kam, sei er aber fuchsteufelswild geworden, furchtbar. Weil er überzeugt war, sie sei bei einem andern. Ob er sie auch geschlagen hat, darüber sagte sie nichts. Aber wenn man ihn kennt, oder nicht. Sie erzählte mir das viel später einmal beim Abwaschen. Und sie hatte dieses Augenwasser. Richtig geweint hat unser Mammeli eigentlich nie.

Immer wieder alles zusammenpacken mussten sie, ständig umziehen. Das Hildi achtmal als Kind, ich ein bisschen weniger, weil ich zuletzt kam. Mit so vielen Kindern ist es schwierig zu wohnen, man hätte eigentlich zwei Wohnungen gebraucht. Ohne Geld und in der Stadt war das doch fast unmöglich. Auf dem Land schon eher, mit der Landwirtschaft hatte man wenigstens etwas zu essen und ein Haus. Das wird sich der Pappe überlegt haben, als er diesen Bauernhof mietete auf dem Hügel im Schöngrün. Das ist hinter dem Bürgerspital, beim Gefängnis, auf der rechten Seite der Aare. Dort kamen dann wie gesagt wir drei Jüngsten auf die Welt. Die einen kommen, die andern gehen, so ist das.

Jösses Maria, Kummer und Sorgen, nichts anderes war das Schöngrün. Der Pappe war doch kein Bauer. Viel mehr als eine Ahnung hatte er nicht, als Uhrmacher. Die älteren Geschwister halfen ihm, sie arbeiteten als Knechte und Mägde. Wobei, eigentlich nur als Mägde, die Lotte, das Hildi und das Anni. Der Ferdi lernte Konditor. Der Mamme ging es nicht gut, sie war ganz erschöpft. Sie krampfte natürlich trotzdem mit auf dem Hof. So viele Kinder hatte sie schon gehabt, und es ging immer weiter. Eben wegen dem Katholischen. Als gute Katholikin durfte man auf keinen Fall etwas dagegen unternehmen. Das war doch die Bestimmung der Frau, Kinder zu gebären, egal wie viele, oder nicht. Möglichst viele.

Die Mamme erzählte mir einmal, sie habe nach einer Verschüttung, nach einer der Fehlgeburten, den Doktor gefragt, ob man denn nichts machen könne. Ob er da bitte bitte nicht etwas abstellen könne, damit nicht noch mehr kommen. Da unten etwas zunähen, oder nicht, nach zwölf Kindern. Nicht wegmachen meinte sie, vorsorgen. Aber als sie das fragte, war es schon wieder soweit, die kamen bei der Mamme wie nichts. Der Herr Doktor sagte: «Berta, es ist doch alles in bester Ordnung. Jetzt tragt das schön nochmal aus, dann schauen wir weiter.» Aber der schaute eben nie, dass es aufhörte. Dann wäre ich jetzt aber auch nicht da, nicht.

Schlimm war für die Mamme auch, dass der Pappe immer eifersüchtiger wurde. Das erzählte sie mir auch beim Abwaschen. Das war später mein Ämtchen, abtrocknen, da wohnten wir schon in Zuchwil an der Birchistrasse im grossen Haus mit allen. Sie wusch in einem Becken auf dem Tisch das Geschirr. Der Schüttstein war in der Ecke, und dort war es dunkel und muffig. Ich seh sie noch, wie sie über dem Metallbecken stand und die Teller sorgfältig sauber machte und sie dann mir weiterreichte. Dazu erzählte sie Geschichten, traurige meistens. Im Schöngrün hatten sie einen Knecht. Ich glaube, der Pappe arbeitete vor allem in der Uhrenmacherei, um ein paar Batzen zu verdienen, weniger in der Landwirtschaft. Er war also nicht immer auf dem Hof. Dieser Knecht mochte das Mammi. Sehr gut mochte er sie sogar. Er hatte grosses Bedauern mit ihr, weil sie doch so krampfen musste mit dem Kind im Bauch. Und wahrscheinlich mochte sie diesen Knecht eben auch, das könnte man sich vorstellen, oder nicht. Weil er ihr half, wo er konnte, das Mammi war gar nicht verwöhnt.

So habe der mit ihr geredet: «Jetzt lasst das mich machen, Frau Bärtschi. Das ist doch nichts für Euch! Ruht Euch ein bisschen aus, ich kann das gut allein.» Das hat ihr sicher wohlgetan, stell dir vor. Aber einmal ist der Pappe aufs Feld gekommen, als sie und der Knecht daran waren, das Korn auf den Wagen zu laden. Und da hat er etwas beobachtet, jedenfalls behauptete er das. Es war Sommer, schön warm. Der Knecht hatte sein Hemd wohl ausgezogen, das Mammi sicher die Ärmel hochgekrempelt, so weit es ging. Die Knöpfe der Bluse waren vielleicht nicht ganz bis zuoberst geschlossen, oder nicht, bei der Wärme. Die Mamme stand auf dem Wagen im Korn, und der Knecht unter ihr und reichte ihr die Ährenbündel auf den Wagen hinauf. Sie bückte sich, und der Ausschnitt einer schwangeren Frau ist ja immer eine Augenweide. Sie lachten einander an, oder nicht, das darf man. Der Pappe behauptete aber, dass sie sich auch an den Händen berührten, wenn der Knecht der Mamme die Bündel hochreichte. Länger als nötig.

Sie sagte mir nicht, ob es stimmte. Jedenfalls wurde der Pappe wieder fuchsteufelswild. Er hätte den Knecht mit der Sense beinahe geköpft. Hat ihn auf der Stelle fortgejagt.

Ich vermute ja, dass die beiden schon ein bisschen liebäugelten. Ich kann mir das also vorstellen. Ich war ja auch so eine, die die Männer gern hatte. Das Käti, die Resi und ich, wir waren sicher die in der Familie, die am Männervolk Freude hatten. Das Hildi vielleicht auch, sie war aber zurückhaltender, und die anderen gar nicht, jedenfalls nicht, dass ich wüsste.

Die Mamme warnte uns Mädchen immer: «Meitschi, passt auf euch auf! Macht euch rar!» Das war ihr Spruch, immer nur das: «Passt auf!» Die Männer waren ziemlich wild damals, viel wilder als heute, es war ihnen viel mehr erlaubt, eigentlich fast alles. Aber wovor aufpassen, oder nicht? Davon hatte ich keinen blassen Schimmer, wovor aufpassen. Nur das, dass man sich wegen irgend etwas vor den Männern in acht nehmen musste. Das macht einen doch gerade neugierig!

Mit den Mannsbildern vertrug sich der Pappe schlecht. Er hatte mit vielen Streit, und dann flogen die Fetzen. Auch mit unserem Nachbarn im Schöngrün hatte er Streit, mit dem Gschwend. Der war ein richtiger Bauer und machte sich lustig über den Pappe, weil der wenig verstand von Landwirtschaft. Natürlich sagte er das nicht laut zum Pappe, aber in der Wirtschaft. Da war der natürlich allergisch, das ging an seinen Stolz, obwohl es doch stimmte. Dafür hatte dieser Gschwend nur ein Kind, das Silveli. Beide Männer waren eifersüchtig aufeinander und wollten einander übertrumpfen, oder nicht. Der eine hatte bessere Ernten auf dem Feld, der andere pflanzte seiner Frau ein Kind ums andere. Also.

So ein schreckliches Unglück hätte dem Schöngrün-Nachbarn, dem Gschwend, aber niemand gewünscht. Und sich selber wünscht man sich so etwas zuletzt. Ein Unglück kommt selten allein, so ist das.

Die Kleinen spielten immer draussen, sie konnten sich überall frei bewegen, mussten noch nicht so viel helfen wie die Grossen. Die Grossen besorgten mit der Mutter den Haushalt, den Garten, die Tiere und das Feld. Die Mittleren hatten neben der Schule leichtere Ämtchen. Das Lineli zum Beispiel, die Nummer zehn, brachte vor und nach der Schule mit der Bänne die Milch in die Käserei, unten in Solothurn. Es hätte doch sicher auch lieber gespielt. Das Silveli, das einzige Töchterchen vom Nachbarn, war meistens auch mit den Kleinen unterwegs. Im Schöngrün war es wunderbar zum Spielen, nur zum Gefängnis hinüber durfte man nicht. Dafür in den Wald, im Wald spielten alle besonders gern, dort war es am spannendsten.

Eines Abends kam das Silveli nicht mit den anderen nach Hause zurück. Das Hildi erzählte mir später davon, sie war mit auf der Suche. Alle, die im Schöngrün wohnten, kamen zusammen und suchten das Kind. Ob Freund oder Feind, nicht, alle. Sie suchten es überall, auf den Dachböden, in den Heuschobern, in den Ährenfeldern, im Wald, beim Spital, sie fragten sogar im Gefängnis. Erst am Morgen fanden sie es. Zuerst fanden sie das Bäbiwägeli, aber ohne Puppe. Dann fanden sie das Bäbi. Und am Schluss fanden sie das Silveli, im Wald. Das Hildi weinte, als sie es mir erzählte. Der Mund des Meitschelis war aufgesperrt, das ganze Mäulchen mit Moos vollgestopft. Ein Mann habe das Silveli missbraucht. Ich hatte keine Ahnung, was das heisst, aber es musste etwas ganz Schreckliches sein, was der mit ihm gemacht hatte. Das merkte ich, ohne zu wissen, was gemeint war. Es war das, was alle meinten mit dem ewigen «Passt auf euch auf, Meitschi». Als er mit dem Silveli fertig war, liess er es einfach liegen, mit dem Mund voller Moos. Sonst hätte es schreien können, und dann hätten es die anderen gefunden, aber so hörte es niemand. An diesem Moos ist das Silveli erstickt.

Kurze Zeit später waren wir an der Reihe. Es war das Lineli, das bei uns drankam. Und noch einmal der Gschwend. Das war ein richtiger Unglücksrabe, ein richtig armer Tropf war der. Das Lineli ging in die erste Klasse. Das Hildi war schon sechzehnjährig und nicht mehr in der Schule. Eine Lehre konnte sie nicht machen, weil wir kein Geld hatten für das, nur die Buben machten eine Lehre.

Das Lineli hatte wie gesagt das Amt, die Milch in die Molkerei zu bringen, hinunter nach Solothurn. An diesem Tag begleitete es das Hildi ein Stück, sie musste Kommissionen machen in der Stadt. Das Unglück geschah unten an der Bahnunterführung, wo die Strasse ziemlich steil runterkommt vom Schöngrün. Wenn man sich überlegt, was für gemeine Zufälle am Werk sein können! Das Lineli marschierte mit dem Hildi und der Bänne auf der Strasse zur Molkerei. Da kam der Doktor den Berg runter und überholte die beiden mit dem Auto, ziemlich rassig. Er war einer der wenigen, die ein Auto hatten, in den zwanziger Jahren, oder nicht. Er kam gerade von der Mamme, der ging es nicht gut, sie hatte den Hubert im Bauch. Das Lineli winkte dem Doktor. Darum schaute sie nicht auf den Weg und stolperte und fiel hin. Die Strasse war ja nicht geteert.

Direkt hinter dem Doktor kam der Unglücksrabe, der Gschwend, mit dem Fuhrwerk den Hügel runter wie der Teufel. Vielleicht liess er die Pferde ein bisschen mehr gehen als sonst. Weil er sich doch von diesem Herrn Doktor im Automobil nicht abhängen lassen wollte, oder nicht, das kann man sich vorstellen. Das Lineli fiel dem Gschwend direkt vor die Räder. Er raste mit dem Fuhrwerk über seinen Hals. Das Schwesterchen war sofort tot.

Das Hildi erzählte mir, sie hätten es der Mamme nicht sagen können an jenem Tag. Sie mussten lügen, etwas erfinden. Aber am nächsten Morgen konnten sie es nicht mehr verheimlichen. Es ist doch ein Wunder, dass der Hubert in ihrem Bauch bleiben konnte, oder nicht. Bei so einem Schock.

Wir zogen dann weg vom Schöngrün. Scheint's zuerst auf einen anderen Bauernhof, aber daran erinnere ich mich nicht mehr. Anscheinend wurde das auch nichts. Dann kamen wir wieder hinunter, zurück an die Bahnlinie, nach Zuchwil, das ist ein Vorort von Solothurn. Ein Dorf war das damals, heute ist alles mit der Stadt verwachsen. Die Eltern hatten das Alpenrösli gefunden, «Bäckerei – Fam. Bärtschi-Felder – Conditorei» hiess es auf einer verschnörkelten Tafel über der Tür. Es hatte grosse Schaufenster, auf denen stand «Spezereihandlung», «Kaffeehalle» und «Alkoholfreie Speisehalle», das weiss ich noch, weil ich an diesen Tafeln das Lesen übte. Vor dem Haus war eine Zapfsäule für Benzin, da waren wir besonders stolz. Es ist heute immer noch ein Restaurant dort, gerade vor der Bahnunterführung, Restaurant Pisoni. Vis-à-vis ist eine Waffenhandlung.

Das Alpenrösli pachteten sie vor allem wegen dem Ferdi, nicht. Der Ferdi war unser ältester Bruder, und der durfte ja Konditor lernen in der Bäckerei Fankhauser. Das waren reiche Verwandte vom Pappe. Aber eine Lehre nützt halt nicht immer, um so einen Burschen vernünftig zu machen. Unser Ferdi machte Probleme.

Ich sehe heute noch den Pappe. Über Nacht wurde der grau, vor Kummer. Weil der Ferdi verschwand und nach Tagen plötzlich dieser Telefonanruf kam, Ferngespräch. Der Pappe wurde aufgefordert, den sauberen Sohn, der im Jura hinten dem Teufel ab dem Karren gefallen sei, gefälligst abzuholen. Der Pappe musste den Ferdi mit dem Zug und zu Fuss aus dem Gefängnis holen, irgendwo an der Grenze zu Frankreich. Das grosse Portemonnaie musste er auch mitnehmen und eine hohe Strafe bezahlen. Der Ferdi hatte versucht, in die Fremdenlegion einzurücken, mit noch nicht zwanzig. Da haben sie den doch geschnappt, oder nicht. Vermutlich wollte er einfach weg, das kann ich mir vorstellen, ein bisschen abenteuerlen. Vielleicht war ihm auch das ganze Chaos zu Hause zuviel. Im Alpenrösli gingen ja die Katastrophen weiter. Wegen dem Resi und auch sonst. Der Ferdi war vielleicht der Sensible unter den Brüdern.

Mit der Fremdenlegion war nichts, er blieb schön Konditor im Alpenrösli, als ihn der Vater heimbrachte. Dafür wurde der Ferdi jetzt Prediger. Das lag bei uns ein bisschen in der Familie, das mit diesen Sekten und Freikirchen, aber es waren nicht alle bei den Zeugen Jehovas. Der Pappe war bei den Neuapostolen, bevor er Katholik wurde, und der Franz, die Nummer sechs in der Familie, ging auch zu den Neuapostolen, als er heiratete. Weil seine Frau, die Klara Thaler, auch bei denen war. Eigentlich komisch, wie leicht die Männer bei uns den Glauben wechselten, nicht. Die Thalers wohnten dann später bei uns im grossen Haus an der Birchistrasse. Da lernte der Franz diese Klara kennen.

Aus dem Ferdi wurde ein Zeuge Jehovas, und die müssen predigen. Ein ganz eifriger Prediger wurde er sogar. Ich habe das gehasst, das kann ich dir sagen. Ich musste später nämlich dauernd mit auf diese Predigertouren, hinten auf dem Velo, er war ja neunzehn Jahre älter als ich. Auf dem Anhänger hatte er einen grossen Grammophon zum Aufziehen, mit einem Trichter, und diese Traktätchen. Den Grammophon stellte er zum Beispiel in einem Strandbad, wo viele Leute waren, auf den Boden. Dann zog er ihn auf, aus dem Trichter schallten die Predigten und dazu musste ich Traktätchen verteilen. Danach predigte der Ferdi selber weiter. Am schlimmsten war es für mich, wenn er dabei nackt war. Und rundherum hingen ihm bei Gott alle füdleblutt am Maul. Jösses Maria, fand ich das grauenhaft. Beim Predigen bewegte sich doch dem Ferdi seine ganze Herrlichkeit, man wusste nicht, wo hinschauen. Nacktkultur sagten sie dem. Der Ferdi war Zeuge Jehovas und Nudist. Ich wäre am liebsten im Boden versunken, so habe ich mich geschämt. Er wollte immer, dass ich mich auch ausziehe wie alle anderen, aber da weigerte ich mich kategorisch. Ich behielt das Unterleibchen an und verschloss es unten mit einer Sicherheitsnadel, die hatte ich immer dabei für Notfälle. Ich hatte doch wahnsinnig Hemmungen, mich nackt zu zeigen. Von der Mamme aus, oder nicht.

Sie machten also dieses Tea Room Alpenrösli auf in Zuchwil. Der Ferdi war in der Backstube, das Hildi kochte, die Resi servierte. Die Mamme wird wie immer überall mitgearbeitet haben. Der Pappe wird auch irgend etwas gemacht haben. Wir Jüngsten waren mehr im Weg und nicht so nützlich. Wir schauten durch das Bodenfenster in die Backstube hinunter und machten bäbä. Dann spritzte uns der Ferdi mit Wasser voll, das war ein Gaudi.

Viel Ahnung hatte ja keiner von der Branche. Eher gar keine Ahnung. Der Ferdi konnte konditern, und das Hildi konnte kochen. Das hatte sie bei einem Italiener gelernt, bei dem sie in der Küche half. Vom Geschäften hatte doch niemand einen Schimmer, von der Buchhaltung und solchen Sachen. Es war dann gar nicht so, dass uns im Alpenrösli das Glück anlachte. Nicht nur, weil sie keine Bilanzen führten, sondern auch wegen dieser Weltwirtschaftskrise. Die wollte und wollte nicht aufhören. Die Leute gaben wenig Geld aus für Konditoreiwaren, und man ass auch nicht auswärts. Und dann passierte diese Katastrophe mit dem Resi, der Unfall. Wenn man überhaupt von Unfall reden kann, oder nicht. Das war ungefähr vier Jahre nach dem Tod vom Lineli.

Die Mamme erzählte mir später einmal beim Abwaschen, sie habe es selber gesehen. An einem Morgen sei sie ausnahmsweise die Mädchen wecken gegangen, sie machte das sonst nicht. Und da habe sie die beiden gesehen, im gleichen Bett, sie haben geschlafen. Es war die Resi, und neben der Resi ein Mann. Ein unbekannter Mann sei das gewesen, und der sei zum Fenster hereingestiegen. Das war nicht so schwierig, weil es ja eine grosse Terrasse hatte im Alpenrösli. Der sei also durch das Fenster hereingekommen und zum Resi unter die Decke. Wahrscheinlich meinten sie am Anfang, sie schmusen nur. Das Resi hatte sicher keine Ahnung, wie das entsteht, oder nicht. Mit der Mamme konnte man über das nicht reden, und sonst hat es einem auch niemand gesagt. Die Mamme behauptete, die Resi sei vergewaltigt worden. Und als sie ins Zimmer gekommen sei am Morgen, sei der erwacht und wieder aus dem Fenster verschwunden.

Ein junger Bursche sei das noch gewesen, aber das ist ja auch ein Mann, wenn man schwanger wird. Einer aus Derendingen oder von Luterbach. Es seien zwei beteiligt gewesen. Der Romeo, der war ein guter Kunde im Alpenrösli, der habe das mit diesem Burschen ausgeheckt. Eine Art Wette, ob der andere das schaffe, bei der Resi ins Bett zu kommen. Unser Resi wurde also schwanger. Erst fünfzehn war sie, als sie den Ueli bekam.

Ein paar Sachen finde ich aber heute noch komisch an der ganzen Geschichte, das muss ich einfach sagen. Die kann ich mir bis heute nicht erklären. Zum Beispiel, dass das Hildi doch im gleichen Zimmer schlief wie das Resi und nichts von dieser Vergewaltigung merkte. Nichts. Vielleicht war sie ja nicht da. Sie war zwanzig, da kann es sein, dass sie im Ausgang war. Wobei, das Hildi ging sicher nicht oft in den Ausgang mit zwanzig. Da liess ihr nämlich der Pappe die Zähne ausreissen. «So fertig, jetzt gibt es eine Schublade!» So nannte er das Gebiss. Ich denke, sie hatte doch schöne Zähne, die meisten von uns hatten schöne Zähne, da ist das doch schade. Und wie das wehtut, alle aufs Mal ausreissen! Sie musste also ein paar Monate zahnlos herumlaufen wie eine Alte, weil der Pappe fand, sie bräuchten das Geld für das Geschäft und nicht für künftige Zahnreparaturen. Bis sie den Betrag zusammenhatten für die Schublade, dauerte es eben ziemlich lange. Da war das Hildi wahrscheinlich lieber zu Hause als im Ausgang, so ohne Zähne, nicht.

Aber wegen der Resi – ich meine, man hört doch immer etwas, auch wenn man sehr leise macht. Und dieses Bürschchen vergewaltigt die Resi, da macht die doch nicht extra leise? Sie war sowieso keine Schüchterne. Die Resi hätte sich gewehrt, und das hätte man gehört, das denke ich. Aber es hörte niemand etwas. Und dann schliefen die nach der Vergewaltigung schön ein? Und am Morgen kommt die Mutter herein und sieht den? Und schreit ebenfalls nicht, als sie den Vergewaltiger sieht? Wartet, bis der seelenruhig wieder zum Fenster hinausgestiegen ist im ersten Stock. Das begreife ich bis jetzt nicht. Vom Hildi habe ich nie etwas darüber erfahren. Ich habe auch nie gebohrt. Ich glaube, niemand hat je an dieser Geschichte gebohrt.

Diesen Vergewaltiger fand man scheint's später. Kann sein, weil ihn dieser Romeo verpfiff. Später bekam der Romeo ja das Anni, Hildis Zwillingsschwester, zur Frau. Vielleicht war es so mit dieser Vergewaltigung. Jedenfalls erzählte mir die Resi das so.

Das Resi konnte das Kind nicht zu Hause auf die Welt bringen, das war klar. Man versteckte sie in einem Heim für gefallene katholische Frauen. Dort waren all die Mädchen, die so ein Kind erwarteten. Das gab es in vielen Familien. Sie mussten dort arbeiten, und dann half man ihnen bei der Geburt. Ich wusste aber nicht, dass die Resi in diesem Heim war, ich dachte, sie ist bei Verwandten. Und eines Tages kommt unser Resli mit einem Bübchen im Arm daher. Ich war ja noch sehr klein, aber an dieses Bild erinnere ich mich genau. Das Kindchen hatte ein Samtkittelchen an, mit einem weissen Spitzenkragen. So trug das Resli den Ueli auf dem Arm, das sehe ich jetzt noch.

Und weisst du was? Ich war immer überzeugt, das sei mein Bruder. Erst als ich grösser wurde, sagten sie mir, dass der Ueli mein Neffe sei. «Der Ueli ist mein Bruder», das erklärte ich auch den Leuten. Die dachten wahrscheinlich, der Ueli sei der Jüngste von der Mamme und vom Pappe. Das war ihnen wahrscheinlich recht, weil es dann gegen aussen kein Uneheliches war. Und es stimmte auch auf eine Art. Zwar hatte ihn die Resi nach Hause gebracht, aber das dünkte mich nicht komisch. Sie hat ihn einfach abgeholt, dachte ich, die Mamme und der Pappe waren die Eltern. Alles ganz normal für mich. Weil ich doch von nichts eine Ahnung hatte.

Manchmal musste der Ueli fort. Man sagte dem schwererziehbar. Ich glaube, er war eher nicht ganz richtig im Kopf. Als Kind war mir das völlig egal, ich fand es lustig, dass der

Ueli so verrückte Spiele machte. Wenn es nicht mehr ging, versorgte man ihn. Er war oft in Heimen, aber dort haute er schnurstracks ab. Plötzlich hockte er wieder bei uns im Küngelistall. Ich half ihm, sich bei den Kaninchen zu verstecken, und brachte ihm das Essen. Ich hatte den Ueli gern, wie man einen Bruder eben gern hat. Man konnte mit ihm Mist machen, unter dem langen Tischtuch vom Stubentisch, im Küngelistall, im Wald, wie es Kinder so machen.

Die Resi war von da an nur noch der Spezialfall. Richtig auf der Latte hatten wir sie mit der Zeit. Der Liebling vom Pappe war sie schon immer gewesen, aber seit dem Ueli wurde das richtig extrem. Beim Essen sass die Resi neben ihm, nicht die Mamme. Ein richtiges Theater veranstaltete der Pappe um die Resi. Sie hatte auch immer etwas. Ständig am Klönen und Jammern war sie, es ging ihr nie gut. Später rannte sie von einem Doktor zum andern wegen einem Gebresten nach dem andern. Wir sagten immer, die Resi kennt jeden Doktor in Solothurn. Das war sicher schlimm, mit fünfzehn ein Kind zu bekommen, oder nicht. Vielleicht war das deshalb.

Ich glaube, sie war einbildungskrank. Sie bekam auch diese Ticks. Ständig hatte sie wegen irgend etwas Panik. Sie konnte zum Beispiel nicht allein schlafen, weil sie Angstzustände hatte. Auch nicht als Erwachsene, immer musste ich zu ihr, wenn sie einmal allein war. Ich ging nicht gern, weil ich vor dem Schlafen jedesmal bei ihr putzen musste. Das Parkett blochen und die Zierrändchen an den Stuhllehnen und -beinen abstauben. Die Resi hatte einen furchtbaren Putzfimmel. Und eben, immer krank, Kopfschmerzen, Gliederschmerzen, Bauchschmerzen. Die Mamme sagte einmal traurig: «Weisst du, die Resi hat viel vom Pappe.»

Es krautete ja bald alles zusammen. Das Hildi erzählte wenig von dieser Zeit, aber ich weiss es von andern, gäll. Diese Konditorei hatten sie nur etwa fünf Jahre, dann gingen sie Konkurs mit dem Alpenrösli. Das war sehr schlimm, denk auch, mitten in der Krise. Sie mussten aus dem Haus, weil die Wohnung zum Geschäft gehörte. Kein Geld, keine Wohnung, keine Büez, so sah das ungefähr aus. Es gab ja nirgends Arbeit. Der Ferdi, der Zeuge, fand dann eine Stelle in einer Grosskonditorei in Luzern. Im Luzernischen konnte der dann seinen Weltuntergang verbreiten. Auf dem Land sind sie ja dankbar für alles, was ein wenig Abwechslung bringt.

Kannst dir denken, das war eine ungeheuer schwere Zeit. Und die Resi mit dem unehelichen Gof. Das erschütterte diese Familie doch gewaltig. Es hiess ja, sie sei vergewaltigt worden. Es hiess Verschiedenes. Das Hildi sagte einmal, es sei dieser Romeo gewesen. Von einem anderen hätte sie nichts erzählt. Der Romeo gehörte schon fast ein bisschen zur Familie, hockte viel im Alpenrösli herum als Stammkunde. Ich kannte den gut, das wurde später der Mann vom Anni, der Zwillingsschwester. Vorstellen könnte man es sich, das war ein richtiger Casanova. Er war nur ein paar Jahre älter als die Resi. Und die Resi servierte ja im Alpenrösli. Ein Jugendunfall, sicher, denkbar wäre das. Säbi Zit gab es schnell ein Kind, und in einem Dorf wie Zuchwil litt es das gar nicht, das war eine Katastrophe. Obwohl doch viele Familien solche Unfälle unter dem sauberen Deckeli versteckten. Aber gäll, ich bin sicher, dass es nicht der Romeo war, obwohl es das hiess.

Der Fall ist dann richterlich abgeklärt worden, und der Romeo wurde offiziell als Vater verurteilt, so hiess es jedenfalls. Er sei durchs Fenster eingestiegen und habe das Kind geschwängert. Wenn du mich fragst, war es ja offen, gäll. Die Resi hatte das Fenster gern ein bisschen offen.

Ich ging der aus dem Weg, weil ich sie nicht leiden konnte, ich bin ein heikler Cheib. Ich weiss nicht, was mir nicht gefiel an ihr, sie war gar nicht hässlich. Sie hatte ein Auge auf mich, die stieg auch mir ein wenig nach säbi Zit. Die Resi hätte ich sofort haben können, die war nicht wie das Hildi. Aber ich wollte von der nichts wissen. Etwas im Blick hatte sie, das mich einfach nicht faszinierte. In den Augen siehst du alles von den Menschen. Da war der Blick vom Hildi ganz etwas anderes.

Die Resi war mir auch zuwenig zielstrebig, sie wusste ihr Leben lang nie, was sie wollte. Aber vor allem war sie mir zu leichtsinnig, ein Männersturm. Das mit dieser Vergewaltigung passte zu ihr, ob das jetzt der Romeo war oder ein anderer. Ich dachte immer, das kann nur der Resi passieren. Überleg doch mal, du bist im Haus der Eltern, alle Zimmer sind belegt, und du wirst überfallen. Da machst du doch Lärm! Da war etwas faul. Sicher wurde das von den Eltern so gedreht. Die brauchten einen ziemlich dicken Deckel über dieser bösen Geschichte, das kann ich dir sagen.

Ich fand es immer eigenartig, dass der Romeo als offizieller Vergewaltiger dann die Anni zur Frau bekam. Dieser Casanova passte gar nicht zum verschüchterten Anni. Ich habe mit dem Hildi nie darüber diskutiert. Wichtig war in einem solchen Fall, dass es gegen aussen stimmte. Mich ging es sowieso nichts an. Aber das Denken konnte mir niemand verbieten.

Interessanterweise war die Resi in der Familie diejenige, die mit Abstand am meisten vom Vater profitierte. Meiner Meinung nach. Der Ernst liess ihr alles durchgehen, das war bekannt. Ich mochte den wie gesagt nie. Die Mutter, die Berta, die mochte ich wahnsinnig gern, aber den Ühreler gar nicht. Und das lag nicht an den Uhren. Ich hatte immer das Gefühl, dass die keine gute Ehe führten, auch wenn das von aussen vielleicht so aussah. Sie war nicht innig. Nicht so, wie ich das meine. Ich hatte immer den Eindruck, der Ernst fühlt sich der Berta haushoch überlegen. Dabei hätte der doch allen Grund gehabt, vor dieser Frau Respekt zu zeigen. Zieht fünfzehn Kinder auf und schuftet für alle. Da trug der nicht viel bei, ausser der Initialzündung, wenn du mich fragst.

Die Sexualität war beim Ernst voll entwickelt, das kann man sagen. Aber wie gross die Liebe dahinter ist, das ist immer eine andere Frage. Das ist noch lange nicht das gleiche. Ich hatte dieses Gefühl, dass er die Berta nicht schätzte, und das störte mich kolossal. Weil er Bemerkungen machte. Abschätzig waren die, richtig respektlos. Es ist eben nicht alles Gold, was glänzt, auch bei einem Ühreler nicht.

Mit den anderen war er extrem streng. Ein Schläger war er nicht gerade, sicher nicht mit Erwachsenen, dazu fehlte ihm der Mut. Er war keiner, der laut proletete. Er machte das mehr aus dem Hintergrund, mehr diese Sorte. Böse war er nicht, das ist zu hart. Mit mir hatte er es sowieso verkachelt, und wir korrigierten das auch nie. Ich musste den zurechtweisen, ihn richtig zur Tür hinausschicken, als ich mit dem Hildi im grossen Haus an der Birchistrasse wohnte, wo die Familie nach dem Alpenrösli hinzog. Das gefiel ihm sicher nicht, vom Schwiegersohn zur eigenen Tür hinausgejagt zu werden. Er meinte, er müsse mir sagen, was ich als Ehemann tun und lassen muss, aber da war er an den Falschen geraten.

Auch seinen eigenen Kindern konnte er nicht richtig Paroli bieten. Er verhaute sie, solange sie so klein waren, dass er sie verhauen konnte. Ohne seine Knute war er aber niemand. Nach diesen Erziehungsmassnahmen gingen die Kinder zur Berta. Fürs Trösten war eine Mutter da, das war normal. Und der Vater für die Schläge, das war auch normal. Nur mein Vatter war anders. Er schlug uns nur, wenn er durchdrehte, nicht zur Erziehung. Ich würde sagen, die Erziehung war bei den meisten nur der Vorwand. Viele Männer schlugen doch, weil es ihnen Freude machte. Oder weil sie sich nicht mehr im Griff hatten.

Ich muss aber sagen, das Hildi hatte ein gutes Verhältnis zu ihrem Vater. Sie versorgte eine Zeitlang ja die Familie, sie gab ihren ganzen Lohn ab. Sie fand nämlich eine Stelle in der Fabrik. Der Ernst rühmte das Hildi immer für die Unterstützung. Nach dem Debakel mit dem Alpenrösli war die Ghielmetti an der Wassergasse in Zuchwil für die Familie die Rettung, eine berühmte Schalterfabrik. Es gibt sie jetzt noch, aber nicht mehr in Zuchwil. An der Wassergasse wird nichts mehr produziert, dort ist ein Institut für Weiterbildung. Säbi Zit haben sie dort geschräubelt, vor allem Frauen. Das Hildi, die Resi und mit der Zeit die halbe Familie arbeiteten dort. Die machten Schalttafeln wie die Landis und Gyr, das war ein sehr gesuchter Arbeitgeber. Für diese Apparate brauchte es Motoren, und in diesen Motoren war ein Wickel, eine Spezialspule. Das Hildi war Wicklerin. Die Ghielmetti nahm nur zuverlässige Leute.

In einer Fabrik machte man immer die gleiche Arbeit. In der Fleischfabrik Bell zum Beispiel machte einer tagaus tagein nichts anderes als Cervelats binden. Da konnte einer nicht an einem Tag in der Zubereitung und am andern im Fleischverkauf oder in der Wursterei schaffen. Immer nur das gleiche. Drum wollte ich ja nie in eine Fabrik. Bei der Bell haben sie dann gestreikt. Da kamen die Maschinen und machten das für die Arbeiter. Jetzt mussten die nicht mehr immer das gleiche machen, sondern gar nichts mehr.

Bei der Ghielmetti machte das Hildi auch immer das gleiche, aber das hätte sie nicht gestört. Sie interessierte sich nie für das Politische, obwohl säbi Zit in den Fabriken einiges los war. Sie schräubelte ihre Schräubchen, bis die Serie fertig war. Und dann kam eine andere Sache, und sie schräubelte andere Schräubchen. Vielleicht waren es mal kleinere und mal grössere, aber geschräubelt hat sie immer. Aber eigenartig, sie war zufrieden damit. Obwohl sie doch einen anderen Traum gehabt hätte. Die Frauen waren allgemein mit weniger zufrieden.

Sie hätte gerne etwas mit Schneiderei gemacht, mit Mode. Säbi Zit war die Mode natürlich nicht so Mode wie jetzt. Das war eigentlich nur etwas für den Sonntag und die Festtage. An den Werktagen kamen die Frauen genauso leger daher wie die Männer, hauptsächlich praktisch, nicht modisch. Und schon gar nicht bunt, die Stoffe hatten noch viel weniger Farbe, weil Farbe teuer war. Die Leute liefen nicht wie Papageien herum. Natürlich haben sich die Frauen auch säbi Zit gern schön angezogen, das Hildi sowieso. Aber wenn eine herausgeputzt in die Fabrik ging, kam sie sofort in Verruf. Als Geldverschwenderin und Männersturm. Schöne Kleider trug eine Frau für die Männer oder für ein Fest, nicht für sich. Das Hildi hatte aber einfach Freude an schönen Sachen. Solange sie Zeit hatte, nähte sie selber. Später nähte ihr das Käti die Sachen.

Ich muss sagen, sie hatte als ungelernte Arbeiterin bei der Ghielmetti die grössere Befriedigung als ich als Berufsmann im Metzgereigeschäft, wo ich immer etwas anderes machen konnte. Aber ich war ein Unterhund, sie war eine Arbeiterin, die waren viel besser dran als das Personal im Berufsgewerbe. Es war nicht laut bei der Ghielmetti, nicht so ein Saulärm wie in der Schraubenfabrik nebenan. Es stank auch nicht. Es war eine gute Arbeit, man konnte sitzen, man wurde nicht schmutzig und musste nichts Schweres heben. Und überhaupt, es war Arbeit, wer wäre da wählerisch gewesen.

Auch der Ernst schräubelte nach dem Alpenrösli wieder und verdiente nichts damit. Er arbeitete zu Hause an der Birchistrasse als Heimühreler. Aber er verdiente seinen Lebtag nie genug, um seine Familie durchzubringen. Das war für den als Mann sicher schwierig, so von den ledigen Töchtern abhängig zu sein. Da war ich dem natürlich ein Dorn im Auge. Erstens, weil er Hildis Verdienst nicht verlieren wollte. Und zweitens, weil er dem Hildi sicher einen besseren Mann gegönnt hätte als so ein blutjunges Metzgerlein. Die Uhrenmacher schauten aber ungefähr gleich schäbig auf die Metzger hinunter wie die Metzger auf die Uhrenschräubler. Das war ganz gegenseitig, das stimmte auf beiden Seiten.

Aber item. Wegen der Resi – mit der stimmte etwas nicht, das Gefühl hatte ich von Anfang an. Vielleicht hatte es mit dieser frühen Schwangerschaft zu tun, vielleicht auch mit etwas anderem. Vielleicht stimmte es schon vorher nicht mit ihr, und diese Schwangerschaft war dann nur das Resultat. Sie hatte immer ein Ghöi mit den Männern, keine klaren Verhältnisse. Sie hatte ja später einen guten Mann, den Herbi, ein toller Mann. Aber mit dem war sie auch nicht zufrieden.

Ich sage dir, die Resi war irgendwie gezeichnet. Ich weiss, dass sie später mit einem ein Techtelmechtel hatte, das auch wieder mit sexuellen Folgen endete. Ich vernahm das einmal, habe es aber bisher niemandem weitergesagt. Ich weiss es vom Martin, der war Stift bei mir beim Fink, wo ich später werkte. Ein Riese von einem Mannsbild, der war mindestens einen Kopf grösser als ich. Der wurde immer auf Kundschaft geschickt, musste den Hausfrauen jeden Morgen das frische Fleisch liefern. Ab und zu musste er auch nach Zuchwil. Ich weiss, dass der mindestens einmal in der Woche bei der Resi einstieg, als sie schon verheiratet war. Ich sagte jeweils zum Martin: «Mach, was du musst, aber mach es richtig, Tinu.» Der grinste nur.

Die Resi hatte ihr Türchen eben gerne offen. Die Resi und die Käte auch, die hatten irgend etwas mit den Männern. Ein Puff, wenn du mich fragst. Dem Hildi habe ich nie erzählt, was ich von der Resi wusste. Gerüchte und Schweinigeleien hätten wir nie besprochen. Aber gehört hat man solche Gerüchte eben doch, ob man wollte oder nicht. Es gab immer Geschichten um die Resi. Und um den Vater, den Ernst. Richtig schlimme Gerüchte, gäll. Du weisst, dass mir Geschwätz ein Greuel ist. Ich bin ein Gerechtigkeitsfanatiker, ich glaube nur, was ich wirklich weiss. Was ich nicht beweisen kann, glaube ich nicht. Ich hab das immer abgestellt, wenn so ein Gerücht kam. Inzwischen sind ja alle tot, jetzt spielt es weniger eine Rolle.

Und mittendrin die Berta mit ihrem Kirchenfimmel. Der hat ihr sicher nichts geholfen. Das Beten hat dieses ganze

Durcheinander im Alpenrösli auch nicht besser gemacht. Aber es half ihr vielleicht, den Schlamassel besser zu ertragen, das könnte sein. Das Kirchliche hilft Schlimmes besser auszuhalten. Die Berta war still und krampfte und ging zu den Pfaffen, wie die meisten Frauen säbi Zit. Ich hatte die grösste Achtung vor dieser Mutter. Solche Mütter waren das Höchste, nur der Ernst merkte das nicht, oder erst zu spät. Ich seh sie noch, dieses tapfere Fraueli mit dem Buckel. Ich mag es ihr gönnen, dass ihr das Beten geholfen hat. Aber vielleicht hätte sie besser einmal etwas gesagt.

Mit dem Schwimmen hatte ich immer grosse Mühe. Richtig Angst hatte ich vor dem Wasser. Jösses Maria, ich getraute mich nur zu schwimmen, solange ich mich irgendwo festhalten konnte. Am liebsten ging ich gar nicht in die Nähe von Wasser. Die meisten Schwestern waren wasserscheu, das Hildi ja auch. Überhaupt hatte ich solche Ängste, auch vor Mäusen, das waren bei uns ganz normale Hausbewohner. In der Nacht rannten sie immer über die Betten. Ich schlief mit der Bettdecke über dem Kopf, weil es mir so grauste. Und zum Anziehen stand ich auf die Matratze, weil ich felsenfest überzeugt war, eine Maus beisse mich in die nackten Füsse, oder nicht.

Am schlimmsten war der Ekel vor Würmern, es grauste mir fürchterlich. Vor Würmern hatte ich richtig Panik. Ich hasste es, im Garten zu helfen. Wir mussten das Alpenrösli aufgeben und zogen an die Birchistrasse in ein altes Haus. Es wohnte niemand mehr drin ausser einer alten Frau. Die Hexe war das. Der Pappe konnte das Haus kaufen, wahrscheinlich half ihm jemand aus der Verwandtschaft. Dort hatte es diesen grossen Garten. Jösses, das war viel Arbeit, aber dafür brauchte man weniger Geld fürs Essen. Es war ein Gemüsegarten, und wir hatten einen riesigen Pflanzblätz. Später machte die Mamme auch einen Ziergarten für uns, ein Alpengärtlein mit einem Chalet und kleinen Wegen und einem Weiherlein, wo wir Kinder höckeln konnten. Das war schön. Dieses Alpengärtlein war der ganze Stolz von der Mamme.

Jeden Tag mussten wir mit ihr in den Gemüsegarten. Wir pflanzten Rosenkohl, Stangenbohnen, Lauch. Der Pappe pflanzte nur Kartoffeln, und wir mussten helfen. Das hatte ich ganz besonders auf der Latte! Der Pappe holte den Mist, der ist gut für das Gemüse. Aber die Würmer finden den eben auch gut. Zuerst zog er ein Gräbli, und dann ging er voraus mit der Mistkratte, und wir mussten hintendrein. Alle paar Meter stellte er den Tragkorb auf den Boden, nahm den Mist heraus und verteilte ihn im Graben. Und überall, wo er Mist draufgetan hatte, mussten wir eine Kartoffel hineindrücken, jeden Schritt eine. Dieser Mist wimmelte von Würmern und Maden, der bewegte sich richtiggehend. Und wir mussten mit der Hand eine Kartoffel hineindrücken. Mir wird heute noch schlecht beim Gedanken. Wahrscheinlich bekam ich diesen grossen Ekel, weil ich selber Würmer hatte. Das war doch normal.

Sonst machte der Pappe wieder Uhren, als es fertig war mit dem Alpenrösli. Er machte das daheim an seinem Etabli, das ist der Uhrmachertisch. Ein kleines Werkstättchen, das er in der Wohnung hatte, in einem Kämmerchen, in das nur er hineindurfte. Oft machte er gar keine Uhren, sondern er sortierte dort nur Schräubchen. Wegen der Krise und später wegen dem Krieg. Er bekam Schachteln mit Tausenden von winzigen Schräubchen, die waren höchstens millimetergross. Gebrauchte Schräubchen waren das, die wurden wiederverwertet. Und dazu musste man sie verlesen und alle gleich grossen zusammen in Schächtelchen tun. Wir Kinder mussten ihm helfen, einmal dieses und einmal das. Wir machten das nicht ungern, aber doch nicht immer, oder nicht. Wir gingen lieber in den Wald. Ich wüsste nicht, dass ich den Vater einmal hätte zur Arbeit weggehen sehen.

Wobei, das stimmt nicht. Eine Zeitlang gab es gar keine Arbeit mehr, nicht einmal mehr Schräubchen. Da musste unser Pappe in die Strassengräben. Riesige Gräben schaufeln musste er, obwohl er doch kein Muskelprotz war. Auch sonst war er nicht einer, der gerne schmutzig wurde, als Uhrmacher hat man lieber saubere Hände. Diese Bauarbeiten waren vom Staat, der half den Leuten und liess Strassengräben anlegen, weil es sonst keine Arbeit mehr gab. Das war vor dem Krieg. Ich weiss noch, wie wir oft sehnlichst warteten auf den Pappe, bis er endlich nach Hause kam. Er kam oft nicht mal zum Feierabend heim. Und wenn er dann kam, war er ganz kaputt, erschöpft. Manchmal musste er auch bei Bauern aushelfen, als Hilfsknecht. Aber meistens musste er in die Strassengräben. Wenn er dann heimkam, war er richtig dreckig und stank. Er wusch sich in der Küche mit kaltem Wasser und einer Seife, die aussah wie ein Pflasterstein.

Man badete ja nicht jeden Tag. Man badete vielleicht einmal in der Woche, vielleicht sogar nur alle zwei Wochen. Nur wenn die Mamme grosse Wäsche hatte. Sie kochte die Wäsche im Keller in grossen Bottichen, immer am Samstag. Unter diesen Bottichen musste sie schon am Abend vorher einfeuern. Oft machte das auch das Hildi, das half der Mamme immer, neben der Arbeit in der Fabrik. Mit einem Teil vom heissen Wasser wurden wir dann gebadet, in einer Badewanne mit Füssen. Die Mamme wusch uns die Ohren und den Hals, weil sie sagte, wir machen ja nur Katzenwäsche. Unten herum mussten wir selber.

Nach dem Baden suchten wir Läuse. Wir legten den Tisch mit Zeitungen oder mit Packpapier aus, und dann holte die Mamme den Läusekamm. Jeden Abend machten wir das, nicht nur nach der Wäsche. Wenn es einen juckte und man sich am Kopf kratzte, sagte sie: «Komm, ich kämme dich ein bisschen.» Sie hatte das selber auch gern. Wenn man ihr den schweren Knopf löste und sie so richtig durchkämmte. Wir freuten uns immer auf diese Lausereien, standen alle um den Tisch herum und schauten zu, wie beim anderen die Läuse herauskamen. Die wurden auf der Zeitung abgestreift, und dann zerquetschten wir sie mit dem Fingernagel. Es gab diesen Ton, ein leises Knellen, wenn die Laus zerplatzte. Am meisten Freude hatten wir an der kleinen Blutlache.

Bevor sie heiratete, half das Hildi der Mamme im Haushalt, wenn sie nicht in der Ghielmetti war. Wir hatten es gern, wenn das Hildi da war. Sie lachte viel und sang auch mit uns. Alle Frauen in der Familie sangen gern, wir liedeten eigentlich jeden Abend. Manchmal sassen wir vor dem Haus, die Männer jassten auf der einen Hausseite gegen die Strasse und wir sangen auf der andern. Oft sassen wir auch mit dem Hildi oben am Waldrand. Direkt hinter dem Haus ist ja das Wäldchen, das Birchi. Wir sassen einfach, schauten in die Landschaft hinaus und sangen. Die Leute freuten sich, wenn wir am Waldrand sassen. «Ihr habt aber schön geliedet heute abend», sagten sie, wenn wir nach Hause kamen. Man hörte uns doch, weil die Häuser nicht weit vom Waldrand entfernt sind. Sie hörten mich auch pfeifen, im Birchi lernte ich nämlich heimlich durch die Finger pfeifen. Ich erinnere mich noch an den Moment, als es das erste Mal richtig pfiff, es war mir schwindlig. Der Vater wetterte, weil ein Mädchen nicht pfeift, das gehörte sich nicht für Frauen. Aber denk auch, wie das später praktisch war, als ich selber Söhne hatte und die nie hörten, wenn ich sie rief. So ein Pfiff wirkt Wunder.

Wir waren aber nicht nur singende Engelein, das muss ich zugeben. Wir machten so allerhand in diesem Wald, oder nicht, wir sagten dem Wäldelen. Da war das Hildi natürlich nie dabei, die war schon zu gross und machte diese Spiele nicht mehr. Eine Sache interessierte uns vor allem, weil sie so verboten war in der Familie und auch sonst überall. Da wollten wir es natürlich erst recht herausfinden. Und im Wald sah das ja niemand. Manchmal legten wir uns Moos auf die verbotenen Stellen, das war schön kühl und sah lustig aus. Der Ueli war meistens auch dabei, dem fielen immer solche Spiele ein.

An einem Nachmittag war es dann gar nicht mehr lustig. Wir waren wieder am Wäldelen, es war schon spät und im Wald nicht mehr so hell wie draussen. Wir waren auf dem Heimweg, als wir einen Mann sahen. Er trat plötzlich hinter einem Baum hervor, und wir erschraken sehr, oder nicht. Alle spritzten davon, aber ich war die Kleinste und Langsamste und kam mit den andern nicht mit. Da erwischte mich der und zog mich ins Gestrüpp. Er presste mich an sich und wollte meine Hand in seine Hose drücken, da hinunter. Ich wehrte mich wie verrückt und schlug ihn und konnte mich gottseidank losreissen. So schnell bin ich in meinem Leben nie mehr geseckelt. Solche Sachen gab es häufig, eigentlich häufiger als jetzt, meine ich. Aber geredet hat nie jemand darüber. Zu Hause getraute ich mich nicht, etwas zu erzählen. Ich glaube, ich habe es bis heute niemandem erzählt.

Im Birchi hingen manchmal auch Tote. Selbstmörder, immer Männer, es waren harte Zeiten, sehr also. Vielleicht waren sie für die Männer härter, weil sie sich verantwortlich fühlten, wenn alles den Bach runterging. Die Männer konnten in dieser Krise ihre Aufgaben nicht erfüllen, das geht doch ans Selbstwertgefühl, oder nicht. Sie konnten auch nirgends hin mit ihren Sorgen. Die Toten im Birchi gingen wir anschauen, da kamen alle von der Strasse und schauten den an im Baum. Das war gespenstisch, aber es war eben auch normal, dass man einen Toten anschauen ging. An einen erinnere ich mich besonders, der hatte schon eine ganze Weile an einem Ast gehangen. Zuerst gingen wir nicht so nah, sondern schauten mit ein bisschen Abstand. Er stank ja. Der Ueli war an der einen Hand vom Hildi, ich an der anderen. Der Ueli sagte vielleicht: «Der ist tot.» Und nach einem Weilchen gingen wir ein paar Schritte näher, und ich sagte vielleicht: «Ja, der ist schwarz im Gesicht.» Und das Hildi sagte wahrscheinlich: «Jö, der Arme.» Dann wusste man, wie so ein Erhängter aussieht, und ging wieder nach Hause. Nicht, man machte keinen grossen Bogen um den Tod, er gehörte dazu.

Aber um anderes machte man Bögen, dass man es heute fast nicht mehr glauben kann. Alles, was nur im entferntesten mit dem Sex zu tun hatte. Das war tabu. Das war richtig abnormal, was das für ein Theater war, jedenfalls in unserer Familie. Und es war doch ständig in unseren Köpfen! Wir wohnten alle zusammen in diesem Haus an der Birchistrasse, der ganze Clan. Wir Kleineren mit den Eltern in der Mitte über der Hexe. Die älteren Geschwister zogen nach und nach in eigene Wohnungen, nachdem der Pappe rechts und links noch etwas angebaut hatte. Das Geld bekam er übrigens von seiner Schwester, der Millionärin. Er selber hatte ja keins. Bei uns war es eng, oder nicht. Und man bekam so einiges voneinander mit. Die meisten reden ja auch heute nicht darüber.

Wenn ich dir ein bisschen davon erzähle, wie es für mich war, dann hast du eine Ahnung, wie verklemmt wir waren. Ich denke, für das Hildi war es nicht so anders, sie wusste doch auch nichts Genaues. Für die meisten Frauen war es so, man weiss nichts, und plötzlich ist man schwanger. Das Hildi als Drittälteste hatte vielleicht noch weniger Ahnung von allem als ich. Oder höchstens gerade so viel, wie sie von der Resi mitbekommen hatte, als die so früh schwanger wurde. Es kann auch sein, dass sie mit der Resi nie über diese Vergewaltigung redete. Ich stelle mir vor, dass es für das Hildi eine grosse Katastrophe war, als sie selber auch schwanger wurde, ledig. Besonders in unserer Familie.

Ich erinnere mich an die erste Geburt vom Hildi, das war ein paar Monate nach ihrer Hochzeit mit dem Hans. Ich war natürlich nicht dabei bei der Geburt, nur die Mamme, die half ihr. Wir durften ein wenig später einen Besuch machen und das neue Kindchen anschauen. Der Pappe kam auch mit. Wir mussten still sein, als wir ins Zimmer gingen, um es anzuschauen. Das einzige, was mich eigentlich an diesem Baby interessierte, war, wie es unten herum aussah. Oben sind sie ja alle mehr oder weniger gleich, oder nicht. Ich war achtjährig und hätte so gern einmal ein Babypfeifchen gesehen. Aber ich getraute mich natürlich nicht, das zu sagen. Als wir wieder in unserer Wohnung waren, fragte ich den Pappe: «Sag, ist das jetzt ein Bub oder ein Mädchen?»

«Hättest halt das Deckchen lüpfen sollen, dann hättest du es gesehen.»

«Das habe ich ja, Pappe. Aber es hatte Windeln an.» Es war das Sophie, und man hätte sowieso nichts Neues gesehen.

Keinen Schimmer hatte ich, wie das alles funktionierte. Woher all die Kinder kamen, die es dauernd gab in unserem

Haus. Da macht man sich eben eigene Gedanken. Die Mamme musste zum Bespiel immer wieder für ein paar Wochen zum Käti, weil unser Käti auch ein Kind nach dem andern bekam, wie sie. Elf hatte das Käti. Sie ist auch die Nummer elf bei uns, zehn Jahre jünger als das Hildi, aber sie heiratete viel jünger. Es kann sehr gut sein, dass sie auch musste wie das Hildi, die Resi, das Anni und das Emmi. Das lag bei uns richtig in der Familie. Item, ich hatte also keine Ahnung. Und da war die Mamme also wieder weg gewesen beim Käti, und dann kam sie nach Hause. Und ich trampte ins Zimmer.

Es war das Zimmer vom Pappe, in das wir sonst nie hineindurften. Das war ein bisschen das geheime Zimmer im Haus. Es hatte keine Fenster, war nicht heizbar und meistens abgeschlossen. Wahrscheinlich habe ich etwas gehört und wollte nachschauen, was es war. Ich machte vorsichtig die Tür auf, da lag der Pappe auf dem Mammi drauf und erdrückte sie fast. Sie tönte ganz verzweifelt, obwohl er sie verschmützelte, oder nicht. Jösses Maria, tat mir das Mammi leid! Irgendwann war ich dann sicher, dass ich es nun herausgefunden hatte, was sie machten, nämlich ein Kind. Ich sah das zwar nicht genau, aber ich war überzeugt, dass der Mann die Frau im Bett anbiselt, und dass es dann irgendwie aus diesem Männerurin in der Frau Kinder gibt. Ich glaube, ich war nicht die einzige, die das glaubte.

Auch das mit der Menstruation war ein furchtbares Theater. Eine der älteren Schwestern kam einmal früher von der Schule nach Hause, und ich war daheim. «Ich habe etwas vergessen», sagte sie so komisch und verschwand im Zimmer der Mamme. Dann kam sie wieder heraus und schloss sich im AB ein. Das war die Gelegenheit für mich. Ich ging sofort ins Zimmer und fing an, im Schrank zu suchen. Und da fand ich etwas, das eigenartig aussah. Es war aus Stoff, ziemlich dick, mehrere Lagen. Vorn und hinten waren Bändchen dran, mit Knopflöchern. Und keine Knöpfe! Die Mamme hatte ganz viele von diesen Dingern im Schrank, hinter der Unterwäsche. Diese Stofflappen waren mir vorher nie aufgefallen, wahrscheinlich hat sie die Mamme extra auf dem Estrich aufgehängt und nicht in der Laube wie alles andere. Als die Schwester wieder herauskam aus der Toilette, sagte ich: «Ich weiss jetzt, was du gesucht hast!» Sie wurde güggelrot und haute mir eine runter. Das verstand ich überhaupt nicht.

Die Mamme hat die Monatsbinden selber genäht, aus alten Männerunterhosen. Man musste gut haushalten mit diesen Dingern, man bekam nicht ständig eine neue. Das war eine komplizierte Geschichte. Diese Männerunterhosen saugten doch nicht richtig, die waren nach kurzer Zeit voll, oder nicht. Und das Zeug verrutschte ständig, und die ganze Schose lief daneben. Dann musste man alles sofort einweichen, weil Blut beim Waschen sehr schlecht ausgeht. Ich sage dir ja.

An mein erstes Mal erinnere ich mich noch. Wir hatten diese Laube, einen gedeckten Balkon, wo die Mamme die Wäsche aufhängte. Die Fenster liefen von einer Wand zur anderen, und die Mamme hatte dort die wunderschönsten Begonien von Zuchwil. Von der Laube ging es auch in den AB, das war eine richtige Knebelscheisse. Weil man sozusagen auf einem Knebel oder Brett sass und es plumpsen liess ins Jaucheloch. Plumpsklo heisst das auch. Was da runterkam, brauchte der Pappe dann im Garten. Item, dort in der Laube stand ein Kanapee mit Stahlfedern, auf dem es wackelte wie bei einem Erdbeben, wenn man sich draufsetzte. Auch wenn man darauf lag und zum Beispiel schmuste, oder nicht. Wir schmusten doch alle auf diesem Kanapee. Aber meistens sass die Mamme drauf und nähte oder flickte etwas. An diesem Tag ging ich ganz normal auf den AB. Und da sah ich es. Ich war schon überrascht, ich war ja erst elf. Und ich wusste, das muss ich jetzt der Mamme erzählen. Ich ging zum Kanapee und sagte: «Du Mamme, ich habe rote Hosen an.»

«Jawas, Mili, dummes Zeug. Doch nicht jetzt schon.»

«Kannst ja schauen, wenn du es nicht glaubst.» Ich hätte es ihr gezeigt, es genierte mich überhaupt nicht. Aber sie wollte es nicht sehen, sondern stand auf und ging ins Schlafzimmer. Dann kam sie mit so einem Gürtchen zurück.

«Schau, Mili, das ist jetzt dein Gürtchen. Jetzt nähe ich dir auch Knöpfe an die Unterhosen. Und so musst du es anziehen, ich zeige es dir.»

Ich rief stolz: «Aber Mammeli, ich weiss doch schon lang, wie das geht!»

Erschreckt hat mich dieser Moment nicht. Im Gegenteil, ich war ein bisschen stolz, dass ich jetzt auch zu denen mit dem Gürtchen gehörte. Es gab schon ein paar grössere Mädchen in der Schule, die das hatten, und zu denen hätte ich auch gerne gehört. Aber man redete natürlich nie laut darüber. Weil die Buben sonst sofort anfingen mit dem Blödtun. Die riefen in voller Lautstärke über den ganzen Schulhof: «Schaut dort drüben das Mili! Die hat die Schweizerwoche! Die hat rote Hosen an!» Erst da begann es mich zu genieren.

Es ist schon so, man hat über all das nicht geredet, was eigentlich wichtig war. Man liess die Jungen einfach hängen damit, weil es verboten war. Von der Kirche war es verboten. Nur mit dem Pfarrer durfte man reden, aber der war einem in den schlimmen Fällen doch selten eine Hilfe, oder nicht. Das gab dann ganz traurige Geschichten. Eine meiner Schulkolleginnen, die Gerda, die war immer sitzengeblieben. Da war ich etwa elf oder zwölf. Die wurde plötzlich sehr dick. Sie sagte immer: «Ich werde einfach immer feisser, ich weiss gar nicht, was das ist.» Die hielt das geheim. Nicht einmal ihrer Mutter sagte sie etwas. Und die Mutter merkte es nicht, das ist doch eigenartig. Jedenfalls bekam die Gerda eines Nachts wahnsinnige Schmerzen. Und die Mutter meinte, sie habe einen geplatzten Blinddarm, aber plötzlich kam da ein Kind heraus. Stell dir vor, wie diese Mutter erschrak. Geschieht der bei Gott ein bisschen recht. Die Gerda hatte sich den Leib derart eingeschnürt, dass man nichts merkte. Das machten die schwangeren Mädchen so. Das Resi ja nicht, die verschwand bei den katholischen Schwestern, bevor man es sah. Das Kindchen von der Gerda war tot, vom Schnüren, und sie selber wäre auch fast gestorben.

Viele Mädchen versuchten, es eigenhändig wegzumachen. Mit Stricknadeln und Gift und solchen Sachen. Es gab ja auch Hebammen, die so etwas machten. Das haben mir später die älteren Schwestern erzählt. Wenn man sich das vorstellt!

Bei der Resi kam es ja zum Glück nicht so schlimm heraus. Sie brachte den Ueli einfach nach Hause und gab ihn den Eltern. Und lebte dann weiter, wie wenn nichts gewesen wäre. Wobei, nicht ganz, wegen der Resi gab es immer Theater. Einmal wegen der Hexe, die unter uns wohnte. Das war eine alte Frau, der sagten wir nur die Hexe. Ob sie so alt war, bin ich gar nicht mehr so sicher. Ich bin ja achtzig und fühle mich eigentlich überhaupt nicht wie eine alte Hexe. Es wird alles relativ, oder nicht. Item, die Hexe quetschte mich immer aus, wegen der Resi. Ich sagte geradeheraus: «Ja sicher, die Resi hat einen Schatz. Ich habe sie gesehen auf dem Kanapee hinter der nassen Wäsche. Sie hat mit dem geschmust.» Das erzählte ich der Hexe, ohne etwas Schlechtes dabei zu denken. Aber die hat das überall rumerzählt.

Jedenfalls hat es die Mamme erfahren. Ich sage dir, da bekam ich Schläge von der Mamme, die habe ich nie mehr vergessen. Das war das einzige Mal in meinem Leben, wo sie mich so versohlte. Sehr, sehr böse war sie. Sie holte die Knute vom Pappe und drosch auf mich ein. Ich lag auf dem Boden vor ihr und wollte wegkriechen, aber sie hielt mich am Bein und peitschte weiter. Ich verstand die Welt nicht mehr, wusste überhaupt nicht, warum die Mamme so ausflippte. Ich hatte keine Ahnung, warum das so schlimm war, wenn die Resi mit einem auf dem Kanapee lag und schmuste.

Dass man geschlagen wurde, war man ja gewöhnt. Aber nicht von der Mamme, sondern vom Pappe und vom Lehrer. Ich nehme an, das war beim Hildi nicht anders. Ich ging in Zuchwil in die Schule. Mindestens einmal in der Woche kam ich mit einem blauen Gesicht heim, ich meine mit grossen Flecken im Gesicht. Ich habe sehr empfindliches Gewebe, und es braucht also nicht viel, bis ich blaue Flecken bekomme. Aber manchmal sah man die Finger vom Lehrer, das genierte mich doch. Der Lehrer hiess Maienfisch. Der gab mir solche Ohrfeigen, dass die Finger dranblieben. Weil ich gern schwatzte und auch weil ich ein Mädchen war. Die Mädchen hatte der besonders auf dem Zahn. Er riss mich immer an den Backen und drückte mir den Kopf auf die Schulbank. Wenn ich weinend zur Mamme in die Küche kam, strich sie mir über die Haare und sagte: «Achje, hat dir der Lehrer wieder weh getan.» Vor dem Maienfisch hatten alle Angst in Zuchwil. Der war eine Respektsperson, er hatte auch Ämter. Wenn man vor ihm weinte, machte man alles noch schlimmer. Dann schlug er einem zum Beispiel den Schädel auf die Bank und zischte: «Nehmt euch in acht, Teufelsbrut! Wenn eine etwas zu Hause erzählt, dann geh ich mit der hinunter zum Brunnen und drücke ihr das schöne Köpfchen grindsvoran in den Trog. Merkt euch das besser.»

In der Schule waren die Ärmeren immer die Blöden. Wenn die Ärmeren Mädchen waren, noch schlimmer. Ich war eigentlich gut in der Schule, aber ich ging nicht gern, wegen dem Lehrer. Ich hätte auch niemals selber geglaubt, dass ich die Bezirksschule schaffen könnte. Für eine Lehre hätte man die Sekundarschule gebraucht, Bezirksschule hiess das bei uns. Da gingen wir ärmeren Mädchen nicht hin. Keines von den acht Mädchen in unserer Familie ging in die Bezirksschule. Die war in Biberist, und dazu brauchte man auch ein Velo. Aber wir hatten kein Velo, schon gar nicht mehrere. Es hat mich doch kolossal erstaunt, als der Maienfisch einmal weg war und wir einen jungen Aushilfslehrer hatten. Der sagte zu mir: «Aber Mili, warum versuchst du diese Bez-Prüfung nicht? Die schaffst du doch ohne Probleme.» Auf diesem Gebiet hatte ich nicht einen Funken Selbstvertrauen. Ich war immer felsenfest überzeugt, dass ich zu den Dummen gehörte.

Die Mädchen lernten Näherin, wenn die Eltern es sich leisten konnten und sie nicht in eine Fabrik schicken mussten. Das war eine Anlehre, ohne Schule. Meistens lernten sie nichts.

Ich konnte Weissnäherin lernen, das war ein bisschen etwas Edleres. Das sind die, die die Herrenhemden machen, solche Sachen. Ich war die Jüngste, einige der grösseren Geschwister waren schon ausgezogen, und das Hildi war ledig und verdiente, darum ging das. Näherin, das war ein Beruf, von dem die Mamme sagte, das kannst du immer brauchen. Auch wenn du es einmal nötig hast, dem Mann ein bisschen verdienen zu helfen neben den Kindern. Entweder Näherin oder in die Fabrik, das war für die Mädchen, nicht. Und dann heiraten. Es hat uns nie jemand gefragt, was möchtest du denn werden? Das kam niemandem in den Sinn, uns auch nicht. Möchtest du zum Beispiel Coiffeuse werden? Das hätte ich doch wahnsinnig gerne gelernt. Aber das interessierte wirklich niemanden.

Ganz schlimme Schläge bekam ich einmal wegen einer Männergeschichte. Eine der älteren Schwestern hatte ein Rendezvous mit einem Schatz oben im Wäldli, sie war vielleicht achtzehn. Sie konnte aber nicht hingehen, und ich sollte dem das ausrichten. «Du Mili, lauf schnell zum Birchi hoch und sag dem, dass ich nicht kommen kann. Die Mutter hat mir ausgerechnet jetzt einen Auftrag gegeben. Die dürfen doch nichts wissen! Sonst wartet der umsonst auf mich und wird wütend.» Ich ging brav und spazierte das Strässchen zum Waldrand hinauf. Und sauber kommt ausgerechnet einer daher, ein entfernter Verwandter. Der sah mich dort beim Wäldli stehen mit diesem Mann und sagte es den Eltern. Phu, dann ging es los. Wir bekamen beide Schläge, ganz verrückt verhaute der Pappe uns.

Er schlug nie von Hand, für diesen Zweck hatte er wie gesagt seine Knute. Er brauchte diesen Klopfer nur für uns, der war immer irgendwo in seiner Nähe. Manchmal spielten wir mit dem Stecken und gaben uns gegenseitig auf den Hintern. Aber so schlimm wie der Pappe machten wir es nie. «Hinstehen, ein bisschen hoppla! Und die Hände über den Kopf!» sagte er meistens. Und dann schlug er zuerst die Schwester windelweich. Ich stand daneben und heulte. Und wegen dem Grännen musste ich nachher erst recht hinhalten, und er liess die Geisel klöpfen. Wir Kinder hatten nie das Gefühl, das sei richtig, was er mit uns machte. Natürlich hatten wir etwas ausgefressen, und es war für uns normal, dass es eine Strafe gab. Aber was er mit uns machte, blieb immer schrecklich. Grauenhaft war es. Weil wir den Pappe doch gern hatten.

Ich weiss nicht, was schlimmer war, die Geisel oder die Holzscheite. Manchmal befahl er uns auch, ein Holzscheit zu nehmen und in die Stube mitzukommen. Dort mussten wir mit nackten Knien auf das rohe Holzscheit knien. Er setzte sich mit Grabesmiene und der Knute vor uns auf dem Kanapee. Wir mussten uns ruhig halten und die Arme seitlich ausstrecken. Eine solche Strafe dauerte jeweils fünf Minuten, da war der Vater genau und schaute auf seine Uhr. Fünf Minuten auf einem Holzscheit mit ausgestreckten Armen, das ist unendlich lang. Meistens begannen wir zu jammern und zu weinen. Dann gab es zusätzlich mit dem Klopfer.

Die Mamme hatte das nicht gern, da bin ich mir ganz sicher. Auch das Hildi nicht, sie schaute dann sehr verschreckt. Gesagt hat von den Frauen niemand etwas. Die Mamme sagte sowieso immer weniger, es ging ihr immer schlechter. Sie hatte auch plötzlich Typhus, das bekamen zu der Zeit viele, auch bei uns in der Familie ein paar. Einer meiner Brüder hatte sich angesteckt und musste ins Spital. Und die Mamme ging ihn immer pflegen, im Seuchenhaus, da steckte sie sich an. Der Typhus kam vom schmutzigen Wasser, das Wasser wurde ja noch nicht geklärt. Sie erholte sich nach dieser Krankheit nie mehr ganz.

Die Mamme hielt immer zu allen, zum Pappe sowieso, aber auch zu jedem von uns vierzehn. Egal, ob in einem der Teufel steckte oder nicht. Zu uns Mädchen hielt sie besonders, und da hatte sie ja einiges zu tun. Sie half der Resi, sie half dem Käti, sie half dem Hildi, dem Anni, dem Emmi, allen, die schwanger wurden vor der Zeit, oder nicht. Auch den andern. Sie hütete die Enkelkinder. Sie machte der Resi Wickel, wenn sie ein Bobo hatte. Sie half dem Ferdi, als der nicht in den Krieg wollte und den Dienst verweigerte als Prediger. Sie versteckte sogar seine Traktätchen. Das war doch gefährlich, aber sie machte das. Sie war lieb zu uns, sie tröstete und versorgte uns alle, einfach alle. Sie betete und beichtete auch für uns, jeden Tag. Und sagte eben immer diesen Spruch vom Aufpassen. Sie krampfte Tag und Nacht und schwieg. Viel mehr als das hätte unser Mammeli nicht machen können, wirklich nicht. Und trotzdem hatte sie immer Sorgen.

Sie hatte ja auch Grund. Weisst du, ich hatte die Burschen gern, aber vor sehr vielen Männern musste man auf der Hut sein. Die wenigsten wussten doch, wo die Grenzen sind, sogar bei uns im Haus. Ob der Pappe auch zu denen gehörte, weiss ich nicht. Aber vorstellen kann ich mir das. Ich traf ihn mehrmals im Treppenhaus mit dem Vreneli, das war die uneheliche Tochter von der frommen Frau Thaler. Er schäkerte mit diesem Vreneli herum, und ich dachte immer, was karisiert jetzt der Pappe so mit diesem Vreneli? Das gefiel mir gar nicht, wie die mit dem Pappe flattierte, die war ja nicht viel älter als ich.

Besonders in acht nehmen musste man sich vor dem Leo. Der kam einmal zu uns in die Wohnung, als ich allein zu Hause war und bügelte. Ich stand am Bügelbrett, und plötzlich kam der herein und umarmte mich von hinten. Er küsste mich am Hals und fing an, meine Brüste zu streicheln, und wollte mir unter die Bluse langen. Ich sagte: «Wenn du nicht sofort verschwindest, schreie ich, und dann kommen sie!» Da liess er los und ging hinaus. Er sah aber wahrscheinlich durch ein Fenster, dass die Mamme und der Pappe auf dem Pflanzblätz drüben waren, da hätte das Schreien gar nichts genützt. Jedenfalls hörte ich ihn zurückkommen. Ich packte das Bügeleisen und rannte in die Kammer vom Pappe. Die Tür hatte einen Riegel, den man von innen vorschieben konnte. Der Leo hebelte und rüttelte so stark an der Tür, dass der Riegel aufging. Da stellte ich mich mit dem Bügeleisen in Position und rief: «Wenn du nur einen Schritt näher kommst, dann hast du das im Gesicht! Mach, dass du fortkommst!» Das half.

Weisst du, ich glaube eben, dass die meisten Männer zu kurz kamen bei ihren Frauen. Die Frauen waren fromm und darum auch ein bisschen prüde, glaube ich. Und vor lauter Arbeiten verging doch den meisten die Lust, das ist ja normal. Die liessen ihre Männer selten an sich heran, und wenn, dann nur unter dem Leintuch und im Dunkeln und nur grad für das Allernötigste. Weil es eheliche Pflicht war. Wahrscheinlich hatten die meisten nichts davon, ausser einer neuen Schwangerschaft, oder nicht. Dabei brauchen das die Männer, die Zärtlichkeit der Frauen. Vor allem, weil sie es sonst nicht so mit den Gefühlen hatten. Da kamen die total zu kurz.

Ich hatte bald immer irgendeinen, der mich nach Hause begleitete. Das hatten wir eigentlich alle, hässlich waren wir ja nicht gerade. Es ist schon so, dass wir diese Sachen gern hatten, Schmusen und das. Aber lieber freiwillig. Das Hildi hatte das sicher auch gern. Es gab ja am Bahngeleise unten einen kleinen Schopf ohne Fenster, und in die Tür war ein Herz geschnitzt. Das war in Zuchwil der Treffpunkt von den Turteltäubchen, in diesem Schopf war doch am Abend meistens etwas los. Und durch das Herz haben alle irgendwann einmal gelinst, vorsichtig, dass die drinnen es nicht merkten. Ob das Hildi mit dem Hans auch dort gelandet ist, könnte ich nicht sagen. Man musste erfinderisch sein, wenn man einen Schatz hatte. Dieses Häuschen hatte eine lange Tradition. Jösses Maria, solche Sachen machten alle, obwohl es verboten war und eine grosse Sünde. Sicher eins mehr und das andere weniger, in einer Familie kommt nicht jedes gleich heraus.

Ich will aus meinen Schätzen kein Geheimnis machen, also ich hatte die, schon vor der Ehe. Auch meine Schwestern hatten die. Einer ruft mich heute noch an, einmal im Jahr, und gratuliert mir zum Geburtstag. Denk auch, der ruft mich seit über sechzig Jahren an, das ist doch schön. Nur dieses Jahr rief er nicht an. Ich hoffe, es ist ihm nichts passiert. Wir hatten einander wirklich gern damals, also sehr. Wenn ich den am Telefon höre, du wirst es nicht glauben, das ist haargenau wie früher. Ich höre den immer noch so wie damals, als er jung war, genau gleich. Bin auch jedesmal schrecklich aufgeregt, wenn ich ihn höre. Und meistens sagt er irgendwann: «Weisst du, Mili, ich hatte dich doch so gern. Ich begreife bis heute nicht, warum du mich nicht wolltest. Ich habe das einfach nie verstanden.» Es gab schon einen Grund, aber den konnte ich ihm doch nicht erklären. Ich sage es dir, ich habe den nicht genommen, weil ich eben von nichts eine Ahnung hatte. Eine Ahnung schon, aber gewusst habe ich nichts. Zuallerletzt von den Männern und wie sie funktionieren. So hat das also mein Leben beeinflusst.

Ich war sehr jung, gerade mit der Schule fertig, er vier Jahre älter als ich. Er machte sich absichtlich bekannt mit einem meiner Brüder. So konnte er immer zu uns nach Hause kommen, nicht, das fiel gar nicht auf. Da passierte aber nie etwas, er berührte mich nur hin und wieder zufällig, beim Plaudern oder wenn wir nebeneinander sassen, rein zufällig. Es störte mich gar nicht, ich mochte den wirklich.

An einem Nachmittag spazierten wir nach St. Niklaus und höckelten auf ein Bänklein. Die Sonne wärmte schön, und wir schmützelten und schmüselten. Und da spürte ich das eben bei ihm. In seiner Hose spürte ich diese Sache. Und hei, das dünkte mich wahnsinnig! Ehrlich gesagt, ich bin grauenhaft erschrocken. Ich dachte, um Gotteswillen, oder nicht. Was dieser Mann da hat, das ist ja viel zu gross. Dieses Pfeiflein ist ja nicht normal! Ich hatte noch nie einen Mann in diesem Zustand erlebt, richtig geschockt war ich. Von da an hatte ich Angst vor ihm und wollte auf keinen Fall mehr mit ihm gehen. Und der Arme verstand das nicht, das ist auch kein Wunder. Bis heute konnte ich ihm das nicht beichten. So geht es, sonst hätte ich den vielleicht geheiratet.

Der kam dann also nicht mehr, dafür ein anderer. Die Mamme sagte zu mir beim Abwaschen: «Versprich mir eins, Mili. Trag Sorge zu dir, versprich mir das. Hoffentlich muss keins mehr heiraten. Denk an deine Schwestern, Mili, denk daran. Ich würde es einfach nicht mehr ertragen, wenn du auch noch endest wie deine Schwestern.» Da war ich neunzehn und musste immer noch fragen, wenn ich ausgehen wollte. Aber diesen Schatz heiratete ich dann. Der wurde ganz normal mein Mann, ohne schwanger und so. Wir haben besser aufgepasst, oder Glück gehabt wahrscheinlich.

Mein Mann war übrigens auch Protestant. Er musste sich aber nicht umtaufen lassen, das war zu unserer Zeit nicht mehr nötig. Ein netter Vikar traute uns. Aber vorher mussten der Papi und ich zu ihm in den Eheunterricht. Das mussten alle, aber wir mussten ganz besonders, weil der Papi nicht katholisch war. Das ist die Unterweisung, damit man weiss, was man machen muss und was eine Sünde ist. Es gab diese eheliche Pflicht. Das heisst, wenn der Mann will, dann darf er das, in der Ehe. Sonst nicht, oder nicht. Und die Frau darf nicht in die Kirche, wenn sie ein Kind geboren hat. Eine Frau musste zuerst ausgesegnet werden vom Priester, bevor sie wieder in die Kirche durfte zur Taufe des Kindes. Weil sie sich befleckt, wenn sie ein Kind empfängt. Solche Sachen lernte man in der Unterweisung. Das fand ich eigenartig, dass eine Frau von der Kirche behandelt wird wie eine Aussätzige, wenn sie einem Kind das Leben schenkt.

Ich habe mit dem Papi ja nicht alles befolgt. Und er brachte mir das Schwimmen bei. Denk auch, der brachte das also fertig. Er war meine grosse Liebe. Vor ein paar Jahren ist er gestorben, und ich bin wieder allein. Zum Glück kann ich nähen, dann vergeht die Traurigkeit. Beim Hildi verging sie nicht mehr.

Es war ein gefangenes Zimmer, in das das Hildi und ich nach der Hochzeit einziehen konnten an der Birchistrasse, in der Wohnung von den Eltern. Es hatte kein Fenster nach draussen, nur auf die Laube, und die war auch nicht hell. Düster war es da drin. Vor der Tür hing ein dicker Filzvorhang, wahrscheinlich damit keine Wärme aus der Wohnung in dieses Zimmer verlorenging. Ein Loch eher. Es hatte ein Bett und einen Stuhl drin, eine Kommode mit der Waschschüssel, aber sonst nichts, keinen Teppich und auch keinen Lampenschirm. Dass man nicht heizen konnte, war nicht so schlimm, weil ja der Sommer kam. Es war uns nicht wohl dort drin, aber wir waren froh, irgendwo unterzukommen. Diesen Raum benutzte sonst der Ernst, als Lager und für allerlei.

Der Ernst baute an auf beiden Seiten der alten Hütte. Zuerst den rechten, dann den linken Flügel. In die Wohnungen kamen nach und nach die Mädchen mit ihren Männern. Geld hatte er selber keins, aber er bekam einen Baukredit für die Anbauten, weil ihm ein befreundeter Malermeister Bürge war. Dieser Malermeister war übrigens ein Fröntler, ein ganz übler Nazisympathisant. Wenn es ums Geld ging, sah man das nicht so eng. Nach dem Debakel mit dem Alpenrösli hatte der Ernst das Haus sehr billig kaufen können, mit dem Geld seiner reichen Schwester von der Bäckerei Fankhauser. Zweiunddreissigtausend Franken hatte es gekostet, denk auch, mit dem vielen Umschwung. Da sah der Malermeister ohne weiteres, dass das keine Gefahr war, wenn er ihm für den Bankkredit bürgte. Dafür konnte der die Arbeiten machen, die bei so einem Umbau anfielen.

Auf der linken Seite wohnte die älteste Schwester mit ihrem Mann und darunter zuerst die Thalers mit der Klara, die Neuapostolen. Die Klara wurde dann später die Frau vom Franz, das war der dritte Bruder vom Hildi, ein Mechaniker. Der wurde dann auch Neuapostole. In der Mitte wohnten Hildis Eltern mit den Kindern, die noch nicht verheiratet waren, mit dem Mili, dem Ueli und den anderen drei. Unter ihnen hauste die alte Frau Graf, eigentlich im Keller, das war mehr ein Loch als eine Wohnung. Und über ihnen die Resi mit dem Herbi. Auf der rechten Seite sollten wir einziehen, sobald der neue Hausteil fertig war, auf den 1. Oktober 1934. Mitte Oktober erwarteten wir das Sophie.

Ich war zuerst lange arbeitslos, nachdem ich in Brig gekündigt hatte, fand dann endlich eine Stelle in Olten, beim Sulz. Dort hielt ich es nicht aus, das war ein Menschenschinder der übelsten Sorte, und da jagte es mir eines Tages den Zapfen ab. Vor lauter Hetzen von früh bis spät habe ich bei dem den kleinen Finger verloren, in einem Kettenaufzug, den ich ein bisschen rassiger einstellte. Da riss es mir einen Teil vom Finger ab. Wenn ich länger beim Sulz geblieben wäre, hätte ich jetzt wahrscheinlich keinen Finger mehr. Ich konnte dann zum Fink nach Solothurn, und dort blieb ich ja dreizehn Jahre als Geselle, bis wir nach Zürich umzogen. Es war auch nicht das Gelbe vom Ei, aber es war Arbeit.

Nur das Frühstück konnten wir zu Hause essen in der Zeit, als wir auf das Sophie warteten. Sonst ass ich beim Fink und das Hildi in der Ghielmetti. Sie musste um sieben Uhr anfangen, ich schon um fünf. Die Arbeiter waren säbi Zit wie gesagt bessergestellt als das Personal, weil sie viele waren in den grossen Fabriken und sich früher organisierten. Das Personal war vereinzelt, jeder schuftete allein in den kleinen Budeli.

Das Frühstück assen wir zusammen in der Küche vom Ernst und der Berta, altes Brot, Konfitüre und dazu einen Zichorienkaffee, Frank-Aroma. Das schmeckt eigentlich nicht wie Kaffee, aber es sieht so aus. Diese Zichorien wuchsen in den Gärten, blaue Wegwarte heissen sie auch, und man hat sie geröstet und gemahlen. Kaffee konnte man sich nicht leisten an einem gewöhnlichen Werktag. Das Hildi frühstückte meistens mit mir und ging nachher noch einmal ins Bett, weil sie ja schwanger war. Kurz vor fünf fuhr ich los. Zu Fuss hätte ich nach Solothurn etwa eine halbe Stunde gebraucht, aber mit dem alten Militärgöppel vom Vatter ging das schneller.

Am ersten Oktober konnten wir dann tatsächlich umziehen. Es war eine schöne Wohnung, absolut, richtig modern. Mit Gasherd und einem Badezimmer. Es hatte eine Badewanne, einen Durchlauferhitzer und ein WC mit Spülung. Topmodern war das. Ich musste dem Ernst natürlich Miete bezahlen, zweiundsiebzig Franken, alle mussten das. Denk auch, das war ein Betrag. Diese Mieten waren das Haupteinkommen vom Ernst, würde ich sagen. Aber die Wohnung war es wert. Heizen mussten wir mit Holz. In der grossen Küche hatte es einen Eisenofen. Den feuerte man, bis er glühte, dann reichte das für die ganze Wohnung. Wenn wir in der Stube hockten, heizten wir den kleinen Kachelofen, einen Erdmannsdörfer. Es war nur in der Nähe vom Ofen warm, am Fenster fror man trotzdem. Wir hatten drei Zimmer. Gewohnt hat man eigentlich in der Küche.

Das Holz für die Heizung kaufte der Ernst an der Holzgant im Birchi. Der kaufte es für die ganze Sippe. Wir brauchten drei Ster, also drei Kubikmeter für einen Winter. Man musste es im Wald oben holen und zum Haus führen mit der grossen Garette. Bäre hiess dieser Karren auch. Das ist ein Zweiräder, den man an zwei Handläufen zieht, sehr stabil. Und schwer wie eine More. An dem hatte man schon leer zu rupfen, bis man ihn am Waldrand oben hatte. Hinunter musste man dann aufpassen, sonst lag man darunter, bevor man einen Schritt gemacht hatte.

Der Ernst meinte jeweils, weil er das Holz bestellte, müsse er mir sagen, wann ich es zu holen habe. Da brauchte es eben ab und zu ein offenes Wort: «Hör mal, Vater, ich weiss selber, was ich zu tun habe. Ich hole das Holz, sobald ich Zeit habe. Jetzt habe ich keine Zeit.» Ich hatte säbi Zit nie frei unter der

Woche, nur am Sonntag. Das Hildi hatte auch am Samstag nachmittag frei. Am Sonntag durfte man nicht arbeiten, also auch kein Holz führen. Sicher nicht in Solothurn, das war streng verboten bei den Katholiken. Und am Abend kam ich erst zwischen acht und neun Uhr nach Hause, da war mir das Holz nicht zuvorderst.

Man wusste oft nicht, wo die Zeit stehlen für alles, was zu tun war. Das Hildi war politisch nie aktiv, obwohl es ja rumorte in der Arbeiterschaft und mit der Zeit auch beim Gewerbepersonal. Ich war da an vordester Front. Aber sie machte an den Kundgebungen und Veranstaltungen nie mit, sie hielt sich fern von dem. Sie hatte politisch gar kein Interesse, ihr Interesse lag ganz bei der Familie, das war normal bei einer Frau. Um das Politische kümmerte ich mich, ums Familiäre sie. Alles neben den langen Arbeitszeiten. Sie litt später immer darunter, dass sie Kinder hatte und in die Fabrik musste den ganzen Tag. Darunter litt sie sehr, aber nicht so stark wie ich. Für mich war es unerträglich, dass ich nicht imstande war, meine Familie allein zu ernähren. Dass meine Frau arbeiten musste. Ich wollte es doch besser machen als der Ernst. Es war die Aufgabe und der Stolz des Mannes, für die Familie zu sorgen, damit die Frau sich ganz den Kindern widmen kann. So dachte ein rechter Mann säbi Zit, ich auf jeden Fall. Aber die Zeiten dachten nicht so.

Das Hildi war ganz allgemein zufriedener als ich, sie hatte nicht diesen Ehrgeiz, Karriere zu machen. Sie hatte als Frau auch diesen Druck nicht, das kann sein. Die Mädchen in unseren Kreisen hatten ihre Aufgabe von dem Moment an, wo sie geboren wurden. Sie lernten keinen Beruf, sie lernten bei der Mutter oder, wenn es hoch kam, in einer Haushaltungsschule den Haushalt besorgen. Dann heirateten sie und bekamen Kinder. Sie arbeiteten nur weiter, wenn der Verdienst des Mannes nicht ausreichte. Wenn eine Frau arbeitete, wusste man, aha, der Mann bringt zuwenig nach Hause. Vorher versorgten die Töchter die Eltern mit, viele heirateten nie, weil sie sich um die alten Eltern kümmern mussten. Säbi Zit hatte man viel weniger eine Wahl im Leben, gäll, nicht diese Freiheit wie jetzt. Die Frauen sowieso nicht.

Eine Zeitlang verdiente das Hildi sogar mehr als ich, ziemlich lange sogar. Ohne ihren Lohn hätte es grad gar nirgends hingereicht. Wart schnell, ich weiss noch, wieviel sie am Anfang verdiente. Fünfundvierzig Rappen in der Stunde. Für gewisse Arbeiten wurde sie nach Stücken bezahlt, für andere im Stundenlohn. Je nachdem, was es für eine Aufgabe war. Später bekam sie mehr. Natürlich störte mich das, dass sie mehr verdiente als ich. Das geht an den Stolz. Da hast du einen Beruf gelernt, drei Jahre lang. Viele mussten sogar bezahlen, damit sie sich als Lehrlinge irgendwo verdingen konnten. Die Konditoren zum Beispiel mussten hundert Franken Lehrgeld bezahlen, aber Metzger konnte man gratis werden. Nicht zuletzt darum bin ich ja Metzger geworden.

Die Arbeiterschaft war säbi Zit generell viel besser dran als die Gewerbler. Leider ist zu sagen, dass die Gewerbler schlecht organisiert waren, eigentlich gar nicht. Metzger- oder Gärtneroder Bäckersgeselle waren nur Übergangsberufe. Entweder fing man selber an, oder man war geliefert. Um selber anfangen zu können, brauchte man Geld. Das hatten viele nicht, also waren viele geliefert. Die meisten waren mit wenig zufrieden, weil sie aus armen Verhältnissen kamen und nichts anderes kannten. Demütig ist das richtige Wort. Erst der Krieg änderte das, da gingen vielen die Augen auf, würde ich sagen. Da hatte dieser Krieg also auch sein Gutes. Heute ist es mit dem Gewerbe nicht mehr so schlimm. Da habe ich auch ein wenig am Karren gerupft, das darf ich sagen.

Ich wurde der jüngste Verbandspräsident in Solothurn, ich wollte endlich menschenwürdigere Bedingungen für uns Knechte. Ich bin ein Gerechtigkeitsfan, da kann man nichts machen. Das hat mir aber das Leben schwer gemacht, und wie. Die Patrons hatten mich auf dem Zahn, ich war denen ein Dorn im Auge, kannst denken. Die verbündeten sich gegen mich und wollten mich boykottieren, wenn ich mit der Aufrührerei nicht aufhörte. Als Verheirateter war ich natürlich angreifbar, die wussten, dass ich den Lohn brauchte. Da waren sie aber an den Falschen geraten. Ich bluffte und drohte denen mit einem stadtweiten Streik, mit einer schönen kleinen Revolution in Solothurn. Dass ich mit dem Willi Ritschard und seinen Sozis zusammenarbeiten und dass die Arbeiter und die Gewerbler vereint die ganze Stadt lahmlegen würden, wenn nicht endlich etwas ginge. Die Arbeitszeiten runter, die Löhne rauf. Der Ritschard wollte zwar nicht mitmachen, als ich ihn fragte, von uns Gewerblern wollten die Sozis nichts wissen. Aber der Bluff nützte trotzdem, ich konnte beim Fink bleiben. Gemütlich war das nicht.

Item, im Oktober kam das Sophie an der Birchistrasse zur Welt, und alles ging gut. Ein gesundes Mädchen war sie. Das war am 21. Oktober 1934. Ich half dem Hildi bei der Geburt, bei den andern drei später auch. Ich hatte eine Ahnung vom Gebären, von den Tieren. Der Mann gehört neben die Frau in einem solchen Moment, das ist meine Meinung. Aber nur, wenn er nicht in die Hosen scheisst, sonst nützt das der Frau nichts. Die Berta half auch mit. Das Hildi war sehr tapfer. Sie war immer sehr tapfer, auch als sie beim dritten Kind fast verblutet wäre, beim Teres. Ich ging nach Hause für die Geburten, egal, wo ich war, da gab es bei mir nichts. Nicht einmal der Krieg konnte mich davon abhalten, ich haute einfach ab und ging zum Hildi. Das war beim Jüngsten, beim Werni. Nach der Geburt bekam das Hildi von der Ghielmetti vier Wochen Schwangerschaftsurlaub, in der Zeit stillte sie die Kinder. Danach ging sie wieder in die Fabrik, die Kinder blieben bei der Berta. Später, als ich für mich einen besseren Lohn herauskämpfen konnte, hatten wir das Emilie, das bei uns wohnte und zu den Kindern schaute.

Ich sah meine Familie fast nie. Die Kinder sowieso nicht, die sah ich eigentlich nur schlafend oder am Sonntag. Und da musste spaziert werden. Die Kinder jagten vielleicht Fifälterli, Schmetterlinge, oder pflückten Blumensträusse. Wir gingen meistens in die Enge und von der Enge nach Nennikofen und dann durch den Wald. Dort hatte es eine Wirtschaft, das gefiel mir schon besser als das Zotteln. Das Hildi und ich tranken einen Becher Bier und die Kinder ein Sirüpli. Der Becher kostete dreissig Rappen, macht sechzig, das Sirüpli zwanzig, macht einen Franken vierzig, dann assen wir noch einen Kümmelstengel, macht einen Franken achtzig und zwanzig Rappen Trinkgeld, mit dem kamen wir durch den Sonntag. Mit zwei Franken, mehr lag nie drin. Die Kinder hatten Freude am Einkehren und wir auch, was brauchten wir mehr.

Für die Familie war das natürlich wichtig, aber mir war die Spaziererei nicht so ein Hobby, lieber jasste ich oder las oder hörte Radio. Wir kauften im Fünfunddreissig ein Radio, damit man ein bisschen auf dem laufenden war. Es gärte rundherum, und da war es wichtig, die neuesten Nachrichten sofort zu haben. Das Radio kostete hundertdreissig Franken, das war ein halbes Vermögen, denk auch. Ein Radio hatte man nicht, um Musik zu hören, sondern wegen der Information, das war säbi Zit das wichtigste. Es musste nicht immer etwas laufen im Hintergrund. Meistens wäre man sowieso nicht aufgelegt gewesen zum Musikhören. Der Apparat stand auf dem Büffet in der Stube, und am Abend setzte man sich davor auf einen Stuhl und hörte zu. Dann war man müde und ging ins Bett.

Das Jassen war mir immer eine Leidenschaft, jetzt noch, gäll. Mit dem Hildi jasste ich aber nie. Sie wollte gar nicht jassen, sie schaute lieber zu. Ich fragte sie einmal, ob sie es lernen wolle, aber sie sagte nur: «Nein, Hans, lieber nicht.» Wahrscheinlich wusste sie, dass das nicht gutgehen würde, dass wir Streit bekommen würden. Und ich stritt einfach nicht gern mit dem Hildi. Ich war ein ganz verbohrter Jasser, man kann's nicht anders sagen. Es musste einer sehr gut jassen, damit er mir passte. Ich war ja nie geduldig, gäll. Ich sagte: «Das ist in Ordnung. Dann lassen wir das.»

Die Meinungsverschiedenheiten sind nur schlimm, wenn keins nachgibt. Wenn keins nachgibt, dann gibt es den Krieg. Ob im kleinen oder im grossen. Ich kannte viele Familien, in denen die Alten monatelang kein Wort miteinander redeten. Einfach weil keins nachgeben wollte, das gab es oft säbi Zit. Die Sturheit war noch nicht so schwarz angestrichen wie heute. Aber ich fand das schlimm, eine solche Ehe wollte ich nie führen und das Hildi schon gar nicht. Zwischen uns gab es das nie, das darf ich sagen. Nie. Ich habe auch manchmal nachgegeben, aber nicht so häufig wie sie wahrscheinlich. Dem Frieden zuliebe machte ich das. Ich hatte einfach ein ganz anderes Empfinden in der Ehe als sonst. Sonst war ich nicht so zimperlich. Erstens hatte ich das Gefühl, wenn schon beide den ganzen Tag schuften, dann sollten sie den Abend nicht mit Streiten verbringen. Dann sollten sie einander gescheiter noch ein wenig gern haben. Von dem wich ich nie ab. Sicher hatten wir ab und zu Meinungsverschiedenheiten. Meistens wegen der Kinder. Aber keinen Streit, wir brüllten uns kein einziges Mal an in den achtundfünfzig Ehejahren. Nicht ein einziges Mal.

Sehr selten gingen wir aus, höchstens an einem Samstag abend. Erstens hatten wir kein Geld, das war der Hauptgrund. Und wenn man tanzen wollte, ging das nicht mit einem Fünfliber, da wollte man doch auch einen Kaffee trinken oder ein Glas Wein. Der Fünfliber war aber meistens schon mit dem Eintritt weg. Das Hildi tanzte gern. Schwofen ging man hauptsächlich in eine Wirtschaft an der Aare. Wenn man in Solothurn beim Schlachthaus hinuntergeht und der Aare nach unter der Brücke hindurch, dort war die, ich habe den Namen vergessen. Dort spielte eine Kapelle, wir sagten nicht Bänd, aber es war eigentlich das gleiche. Oft gingen wir ins National im Westbahnhof. Ob das noch steht, weiss ich nicht. Das war künstlerisch gehobener im Anspruch. Der Wirt war sehr modern, ein Junger. Der machte es ein wenig anders als die anderen Wirtschaften. Er organisierte Konzerte für die Jugend. Es gab sonst in den dreissiger Jahren in Solothurn nichts ausser dem Stadttheater. Aber die, die ins Stadttheater gingen, gingen nicht ins National und umgekehrt, gäll. Dieser Wirt engagierte meistens ausländische Kapellen, das war etwas Besonderes. Die brachten die neuesten Schlager, aus Deutschland. Das war das grösste für uns, wenn wir die neueste Musik hören konnten, live, gäll.

Mit Theater kannst mich jagen, heute noch. Solothurn hatte ja ein berühmtes Theater, das Städtebundtheater Biel-Solothurn. Das war aber nur etwas für die sogenannt guten Bürger, nicht für unsereinen. Ein guter Bürger musste sich zeigen im Stadttheater. Hochkultur, nichts für eine Fabrigglere und einen Metzgersknecht. Das Solothurner Stadttheater war säbi Zit ein Begriff. Aber eben, es sollen besser nur die gehen, denen das etwas sagt. Mir sagte es absolut gar nichts. Ich ging nur einmal mit dem Hildi in so einen Plüschtempel, das war das erste und das letzte Mal. Auch später in Zürich ging ich nie, obwohl das Schauspielhaus in ganz Europa berühmt war.

Die Frau vom Patron, die Finkin, hatte mir die Karten geschenkt, zum Geburtstag. Das Stück hiess «Friederike», ein Singspiel, jetzt heisst das Musical. Wenn ich ehrlich bin, waren wir sogar ein bisschen stolz, in dieses Theater zu gehen. Aber es war dann zum Davonlaufen. Das Hildi und ich hatten sehr gute Plätze, wir hockten zuvorderst. Dann kam schon der erste Galöri daher, ein Hirte sollte das sein. Sicher, der sang wahrscheinlich gut, da gibt es nichts zu berichten. Aber ich befürchtete immer, wenn der das Maul so weit aufriss, ich sähe bei dem hinten raus. Das störte mich wahnsinnig, dass ich dem so tief in die Schnörre schauen musste. Und laut war das! Säbi Zit genierte mich mein Gehör noch nicht, da war mir das viel zu laut. Ich hatte gar keinen Genuss, ich dachte nur die ganze Zeit: «So schweig doch endlich.» Und der Teufel wollte es – kommt doch einer mit einem Schäfchen auf die Bühne. Tiere gehören doch nicht auf eine Bühne! Ein Tier kann kein Theater machen, das brauchen sie nur, wenn diese Künstler keine besseren Ideen haben. Das arme Schaf konnte nicht stehen, verstehst, auf dem glatten Bühnenboden. Das ging wimm und wumm mit seinen Beinchen. Und es blökte und blökte, das litt doch, das war nicht zum Aushalten. Da war bei mir fertig. Das ganze Affentheater machte mich wahnsinnig wütend.

Nach dem ersten Akt war ich bachnass, so schwitzte ich vor Aufregung. Das Hildi hatte mich ab und zu am Arm gedrückt. In der Pause sagte ich: «Sei mir nicht böse, aber ich halte das nicht mehr aus. Ich warte drüben in der Fuchsenhöhle auf dich.» Das Hildi blieb und schaute das fertig. Man könnte annehmen, dass ihr diese Friederike gefiel. Wir diskutierten nicht mehr darüber. Ich könnte mir denken, dass es sie genierte, dass ich nach der Pause nicht mehr mitging. Es sahen doch alle den leeren Platz neben ihr. Aber das wäre nicht gut herausgekommen.

Das war mein einziges und letztes Erlebnis mit hoher Kunst. Weisst du, ich bin zu dumm, ich verstehe nicht, was an so etwas lustig sein soll. Und sowieso kann ich es nicht ausstehen, wenn Erwachsene tun wie Kinder. Das ist doch kein Beruf, das ist Lölizeug. Jetzt ist das ja ein bisschen anders, gäll. Aber säbi Zit dachte ich, als ich den auf der Bühne sah, gopfertori, dieser Lackel verdient mehr als du und arbeitet nichts. Das war für mich nicht arbeiten, ein bisschen Maul aufreissen. Und der bekommt dafür viel mehr Lohn. Drum hatte ich eine Abneigung gegen die sogenannten Künstler. Jetzt bin ich weniger rigoros, jetzt arbeiten sowieso die wenigsten mehr hart, das ist auch recht so.

Es war für das Hildi oft nicht einfach mit mir, das weiss ich. Ich war wirklich ein unbequemer Siech. Ich war auch wahnsinnig eifersüchtig. Krankhaft eifersüchtig würde ich sagen, da litt es gar nichts. Das Hildi war auch eifersüchtig, ein bisschen sicher. Ob bei allen, das wüsste ich nicht. Aber bei gewissen schon, da war sie eifersüchtig. Wenn man in Gesellschaft ging, konnte es das geben.

Zum Beispiel an dieser katholischen Fasnacht. Das Hildi ging immer mit ihren Schwestern an die Fasnacht, bevor ich mit ihr Bekanntschaft hatte. Mit dem Käti vor allem, das war ein richtiges Festfüdle. Mir lag die Verkleiderei und das Getue nicht, ich fand das so blöd wie Theater. Nur einmal ging ich mit ihr an einen Fasnachtsball, das reichte dann voll und ganz. In der Angelegenheit vertrag ich zuwenig Spass. In der Metzgerhalle meinte so ein verkleideter Bär, er dürfe dem Hildi zu nahe kommen. Dem gab ich grad den Preis bekannt. Der flog bolzgerade die Treppe hinunter, dass das Fellchen stäubte.

Dass mir das Hildi nicht treu wäre, auf die Idee bin ich nie gekommen. Sie war nicht jemand, die mit jedem herumschäkerte, so war sie nie. Das hätte ich auch sofort gemerkt. Aber wenn es lustig zu und her ging, dann war sie gern dabei. Sie war gern lustig. Nicht übertrieben, sie ist zum Beispiel nie auf Tischen herumgetanzt, wie das andere machten. Aber sie festete mit in fröhlichen Runden. Auch getrunken hat sie gern, selten zuviel, sie hatte Mass. Bei mir war das Masshalten eine schwierige Sache. Wenn Alkohol ins Spiel kommt, kann der Mensch ausflippen, da kann er sich auch einmal vergessen. Bei den Menschen ist alles möglich, sicher, absolut. Alles ist immer möglich bei einem Menschen. Plötzlich macht einer Sachen, die er von sich nie gedacht hätte, das ist schnell passiert. Es gibt Umstände, da kann sich einer schon vergessen. Es ist zu sagen, Männer vergessen sich eher als Frauen. Säbi Zit war das so. Vielleicht, weil wir mehr unter Druck waren, immer etwas beweisen mussten. Ich habe dem Hildi vertraut. Und sie mir. Sie hätte mir nie Anlass gegeben, etwas anderes zu glauben. Ich ihr vielleicht schon eher, wenn ich das heute anschaue.

Woher diese Eifersucht bei mir kam, kann ich dir nicht sagen. Es hat etwas mit dem Ehrgefühl zu tun und sicher gar nichts mit der Vernunft. Aber es war bei mir völlig übertrieben, das sehe ich jetzt. Siehst du, warum hast du Hunger? Es ist etwas, das einfach kommt, das kannst du nicht steuern. Obwohl mir sonst der Wille wichtig war. Aber ich muss auch sagen, säbi Zit war eine solche Eifersucht ziemlich normal für einen Mann.

Man kann sagen, es kam dann fast zu einer Katastrophe. Es wird dich vielleicht schockieren, aber ich sage es dir trotzdem.

Kannst mich dann zum Teufel schicken, zu dem sollte ich sowieso schon längst. Ich erzähle das zum ersten Mal. Damit du siehst, dass das normalste Leben von einem Moment auf den andern umschlagen kann. Es hängt alles viel mehr an einem Faden, als man denkt. Dieser Moment war einer der schwärzesten in meinem Leben, da gibt es nichts zu beschönigen, absolut.

Die Ghielmetti machte jedes Jahr einen Betriebsausflug mit dem Bus, am Samstag nachmittag ging das los. Es gab ein Nachtessen, und die Arbeiter konnten tanzen. Es war auch einer dabei, von dem ich so einiges wusste. Einer von den sauberen Herren an der Birchistrasse. Von dem wusste ich Sachen, die ich besser nicht gewusst hätte. Ich sagte zum Hildi: «Gäll, dann und dann erwarte ich dich zu Hause.» Aber sie kam eben dann und dann nicht nach Hause. Ich wartete noch ein bisschen, und nachdem ich lange genug gewartet hatte, startete ich durch. Obwohl ich doch vollkommen nüchtern war. Ich nahm das Gewehr, das hat jeder Schweizer im Haus, und so kurz vor dem Krieg wusste man haargenau, wo es stand, und musste nicht lange suchen. Und das Schiessen und An-die-Wand-Stellen und Abknallen war ja ein Thema in den Wirtshäusern, eigentlich überall, wo Männer rumhockten. Alle waren geladen. Einmal wegen der Krise, die einfach kein Ende nehmen wollte, aber auch wegen dem Krieg, den man längst roch. Und nicht zuletzt, weil man krampfte bis zum Umfallen und nie auf einen grünen Zweig kam. Wir fühlten uns ohnmächtig, hinten und vorn, da kann einer den Kopf verlieren. Ich lud das Gewehr und ging dem Hildi entgegen. Es war etwa elf Uhr in der Nacht. Die kommen mir jetzt gerade recht, so dachte ich, gerade recht.

Das Strässchen vom Haus zur Ghielmetti führte zuerst auf eine Erhöhung, dort stand das Depot der Gurten-Brauerei. Man sah eine gute Strecke den Weg hinunter Richtung Fabrik. Dort mussten sie vorbeikommen auf dem Heimweg, und ich würde sie von weitem kommen sehen, das war mein Gedankengang. Es war ein bisschen beleuchtet, und es hatte Gebüsch.

Ich sagte mir, jetzt willst du es ganz genau wissen. Darum lag ich im Dreck versteckt, mit der Büchse im Anschlag.

Dann sah ich sie kommen. Das Hildi kam ganz harmlos ausgerechnet mit dem durch die Nacht spaziert. Sie gingen nah beieinander, aber nicht Arm in Arm, ganz normal nebeneinander. Sie hatten sich nicht einmal eingehängt. Da hatten sie grosses Glück. Wenn der sich nur beim Hildi eingehängt hätte, ich glaube, ich hätte ihn erschossen. Das kann man später nicht mehr verstehen, aber so war das. Ich hätte abgedrückt. Ohne eine Sekunde zu überlegen, so geladen war ich. Weisst du, in so einem Moment sind das keine Überlegungen, die Vernunft ist ausgeschaltet. Das sind nur noch Handlungen. Es ist wie das Bedürfnis, ein Stück Brot zu essen, wenn man Hunger hat. Die selbstverständlichste Sache der Welt, so war das. So ist das mit dem Durchdrehen.

Ich wartete, bis sie herangekommen waren. Dann trat ich auf die Strasse und stellte mich. «Jetzt hast du wahnsinnig Schwein gehabt, Leo. Wenn du nur einen Schritt näher neben dem Hildi gegangen wärst, dann hätte es geklöpft. Kannst nachschauen, diese Büchse ist geladen. Und ich kann schiessen. Ich hätte abgedrückt, vergiss das nie, gäll.»

Von diesem Herrn wusste ich, dass er auf alle Röcke losging. Man wusste das allgemein. Er hatte ein Verhältnis mit einem Mädchen im Haus, wenn man da überhaupt von Verhältnis reden kann. Mit der Tochter von der Thalerin, das waren eben die Neuapostolen. Mit dem Vreneli. Dieses Meitschi war höchstens fünfzehn, das störte mich kolossal. Das Mädchen hiess nicht Thaler, es hiess anders. Es wohnte auch nicht bei den Thalers. Ein Fall wie der Ueli war das, ein Unfall von der frommen Thalerin, ein Uneheliches. Mit diesem Vreneli hatte der also ein Gschleik, sie trafen sich unten im Keller. Denk auch, in dem feuchten Loch, unten bei der Frau Graf. Nicht gerade ein Himmelbett. Der war ja über zwanzig Jahre älter als das Vreneli. Ich mischte mich aber nicht ein, weil ich es nie selber gesehen hatte. Der Romeo hatte mir das erzählt, der Mann vom Anni. Er habe sie zusammen angetroffen, «in eindeutiger Lage», wie er das nannte, an einem Weihnachtstag. Das Hildi wusste es übrigens auch. Eines Tages war dann auch das Vreneli schwanger. Ich sage dir, es lief so einiges unter den sauberen Deckelis.

Das Hildi war gar nicht kokett. Aber sicher, sie war eine Frau, die man gerne sah. Sie war auch zugänglich, man konnte mit ihr reden. Gut zuhören konnte sie auch. Ein ganz normaler Typ Frau war sie. In der Fabrik hatte sie schon gearbeitet, bevor wir uns kennenlernten. Und darum, gäll, war das eine Domäne, die mir ein bisschen verschlossen war. Ich wollte auch gar nie mehr wissen. Aber ich war unsicher, sonst wäre ich nicht grad mit dem Gewehr losmarschiert. Da musste einiges am Überlaufen sein, denk auch.

So ausgeflippt bin ich nachher nie mehr. Es war mir eine Lehre. Ich hatte nämlich nachher richtig Schiss, als ich das Gewehr zu Hause wieder versorgte im Schrank, richtig weiche Knie. Ich dachte: Ja was war das jetzt, Hans! Himmelherrgottsternecheib, das kannst du doch nicht machen! Das hätte Zuchthaus gegeben, nichts anderes. Die Familie wäre kaputtgegangen. Mit unserem Leben wäre es vorbei gewesen, ganz und gar vorbei, gäll. Aber das überlegst du eben nicht in so einem Moment, das ist das Schlimme. Du überlegst eben rein gar nichts, als wäre das Gehirn aus dem Kopf verdampft. Ich finde das heute überhaupt nicht gut. Schon damals nicht, ich schämte mich am nächsten Tag, aber das sagte ich niemandem. So darf man nicht umgehen miteinander. Man löst doch nichts mit einem Gewehr, das muss man anders regeln, bevor es überläuft. Das Leben ist kein Schützengraben. Aber das hatte man uns nicht beigebracht, muss ich sagen. Item, genützt hat es schon. Der saubere Herr wusste, dass er sich in acht nehmen musste.

Das Hildi und ich konnten uns nie richtig geniessen. Man hatte einfach keine Zeit, für Genuss schon gar nicht, und Geld hatte man auch nicht dazu. Ich erinnere mich eigentlich nur an einmal in dieser Zeit, wo wir ein bisschen ausspannen konnten, vielleicht war es auch erst nach dem Krieg. Wir gingen für eine Woche ins Kiental, das ist in der Nähe von Thun. Dort hatte der Berner Metzgerpersonalverband eine Sennhütte, die mietete ich. Ganz primitiv war das und ein bisschen romantisch. Das Hildi und ich gingen ohne Kinder und wanderten dort herum, etwas anderes konnte man nicht machen. Ich zeigte dem Hildi das Hohtürli, das liegt über dem Kiental, auf zweitausendfünfhundert Metern. Ich fragte sie: «Kommst du mit mir dort hinauf?» Das war ein grosser Wunsch von mir, zu diesem Hohtürli hinaufzusteigen. Zwei Tage später machten wir das.

Morgens um vier marschierten wir los. Es dauerte eine Stunde, bis wir von der Hütte nach Kiental kamen. Dann ging es sehr steil hinauf, an der prallen Sonne. Wir waren fast oben, etwa um zehn, da fiel das Hildi zusammen, sie fiel einfach in Ohnmacht. Ich bin natürlich erschrocken, das war sehr gefährlich, das ganze Gelände abschüssig wie ein Cheib. Sie hätte mir nicht gesagt: «Du Hans, ich kann nicht mehr», sie klappte einfach wortlos hinter meinem Rücken zusammen. Ich setzte mich neben sie und hielt ihren Kopf. Als sie wieder zu sich kam, sagte ich: «Iss dieses Ovosport.» Gottlob hatte ich ein Ovosport bei mir, das gab es säbi Zit schon, als Platte. Zum Wandern ist das praktischer als das Pulver. «Iss du das jetzt und ruh dich aus.» Es war ihr nicht recht, dass sie so wackelig war. Aber nach dem Ovosport ging es wieder tipptopp. Gäll, das war nicht, weil sie keine Kraft mehr hatte, sondern wegen der Höhe. Sie war zäh. Aber sie hatte Angst vor der Höhe wie vor dem Wasser. Das wusste ich nicht.

Bald war es sowieso vorbei mit Wandern und Karisieren. Auch mit unserer Jugend war es vorbei, der Krieg kam. Er kam sehr plötzlich, obwohl man ihn schon lange roch. Eines Tages schlug er an die Tür, und es hiess «Einrücken!». Es hiess, Zukunftsträume einpacken und vergraben, und zwar tief. Wie tief wir die vergraben mussten, das wussten wir zum Glück nicht. Das Hildi und ich hatten Pläne für ein eigenes kleines Geschäft gehabt, wir standen kurz vor der Vertragsunterzeichnung. Kannst denken, daraus wurde nichts mehr.

Niemand hätte geglaubt, dass das möglich würde wegen einem solchen Laferi. Und dazu noch als Österreicher, als Ausländer in Deutschland, gäll. Und dann auch noch ein Zuchthäusler, der war in der Kiste in Landsberg. Dass einer mit einem solchen Vorleben diesen Coup fertigbringt und den Deutschen Reichstag an sich reisst, das hätte niemand für möglich gehalten. Rein nur mit Laferen, nur mit dem grossen Maul. Alle unterschätzten den Hitler, naiv, kann man sagen. So ist das, die Laferis sind oft die Gefährlichsten. Das ist jetzt nicht anders.

Ich musste einrücken und als Armeekoch siebenhundert Tage Dienst tun. Nicht am Stück, das war fast schlimmer. Man musste ständig alles stehen- und liegenlassen und wieder gehen. Die Frau und die Kinder und alles verseckeln und dann an der Grenze rumhocken. Wir hätten so viel zu tun gehabt, um endlich aus der Krise zu kommen. Alles konnten wir vergessen, es war nicht zum Aushalten. Wir hätten uns doch gewünscht, es würde wenigstens richtig losgehen an der Grenze. Dann hätte sich das immerhin gelohnt, vom Gefühl her. Rumhocken und Jassen gab einem kein gutes Gefühl. Wir verhockten sechs Jahre unserer Jugend, und man hätte auf den Gedanken kommen können – für nichts, gäll. Das sehe ich erst jetzt so, säbi Zit hatten die meisten Männer einfach eine riesige Wut, aber viele merkten das nicht. Man war wahnsinnig geladen. Es geht manchmal lange, bis man merkt, dass einen die Wut gepackt hat. Und noch länger, bis man weiss, warum.

Die Männer waren also abwesend. Im Haus an der Birchistrasse waren alle weg. Der Ernst musste nicht mehr an die Grenze, der war in der Landwehr. An die Grenzen mussten nur die Jungen. Jetzt blieb den Frauen nichts, als alles selber zu machen, was vorher die Männer gemacht hatten, holzen, Wasser tragen, zum Hof schauen oder zum Geschäft, wenn sie eins hatten. Daneben all die Frauenarbeit. Es wäre ja schon vorher niemandem langweilig geworden. Und nebenbei gebaren sie noch Kinder, gäll. Ich muss sagen, was die Frauen geleistet haben säbi Zit, das geht auf keine Kuhhaut.

Und eben, man musste auf der Hut sein, damit die Kirche im Dorf blieb. Da und dort lümmelten immer ein paar saubere Herren herum. Man musste ein Auge darauf haben. Diese Angst war immer zuvorderst, wenn man an der Grenze hockte, dass es zu Hause aus dem Ruder lief. Die war viel grösser als die Angst zu sterben. Es war schwierig, mit diesem Gefühl fertig zu werden. Man konnte nicht zu den Sachen schauen, musste die Zügel laufenlassen, es gab nichts anderes. Ein gutes Eheleben war unmöglich, denk auch. Drum bin ich ein paarmal aus der Armee abgehauen, unbestätigt sozusagen, in geheimer Mission, und ging daheim vorbei. Dafür hätten sie mich schwer einlochen können, aber sie hätten mich zuerst erwischen müssen. Ich hatte ein paar Tricks, und es ging immer gut. War das ein Hallo, wenn ich kam. Ich blieb meistens nur eine Nacht, am nächsten Morgen musste ich wieder zurück.

Es war ja nicht so, dass nur die Männer die Frauen vermissten, es war auch umgekehrt. Es gab einen richtigen Männermangel bei den Frauen, jahrelang, das könnte man so sagen. Da konnte die eine oder andere schon in Versuchung kommen, das ist doch verständlich. Ich sah das am Bischtinen oben, wo wir die Grenze bewachten, im Wallis. Da gab es sonst nur Steine und die beiden Kameraden, die waren nicht unbedingt eine Augenweide. Und da scharwenzelten an einem schönen Sonntag drei Weibsbilder daher. Nicht in Wanderaufmachung, eher auf Aufriss. Da schaute man als braver Soldat schon ein bisschen genauer hin, das ist klar. Die kamen mit dem Säumer, der uns per Maultier mit Fressalien versorgte, aus Visp. Visp liegt im Rhonetal unten, das sind ein paar Stunden zu Fuss. Ich kannte diese Frauen nicht. Aber die wussten anscheinend vom Säumer, dass dort oben auf dem Berg seit ein paar Monaten drei

Chnulleris hockten, und wollten uns guten Tag sagen. Eine hängte sich sofort an mich. Die nahm mich am Schlawittchen, um die Schulter. Wir waren gerade am Kochen, verschwitzt und ohne Hemd. Und da kommt so eine aufgedonnerte Griete und umarmt dich von hinten. Das erschüttert doch den härtesten Siech.

Die wollte später auch noch, dass ich sie ein Stück weit auf dem Heimweg begleite. Höflichkeitshalber, sie wolle mit mir noch ein wenig die Natur besichtigen. Ich ging aber nicht mit. Ich hätte doch den ganzen Weg wieder zurücklaufen müssen. Und sowieso musste ich kochen für den Zug. Standhaft ist nur der Vorname.

Es war schwer dort oben in dieser Einöde, das ist auch nur der Vorname. Es gab solche, die flippten irgendwann aus. Grenzkoller nannte man das. Dann hat sich ein Mann nicht mehr in der Gewalt. Das ist die Verzweiflung, die pure Verzweiflung. Das gab es oft unter den Männern säbi Zit. Wenn ständig auf einem herumgetrampelt wird und einer sich nicht wehren kann, dann kommt das. Oder wenn daheim alles den Bach runtergeht und du hockst am Ende der Welt für nichts und wieder nichts. Da konnte einer ausflippen. Ich wusste immer, wie wehren, aber das konnten eben nicht alle. Entweder wird einer dann bösartig, oder er macht sonst einen Blödsinn. Wenn es ganz schlimm war, sperrte man ihn ein. Meistens liess man einen mit dem Koller aber in Ruhe und wartete, bis der Anfall vorbei war. Hatte ein bisschen ein Auge auf ihn, man musste aufpassen, dass er nicht abhaute und sich im Gebirge verstieg, das war die grösste Gefahr. Sonst musste man den suchen und aus dem Berg holen, das war gefährlich. Wenn man ihn überhaupt fand. Die absolute Verzweiflung ist das, nichts anderes.

Weisst du, dieses Ausrasten, das war das Weinen der Männer. Selten kam das richtige Weinen, das Brieggen. Männer weinten nicht, das war verboten. Ich sah meinen Vater nie eine Träne vergiessen, nicht eine. Bei mir hat das auch erst in letzter Zeit angefangen. Wurde neunzig ohne, aber dann fing es überall an zu seichen. Wenn einer das Weinen zuvorderst hatte, dann versteckte er sich und schaute, dass es niemand merkte. Höchstens im geheimen konnte einer sich ein bisschen erleichtern. Auf dem Scheisshaus oder im Wald oder eben in den Felsen. «Ein Mann weint nicht, fertig», das hiess es schon als Bub. Mit der Zeit lernst du das. Weil du sonst lächerlich gemacht wurdest. Ehrlich gesagt sehe ich jetzt keinen Vorteil mehr darin, wenn ein Bub nicht weint, nicht den geringsten. Wir mussten die Härte lernen.

Säbi Zit war Härte allgemein begehrt an einem Mann, auch von den Frauen. Schwäche und Weichheit war ein grosser Mangel, viel schlimmer als Schielen oder Stottern. Das war wie ein Behinderung. Dass einem Mann die Galle hochkam, dass er tobte und sich vergass, das ging. Aber weinen nicht, das durften nur die Frauen. Von einem Mann wurde Härte erwartet, absolut. Auch die eigene Frau erwartete das. Wenn einer zuviel Gefühl zeigte, hätte sie sich gefragt: «Was ist mit dem los? Ist der krank?» Vielleicht war die Härte gegenüber der eigenen Frau ein wenig anders gekleidet. Man diskutierte vielleicht ein bisschen, Frauen wollen mehr diskutieren. Wenn man diskutierte, gab der Mann vielleicht ein bisschen nach und blieb dann dabei, das war Haltung. Das Hildi wollte eigentlich selten diskutieren.

Gegen das Weinen half übrigens Wermüttertee. Ich sammelte den für die Bande am Bischtenen, wilden Wermuth. Der ist grauenhaft bitter, ein bisschen wie Brämöl, aber gut für den Magen und die Galle und fürs Gemüt. Mit Brämöl rieb man die Pferde ein, damit die Bremsen sie nicht frassen. Wenn einer daherkam mit einer Verstimmung, dann gab es beim Meister in der Baracke ein Kacheli Wermüttertee. Die mussten das Kacheli in meiner Anwesenheit trinken, sonst hätten sie die ganze Schale nach dem ersten Schluck weggeschüttet, dann nützt das nichts.

Wie der Krieg für das Hildi war, kann ich dir nicht erzählen. Schlimm war es sicher, aber sie hätte nie geklagt. Das machte es fast noch schlimmer. Ich habe ihr Geld nach Hause geschickt, wann immer ich konnte, selten genug. Auch grosse Pakete mit Lebensmitteln, die ich nach und nach von meinen Vorräten «sparte». Das machten alle, die in der Küche waren, man versorgte heimlich die Familie aus dem Armeebestand. Drum war dieser Posten besonders begehrt, weil man an der Quelle war. Aber sonst konnte ich das Hildi und die Familie nicht beschützen vor dem ganzen Schlamassel. Nicht schauen, dass wir zusammen endlich aus dem Dreck kamen. Sie musste selber kutschieren, jedes musste selber kutschieren. Die Männer an der Grenze, die Frauen überall sonst. Das zerreisst einen. Und gedankt hätte uns niemand, gäll. Uns sicher nicht, wir waren ja keine Helden. Und den Frauen schon gar nicht.

Die Mutter hatte gerne Süsses. Sehr gern sogar. Sie hatte immer irgendwo Schokolade, sogar während dem Krieg. Und Bonbons fand man immer in ihrem Handtäschchen. Wahrscheinlich hatte sie darum schon keine Zähne mehr, bevor sie zwanzig war. Der Grossvati habe eines Tages gesagt: «Raus mit diesen Broffeln, das wird zu teuer!» Dabei war sie doch gern schön und hatte es gern schön. Sie legte immer Wert darauf, dass der Tisch anmächelig gedeckt war. Und sie kochte sehr gut, aber das tat sie höchstens am Abend und am Sonntag. Sonst kochte das Emilie, das war ein armer Tropf, eine Obdachlose, die niemanden hatte und uns im Haushalt half. In meinem Bett schlief die, ich musste es mit ihr teilen.

Die Mutter war eine starke Frau für mich, verlässlich. Sie liess einen nie im Stich, man konnte auf sie zählen. Es klappte einfach immer alles, auch während dem Krieg. Wir hatten, was wir brauchten, immer, obwohl sie doch so viel arbeitete. Es lag sicher an der Mutter, dass wir das Gefühl hatten, wir seien gut versorgt. Sie schaute für alles und machte, dass es auch noch ein bisschen schön war. Der Vater war mehr auswärts. In meiner Erinnerung war das so, obwohl er vor dem Krieg vielleicht gar nicht so viel häufiger weg war als die Mutter. Sie war aber ganz da, wenn sie da war. Er nicht unbedingt, er hörte Radio, jasste oder hackte Holz. Ich habe den Vater eigentlich wenig wahrgenommen in der Kindheit in Zuchwil. Die meiste Zeit war ich beim Grossmueti drüben, im mittleren Haus. Unsere Mutter war mehr für das Schöne. Das Grossmueti für das Warme. Beim Grossmueti konnte man unterkriechen.

Die Mutter war nicht überschwenglich, aber sie machte uns gerne eine Freude. Wir hatten zum Beispiel ein Ritual.

Wenn sie ihren Zahltag bekommen hatte in der Fabrik, lud sie eines von uns Kindern in die Konditorei Baumgartner ein. Man durfte sich ein Stückli aussuchen, ein Vermicelles, irgend etwas Besonderes, und eine Ovomaltine dazu trinken. Immer abwechlungsweise nahm sie eins mit. Ich bin sicher, der Vater wusste nichts von diesen süssen Touren mit der Mutter. Wir Kinder gingen ihr meistens entgegen auf dem Strässchen, das zur Ghielmetti führte. Bei der Gurten-Brauerei oben sahen wir sie von weitem kommen. Da winkten wir ihr zu und rannten los. Am Zahltag sagte sie: «Sophie, heute kommst du mich allein abholen. Wir gehen noch in die Stadt.» Das war ein Fest einmal im Monat, stell dir vor.

Ich glaube, sie war sehr gerne Mutter. Und sie hatte auch sehr gerne Kinder. Ich glaube aber, dass sie ebenso zufrieden war mit der Arbeit, die sie bei der Ghielmetti machte. Nur manchmal seufzte sie, wenn sie am Morgen wegging: «Ach, ich würde lieber bei euch bleiben. Wenn ich doch nur noch ein Weilchen bei euch bleiben könnte.» Es war selten, dass sie das sagte, aber ich erinnere mich daran. Öfter hiess es jedoch: «Schau, ich habe jetzt keine Zeit, ich muss zur Arbeit.» Oder «Schatzgottes, frag mich am Samstag nach der Arbeit nochmal, dann machen wir das.» Man musste immer alles verschieben, weil sie keine Zeit hatte.

Geschlagen haben weder der Vater noch die Mutter. Das war aussergewöhnlich, die meisten Eltern schlugen ihre Kinder, meistens die Väter. Auch die Lehrer. Die Schule war für mich eine harte Umstellung. Ich war ein unruhiges Kind, ich konnte nicht stillsitzen. Mit sechs statt mit sieben taten sie mich dann in die Schule. Wahrscheinlich hatten sie die Nase voll und fanden, die soll jetzt nur in die Schule, da lernt sie das Stillsitzen.

Ich kam zu einem Lehrer, Meier hiess der, von dem bekam ich jeden Tag Tatzen. Vom ersten Moment an, praktisch schon zur Begrüssung. So kleine Erstklässlerlein, stell dir doch die Händchen vor. Die mussten wir vorstrecken, und dann hieb uns der Lehrer Meier mit dem Vierkantlineal auf die Finger. Der machte das nicht pro forma, der schlug richtig zu. Damit es nütze, sagte er. Es tat wahnsinnig weh, aber eigenartig, genützt hat es nicht. Wir schwatzten doch trotzdem weiter. Er steigerte es dann. «Wenn du nicht endlich still sitzt, Sophie, gibt es zwei Tatzen!» Und dann: «Weil du immer noch nicht ruhig bist, gibt es vier!» Da kam so einiges zusammen an einem Tag. Ich konnte manchmal die Aufgaben fast nicht machen, so taten mir die Hände weh.

Der Meier war auch sonst ein schlechter Lehrer, er kam dann gottseidank weg. Immer wenn wir ein Blatt vollgeschrieben hatten, mussten wir es zu ihm nach vorn bringen. Ich hatte immer Angst vor dem Moment, wo ich ein Blatt fertig hatte, ich zögerte es hinaus, solange es ging. Er sass an seinem Pult, ein grosses Pult war das, mit Wänden rundherum. Wir mussten uns neben den Meier stellen, und dann kontrollierte er das Blatt. Die eine Hand malte die Fehler rot an, die andere kam jedesmal unter das Kleidchen. Er streichelte an den Beinen herum und auch ein bisschen höher. Manchmal ging das ewig, bis der fertig war mit der Kontrolle. Ich habe es zu Hause nie erzählt. Der Lehrer war ja sowieso nie zufrieden mit mir, weil ich laut war und schwatzte. Sie hätten es mir nicht geglaubt. Aber es kam dann zum Glück trotzdem heraus.

Vor dem Vater hatte ich nie Angst, er schlug uns wie gesagt nicht. Er wies uns zurecht, und man glaubte es ihm, wenn er etwas sagte. Die Mutter sagte eigentlich nie etwas. Ich kann mich nicht erinnern, dass sie mit uns geschimpft hätte. Überhaupt war es bei uns in der Wohnung anders als bei meinen Schulkolleginnen und Cousinen. Meine Eltern schmusten zum Beispiel. Sie lagen am Abend manchmal zusammen auf dem Sofa, hörten Radio und hielten sich in den Armen. Und wir tobten um sie herum. Sprangen von der Sofalehne aufs Sofa und sofort runter auf den Boden und rannten weg. Das wackelte dann so, dass die Eltern fast auf die Dielenbretter fielen, wegen den Sprungfedern. Sie mussten sich darum noch mehr aneinander festhalten. An solchen Abenden hatten wir viel zu lachen, das war richtig schön.

Nur einmal schlug mich der Vater, das war wegen dem Teres. Das Teres war mein Lieblingsopfer, ich plagte sie, wo ich konnte. Das Teresli war der Liebling im ganzen Haus, das blonde Lockenköpfchen. Ich war der Saugof, unfolgsam, frech, und blond war ich schon gar nicht, sondern rabenschwarz. Ich hatte immer das Gefühl, sie war das Lieblingskind vom Vater, und ich war das eben nicht. Wahrscheinlich war ich eifersüchtig auf sie. Heute gibt es ja wenige Menschen, die mir so nah sind wie die Teres.

Das Teresli hatte einen Tick, nervöse Zuckungen im Gesicht. Und das konnte ich perfekt nachmachen. Den Mundecken so schräg hochziehen und das Auge oberhalb gleichzeitig ein paarmal zusammenkneifen, es sah wahnsinnig blöd aus. Gemein war das. Ich sass beim Essen am schmalen Ende vom Tisch, mit dem Rücken zur Wand, der Vater am andern Ende. Die Mutter übers Eck neben dem Vater und das Teres übers Eck neben mir. Ich hasste diesen Platz, weil man sich so reinquetschen musste auf die Bank, und dann war man da gefangen und konnte sich nicht bewegen. Ich stützte jeweils die Hand auf, Hunger hatte ich sowieso nie, ich war ein magerer Haken. Aber hinter der Hand machte ich diese Grimassen, so dass das Teres sie sehen konnte, aber der Vater nicht. Aber einmal sah er es eben doch. Er stand wortlos auf und versetzte mir eine solche Ohrfeige, dass mein Kopf mit ganzer Wucht an die Wand schlug. Ich kann dir sagen, ich sah Sternchen. Diesen Schlag spüre ich heute noch. Von da an hatte das Teres mit den Grimassen Ruhe vor mir. Sagen wir, wenigstens beim Essen.

Tagsüber hatten wir das Emilie, das war eine komische ältere Jumpfer, lieb, aber richtig gern hatten wir sie nicht. Ich sicher nicht, weil ich mein Bett lieber für mich allein gehabt hätte. Das Teres, das Emilie und ich schliefen im gleichen Zimmer, die Katze der Mutter, das Miggi, meistens auch. Dort hatte es eigentlich nur zwei Betten, einen Stuhl und eine graue

Tapete. Nicht ein elegantes Grau, schimmelgrau war die. Das Zimmer war sehr feucht, wahrscheinlich weil der Raum nie geheizt wurde.

Ich war die meiste freie Zeit beim Grossmueti. Das Grossmueti war für mich das ein und alles. Das Grossmueti hatte immer Zeit für mich. Nur noch das Mili, der Ueli und drei andere Geschwister wohnten dort. Der Ueli war häufig gar nicht da. Ich ging für alles zum Grossmueti. Zum Essen, aufs Klo, wegen der Bobo, zum Lausen. Ich vermisste nichts zu Hause, solange ich zum Grossmueti konnte.

Ich durfte ihr bei den Arbeiten helfen. Sie tapezierte zum Beispiel im Haus, wenn es etwas zu tapezieren gab. Das Grossmueti machte auch unser graues Zimmer neu, sie konnte das. Und ich durfte ihr dabei helfen. Die alte Tapete in Fetzen runterreissen und abkräbelen, ich machte das wahnsinnig gern. Dann mit dem Grossmueti Bahn um Bahn eine neue schöne Tapete auf die Wand ziehen. Auf der Leiter stand sie und ich unten. Du kannst dir nicht vorstellen, was das für ein Gefühl war, wenn das düstere Zimmer plötzlich hell und freundlich wurde. Das schönste überhaupt war das. Wer weiss, vielleicht habe ich darum später einen Tapezierer geheiratet, das könnte man sich direkt so überlegen.

Das Tapezieren wäre ja eigentlich eine Männerarbeit, aber der Vater machte so etwas nicht. Der war zu Hause eher nicht so der Handwerker. Und der Grossvati machte das auch nicht, das Tapezieren machte das Grossmueti.

Ich glaube, der Ernst war nicht faul, aber ein Jammeri. Es tat ihm immer irgend etwas weh, und dann musste er aufs Ofenbänklein höckeln. «Äh tttt», und musste wieder ausruhen. Das Herz tat ihm ständig weh. Er sagte immer, sein Herz huste. Das Grossmueti jammerte nie, ich habe sie kein einziges Mal klagen gehört. Nur geseufzt hat sie oft. Weil ihr jemand weh tat. Wegen dem Tante Käti sah ich sie auch einmal weinen. Ich fragte sie: «Grossmueti, warum bist du so traurig?» Sie sagte nur: «Ä-äh, das Käti. Jetzt hat sie doch schon so viele Kinder. Es ist der Kummer.» Was genau der Kummer war, sagte sie nicht. Ich hatte nur mit halbem Ohr mitgekriegt, dass etwas war mit Männern. Aber das erzählte mir das Grossmueti natürlich nicht. Sie redete nie viel. Auch die Mutter sagte später immer wieder mit Nachdruck zu uns: «Schweigt, Mädchen! Besser ihr schweigt, als zuviel reden.» Und dann kam immer der Rar-machen-Satz.

Den Grossvati hatte ich auch gern, aber nie so wie das Grossmueti. Männer hatte man nicht gleich gern wie Frauen, scheint mir. Sie waren wenig da und wenn, dann selten zärtlich. Sie waren auch wenig um uns Kinder, wahrscheinlich deshalb. Die Männer kümmerten sich selten um Kinder. Wenn wir Kinder sie sahen, waren sie meistens am Ausruhen.

Nicht alle, der Mann von der Resi war anders, der Herbi. Die Resi hatte einen guten Mann, keinen schönen, aber einen fidelen. So ein Gäderhächu, ein drahtiger. Er hatte ein gutes Lachen, das weiss ich noch. Der spielte sogar Ball mit uns und machte Verstecken. Oder rief uns aus dem Fenster Sachen zu, wenn wir draussen spielten, und neckte uns. Das machte mein Vater nie, der jasste nur. Er mischte sich sonst wenig unter die anderen. Meistens wurde er angefragt, weil er ein sehr guter Jasser war. «Geh, hol den Papi», hiess es dann.

Es war uns eigentlich lieber, wenn die Männer nicht zu oft mit uns spielten. Ihre Spässe waren grob, da verging einem dann das Lachen. Das Teres kam am meisten dran. Sie war viel bei der Resi, weil die Eltern arbeiteten. Wenn der Vater sie abholen ging nach der Arbeit, machten er und der Herbi das Fensterspiel mit ihr. Der Vater stand unten, und der Herbi hielt sie im ersten Stock aus dem Fenster und liess sie fallen. Unten fing der Vater sie auf. Die waren doch nicht bei Trost! Wahrscheinlich waren sie auch nicht nüchtern. Der Vater hat das viel später einmal dem Teres erzählt. Er sei eben am Abend nach dem Schuften zu müde gewesen, um die ganzen Treppen hochzulaufen, und sie habe ja immer gequietscht vor Vergnügen. Die Teres erinnerte sich nicht mehr daran. Wenigstens weiss sie jetzt, woher sie ihre Höhenangst hat.

Der Grossvati, der Ernst, erinnerte mich an einen Igel. Ich kann nicht sagen, ob es wegen der Frisur war oder wegen dem Schnauz, der piekte, wenn man ihm ein Küsschen geben musste. Vielleicht wegen der Figur. Er war klein und hatte ein Bäuchlein. Wenn er auf dem Ofenbänklein sass, sass das Bäuchlein auf seinen Oberschenkeln. Er war eigentlich lieb, aber auch ein wenig distanziert. Er hatte mich gern, das weiss ich, weil er mich einmal sehr tröstete.

Ich musste immer auswärts in die Ferien. Die Eltern arbeiteten ja auch, wenn wir Ferien hatten. Da gab man uns zu Verwandten mit Bauernhof, damit wir versorgt waren und ein wenig aufgefüttert wurden. Das schadete nicht, mager wie ich war. Ich ass nicht gern, ich war extrem gschnäderfräsig. Und dann bei den Bauern immer dieser Speck und Rahm, das hasste ich. Einmal war ich in Bätterkinden, da mussten sie mich wieder nach Hause bringen. Weil ich fast gestorben wäre vor Heimweh. Als ich ankam, war niemand in der Wohnung, auch das Grossmueti nicht. Es wusste ja niemand, dass ich schon wieder komme. Nur der Grossvati war da und nahm mich in Empfang. Er war sehr lieb zu mir, er nahm mich auf den Schoss und streichelte mich. «Musst dich doch nicht schämen, weil du Heimweh hast. Äh tttt, nicht mehr weinen.» Dann ist schon das Grossmueti gekommen und hat mir die Läuse ausgekämmt.

Nie war ich gern weg vom Grossmueti, und ich hasste es richtiggehend, allein zu sein in unserer Wohnung. Weil ich furchtbare Angst hatte, vor allem nachts. Diese Angst kam vom Emilie und ihren Geschichten. Im Bett erzählte sie die, zum Beispiel wenn es stürmte und durch alle Ritzen hereinblies. Auf der Treppe, die von unserer Wohnung zu den Thalers hochging, hatte es ein Fenster, das war undicht. Der Wind blies dort hindurch und sang, der berühmte Bergluft vom Jura war das. Wenn man still im Bett lag, hörte man dieses Singen sehr gut. Dann flüsterte das Emilie im dunklen Zimmer: «Hört ihr es, Kinder? Das sind die armen Seelen, die keine Ruhe finden.» Wenn man aufpasste, hörte man sogar, dass sie weinten und klagten. Wir mussten dann jedesmal aufstehen und im Nachthemd vors Bett knien und beten. Wenn wir gut beteten und lange, fand wieder so eine arme Seele den Heimweg in den Himmel, und das Singen hörte auf. Erst dann durften wir wieder ins Bett, steif vor Gänsehaut.

Es gab auch eine Hexe im Haus, die Frau Graf. Das Emilie erklärte uns, das sei eine Hexe. Auch die Nachbarn sagten, das sei eine Hexe, und die Tanten sowieso, wir sollten uns vor ihr in acht nehmen. Sogar das Grossmueti sagte das. «Jääääh ...», hiess es immer, so bedeutungsvoll. Die Mutter sagte nur, wir sollen anständig sein zu der alten Frau. Eine Hexe war jemand, der einen verteufeln konnte. Schlecht machen, einen schlechten Einfluss auf einen ausüben. Böses eingeben und einen verderben konnte eine Hexe, ohne dass man es merkte. Mit irgendeiner Kraft, die man nicht spürt. Die arme Frau Graf sah dummerweise genauso aus wie eine Hexe im Märchenbuch. Immer schwarz angezogen, mit zerzausten grauen Haaren. Natürlich ein Stock. Ein seltsamer Geruch war auch um sie, nach Russ und alten Kartoffeln und Katzenurin. So roch auch ihre Wohnung. Wenn man dort reinging, hatte man richtig Schiss. Wir liessen trotzdem keine Gelegenheit aus, wir gingen furchtbar gern zu ihr.

Ich war vollkommen überzeugt, dass das eine Hexe ist. Der Sündenbock im Haus war sie sicher. Wahrscheinlich weil sie schon vorher dagewesen war und nicht rauswollte, als der Grossvati das alte Haus kaufte. «Jäääh –! Besser, man macht sie nicht wütend», wird es geheissen haben. Aber weisst du, sie war lieb zu uns. Wir sassen mucksmäuschenstill auf ihrem Kanapee und schauten ihr zu. Weiss gar nicht mehr, was sie machte. Die Güetzi, die wir bekamen, getrauten wir uns nie zu essen.

Ich glaube nicht, dass das Grossmueti richtig an Hexenzeug glaubte, sie war doch katholisch. Sie war die demütigste Katholikin, die du dir vorstellen kannst. Aber an den Teufel glaubte sie felsenfest. Der kann eben auch in einer Hexe hocken, der konnte in jedem hocken. Vor dem Teufel musste man auf der Hut sein, der konnte überall sein. Den Ziegenfuss konnte der verkleiden, das ist ja das Gemeine. «Der Teufel kann auch ganz still und leise ins Haus kommen und gute Menschen verderben», sagte sie. Dagegen half nur viel beten, viel, viel beten. Das machte das Grossmueti.

Am schlimmsten war die Angst, wenn ich mit meinen Geschwistern allein war in der Nacht und sie hüten musste. Die Eltern gingen viel zu häufig aus für meinen Geschmack, und das Emilie hatte eines Tages plötzlich einen Schatz und war auch nicht immer da. Wir waren ja gar nicht allein in dieser Hütte voller Tanten und Onkel. Trotzdem hatte ich Angst in diesem Haus, ich weiss eigentlich nicht, warum. Es kam mir vor, als wären wir Kinder mutterseelenallein mit der Katze und umgeben von Teufeln und armen Seelen. Dabei war ich doch die Grosse. Ich weiss noch, wie ich hinter den Fensterläden kauerte, es war verboten, sie aufzumachen. Stundenlang hockte ich auf dem Fensterbrett und schaute durch die Ritzen, ob die Eltern endlich nach Hause kämen. Irgendwann ging ich ins Bett, aber ich schlief nie, bevor sie wieder zu Hause waren. Meistens tuschelten und kicherten sie dann, und das ertrug ich grad auch nicht, dass sie es so lustig hatten und ich war den ganzen Abend vor Angst vergangen.

Einmal wartete ich wieder, es war Winter. Plötzlich hörte ich Schritte auf der Aussentreppe, die zu unserer Wohnung hinaufführte. Hinkende Schritte waren es, eigentlich nur einer, dann nichts, wieder ein Schritt, so kam es die Treppe hoch zu uns. Ich stand wie versteinert im Korridor und war überzeugt, man hört mein Herz hämmern bis hinaus auf diese Treppe. Jetzt würde der Teufel uns holen, etwas ausgefressen hatte ich ja immer. Ich wollte mich verstecken, aber ich konnte mich nicht rühren. Hinter mir das Teres, sie klammerte sich an mich und wimmerte. Der Schritt war jetzt bei der Tür, und ganz langsam ging die Türfalle hinunter. Dann wieder hoch. Wir waren wie gelähmt. Dann hinkte der Schritt wieder die Treppe hinunter und verschwand.

Später sagte mir die Mutter, das Grossmueti habe nachgeschaut, ob die Tür abgeschlossen sei. Weil alles still war, ging sie zurück in die Wohnung, und da die Treppe zur Hälfte mit Schnee bedeckt war, hörte man nur einen Schritt. Dieser Teufel war nur mein geliebtes Grossmueti.

Phantasie hatten wir, von all den Geschichten, kannst dir vorstellen. Und auch von den Liedern. Wir sangen viel, mit der Mutter und den Tanten, am Abend, manchmal draussen auf dem Bänklein. Die Mutter und das Mili konnten wunderschön singen, eigentlich alle Tanten. Sie waren auch im Kirchenchor. Am besten gefielen mir die Magdlieder, weil sie so schön tragisch waren. «... aber du, lieb Mütterlein, du ja du, gabst Butter und Honig dazu.» Das schönste war das mit der Eisscholle, ich kann es leider nicht mehr. Es handelt von einer Frau, die auf dünnem Eis stand. Sie hatte vor etwas fliehen müssen mit ihren Kindern. Und plötzlich brach die Eisfläche, und sie stand nur noch auf einer Scholle. Das sah am Ufer ein Mann, der wollte sie retten. Und macht einen Satz auf die Eisscholle, da kippte natürlich alles. Sie gingen alle zusammen unter und ertranken. Da hat man geweint, wenn man das sang.

Die Frauen waren doch ständig ein bisschen auf der Flucht vor den Männern. Ich glaube, dass das so war. Vielleicht fanden sie das gar nicht so schlimm, wie man sich das vorstellt, vielleicht fanden sie es sogar lustig. Es war einfach normal. Die Mutter erzählte mir einmal, dass auch in der Fabrik einiges in der Richtung ging. Dass man zum Beispiel sehr darauf achtete, nicht allein mit einem Mann im Transportlift zu fahren. Es gab überall diese Spezialisten, die an den Frauen rumtöpelten, sie anfassten, das gehörte fast dazu. Nicht nur bei den Serviertöchtern, bei allen Frauen, solange sie jung waren. Das waren vielleicht Spiele, es war nicht so, dass die Frauen wütend wurden, sie duldeten es. Vielleicht fühlte sich eine Frau dann begehrt und war stolz. So viel anderes hatte sie ja nicht, worauf sie hätte stolz sein können, wenn sie noch keine Familie hatte. Die wenigsten lernten einen Beruf. Ihre Aufgabe war, zuerst einem Mann zu gefallen und es dann später einer Familie recht zu machen. So lange ist das noch gar nicht her.

Aber bei diesen Töpelspielen musste einer die Grenzen kennen und durfte sie nicht überschreiten. Besonders schlimm war es, wenn einer im eigenen Haus wohnte, da war das Wehren schwierig. Ich erinnere mich auch an einen Ausflug mit den Solothurner Metzgerburschen in den Jura, das machten die regelmässig, und wir mussten mit. Man wanderte von Solothurn los und stieg auf den Weissenstein zum Beispiel, picknickte dort und verbrachte den Sonntag zusammen. Das waren doch fast alles Männer, die wenigsten waren verheiratet. Und meine Mutter mittendrin. Der Vater war natürlich auch dabei, aber dem machte das anscheinend nichts aus. Im Gegenteil, dem schien das zu gefallen. Ich sehe noch, wie er mitlachte, und erinnere mich, dass mich das störte. Diese Männer schleikten die Mutter überall herum, sie trugen sie herum, und er lachte nur. Es sah aus, als sei das pure Fröhlichkeit, aber ich bin mir heute sicher, dass es vor allem darum ging, die schöne Frau ein bisschen anzufassen. Und es machte nicht den Anschein, als hätte das die Mutter gestört. Sie kicherte mit und genoss das anscheinend. Aber mich störte das.

Auch der Vater war ein Sürmel. Er war ein guter Vater und sicher auch ein guter Mann, soweit ich das beurteilen kann. Aber ein Sürmel war er auch. Und eine Flörtimore, er schäkerte gern herum. Er genoss es, wenn ihn die Frauen anhimmelten, das ist ja normal. Er wusste haargenau, wie er die Frauen dazu bringen konnte, dass sie ihn anhimmelten. Die Frauen standen auf ihn, er sah gut aus und konnte einem den Schmus bringen, wenn er wollte. Und dieser Humor, das mögen die Frauen. Er brachte sie zum Lachen, das haben alle gern.

Alles in allem mussten die Frauen viel über sich ergehen lassen ein Leben lang. Viele wurden richtig krank. Dem Grossmueti ging es oft nicht gut. Sie hatte wahnsinnige Krampfadern und manchmal Trombosen. Das ist kein Wunder bei den vielen Schwangerschaften. Der Ernst schwängerte sie ja andauernd. Wenn ich mir das vorstelle! Immer ein Kind an der einen Brust im Bett und immer den Mann an der anderen. Und immer die Gewissheit, dass der jetzt das nächste macht. Über zwanzig Jahre lang, grauenhaft. Mit kaum zwanzig das erste Mal schwanger und dann ohne Unterbruch in Erwartung bis zur Menopause. Dieses kleine Fraueli. Ich hätte das nicht überlebt.

Manchmal kam die Hebamme mit den Würmern. Das Grossmueti lag in der Laube auf dem Kanapee, unter ihren Begonien. Sie hatte die schönsten Begonien weit herum, sie hatte eine Ader für alle Pflänzchen. Einen viel zu hohen Blutdruck hatte sie auch. Die Hebamme sass auf einem Stuhl vor ihr und ich auf einem Blumenschemel zu ihren Füssen. Das Kanapee hatte einen olivgrünen Samtüberzug und unten lange Fransen. Ein Traumkanapee war das. Wenn die Hebamme kam, wurde zuerst ein weisses Leintuch darübergelegt, und dann packte sie die Schröpfgläser und die Blutegel aus. Die Blutegel waren in Konfitüregläsern, so kleine schwarze Würmer. Blutegel verdünnen das Blut. Die setzte sie an die Beine vom Grossmueti. Mit der Zeit wurden sie dick und lang und hingen runter. Bevor sie platzten, nahm die Hebamme sie ab.

Manchmal liess sie das Grossmueti zur Ader. Sie steckte ihr eine Nadel in die Armbeuge und liess das Blut in ein weisses Emailbecken laufen. Und am Schluss wurde sie noch geschröpft. Dazu musste sie sich auf den Bauch legen, und die Hebamme machte die kleinen runden Gläschen heiss und setzte sie ihr auf den Rücken. Das Grossmueti hatte einen wunderschönen, weissen Rücken, den sah man sonst nie. Nach einer Weile wölbte sich das Fleisch in die Gläschen vom Vakuum, dann nahm sie die Hebamme wieder ab, das machte plopp. Der Rücken sah aus wie voller Caramelköpfchen. Dann ging die Hebamme, und dem Grossmueti ging es eine Weile besser.

Sie konnte es auch brauchen. Eben wegen dem Kummer. Das mit dem Käti war das eine, aber der grösste Kummer blieb sicher die Resi. Die Resi war ein ganz abgelöschter Mensch, würde ich sagen. Ich weiss nicht, ob das wegen dem Romeo war. Der habe sie ja vergewaltigt, hiess es. Ich habe mich immer gefragt, warum der dann das Tante Anni zur Frau bekam. Der Romeo war ein verrückter Kerl. Mit dicken schwarzen Locken, nicht unbedingt schön, aber einer, der einen fesselte. Ein Tessiner oder Bündner Bauer, ein kräftiger Mann. Er faszinierte mich, aber er war mir unheimlich.

Ich bin eigentlich sicher, dass der Romeo nicht der Vater war vom Ueli, wie es hiess. Er glich ihm auch nicht. Und er stotterte furchtbar und hatte eine eigenartige Gesichtsform. Er war auch nicht gerade gewachsen. Gut, das kann es alles geben. Das kann die Folge einer schweren Geburt sein oder etwas anderes. Der Ueli hatte ein sehr schweres Leben, denke ich, so unerwünscht wie der war. Ich fand immer, er gleiche dem Grossvati.

Das Grossmueti redete nie schlecht über die Resi, nie. Sie redete überhaupt über niemanden schlecht. Obwohl ich sicher bin, dass sie einiges wusste, was sie lieber nicht gewusst hätte. Die Frauen mussten immer auf der Hut sein, auch im eigenen Haus. Und mittendrin das Grossmueti, das alles zusammenhalten und retten wollte und den Schein wahren. Keine von den Frauen hat je etwas laut darüber gesagt, keine. Sie nahmen es alle mit ins Grab.

Die Mutter wurde immer stiller. Das fing im Krieg an, da war das Hildi sehr oft traurig. Ich bin mir gar nicht so sicher, ob das nur wegen dem Krieg war. Oder mehr wegen dem Vater. Weil er so lange Zeit nicht da war und sie nicht wusste, was er machte. Das braucht viel Vertrauen, gegenseitig, das kann ich mir vorstellen. Das belastete diese Ehen doch. Alle Männer in diesen Krachen, wo es ohnehin zuwenig Männer gab. Es gab ja überall zuwenig Männer in dieser Zeit. Und die Frauen besuchten doch die jungen Männer auf den Alpen, das wusste man. Die Mutter wusste das auch, besuchte den Vater ein- oder zweimal an der Grenze, weil ihr Gerüchte zu Ohren kamen. Und weil sie den Vater so vermisste. Aber das war sicher nur ein Tropfen auf den heissen Stein.

Ich war oft traurig, weil die Mutter so traurig war. Das ist eigentlich das, woran ich mich am meisten erinnere, wenn ich an den Krieg denke, die traurige Mutter. An die grässlichen Luftschutzkeller erinnere ich mich auch. Ich bin immer abgehauen in der Schule, wenn der Alarm losging, weil ich nicht in diesen Keller wollte. Ich wollte zum Grossmueti in die Waschküche. Ich hatte wahnsinnig Angst vor dem Alarm, diese lauten Sirenen, sie waren so voller Unheil. Und der Vater nicht da, der hätte uns beschützt. Die Mutter musste in der Fabrik bleiben, sie durfte nicht heim bei Alarm. Zweimal haben sie mich erwischt und aufgegriffen auf der Strasse. Einmal war es der Dorfpolizist und einmal der Metzger Wüthrich. Ich musste dann zum Metzger in den Räucherkeller, bis es vorbei war. Das war viel weniger schlimm als mit dem Lehrer in den Schulhauskeller. Keller hasste ich sowieso.

Es ist so – der Krieg war für mich eigentlich schlimm, weil das Hildi so viel weinte. Wenn sie da war, dann weinte sie, sie weinte leise. Sie hat nicht geheult, es war ein leises Brieggen. Am Morgen im Bett, ich habe das oft gehört. Oder wenn im Radio Militärmarschmusik lief, sass sie im Wohnzimmer allein auf dem Sofa, und Tränen liefen ihr übers Gesicht. Ich kuschelte mich neben sie und weinte, weil sie weinte. Es kommt mir heute noch das Augenwasser, wenn ich Militärmarschmusik höre, obwohl mir diese Musik nicht besonders gefällt.

Oder am Abend, wenn sie zu uns ans Bett kam, um mit uns zu beten. Da brach es manchmal plötzlich aus ihr hervor, ein Flüstern: «Der Papi. Der Papi.» Nur das sagte sie und ging aus dem Zimmer. Ich glaube nicht, dass das Hildi so grosse Angst hatte, dass dem Hans etwas zustösst. Das wohl auch. Aber geweint hat sie in diesen sechs Jahren wegen dem Heimweh nach ihm. Das war die grösste Not. Sie vermisste ihn einfach grauenhaft. Ich nicht. Ich fand das gar nicht so schlimm, dass er nicht da war. Es veränderte sich wenig für mich. Die materielle Not war nicht tragisch, wir hatten immer genug zu essen und auch etwas anzuziehen. Wenn ich denke, die Mutter musste in dieser ganzen Zeit die Familie allein durchbringen. Die Soldaten bekamen fast keinen Sold, es reichte überhaupt nicht für eine Familie. Sie arbeitete in der Fabrik, und abends hat sie dann gebügelt und geflickt, bis in alle Nacht. Da habe ich das Weinen auch gehört. Vielleicht hat sie geweint, weil sie oft weder ein noch aus wusste. Genau weiss ich es nicht. Sie besprach das nicht mit uns Kindern.

Wenn ich es mir überlege – es wäre verständlich gewesen, wenn sie sich bei einem angelehnt hätte, wenn der sie ein bisschen trösten konnte. Sie hat es immer bestritten, dass sie jemanden kannte während dem Krieg. Es war so, dass ihr einer nachstieg, das hiess es. So sehr, dass man dem Vater an die Grenze berichtete, da sei einer, der ums Haus schleiche. Der Vater kam ein paarmal heim, ganz überraschend, mitten in der Nacht. Danach hiess es das nicht mehr.

Eines Tages, es war kurz nach dem Krieg, kam ich einmal von der Schule nach Hause. Mit dem Göppel, dem riesigen Fahrrad, das ich so hasste. Ich ging seit kurzem nach Biberist in die Bez, in die Sekundarschule. Der Weg war sehr weit, man hätte nicht zu Fuss gehen können. Ich wurde eine gute Schülerin, als der Meier weg war. Da sagte der Vater: «So, du probierst jetzt diese Prüfung. Du bist gescheit genug für die Bez.» Ich bin fast gestorben vor Angst, aber ich bestand die Prüfung ohne Probleme. Da verkündete der Vater: «Jetzt gehen wir ein Velo kaufen, du brauchst ein Fahrrad, das ist klar.» Ich freute mich, aber nicht lange. Es war eins ausgeschrieben, ein gebrauchtes für zwanzig Franken. Das gingen wir anschauen, in Luterbach. Ein riesengrosser kohlrabenschwarzer Göppel war das, grauenhaft. Der Lack glänzte nicht einmal. Und ich konnte nicht sitzen, weil ich sonst mit den Füssen den Boden nicht erreichte, ich war ja immer klein. Ich dachte, dieses schreckliche Velo will ich unter gar keinen Umständen. Aber das war es dann, der Vater fackelte nicht lange.

An dem Tag kam ich nach Hause, und das Grossmueti weinte. Alle sassen in der Stube und weinten. Ausser dem Vater. Ich dachte: «Jesses Gott!» und wäre am liebsten umgekehrt. Das Grossmueti nahm mich auf den Schoss, und dann erzählten sie mir, dass wir wegziehen. Nach Zürich, in die grosse Stadt. Nur die Mutter, der Vater und wir vier Kinder. Ohne Grossmueti. Ich rief nur immer: «Das ist nicht wahr. Da geh ich nicht hin, ich komme nicht mit. Das ist nicht wahr!» Genützt hat es nichts. Ausser ihr wusste sowieso kein Mensch, wie wichtig mir das Grossmueti war. Der wichtigste Mensch auf der Welt.

Mit der Zeit kam dann aber auch eine kleine Vorfreude auf. Man hörte plötzlich ab und zu Respekt in den Stimmen, wenn die Leute sagten: Momoll, dein Vater wird also Sekretär vom Personalverband, in Zürich. Auf dem Büro! Hoppla, jetzt gibt es aber etwas aus euch!» Man gewöhnte sich an den Gedanken. Richtig Freude war es nicht, das wäre zuviel gesagt, eher Stolz.

Stell dir das vor, ich sah das Grossmueti nach unserem Umzug nach Zürich nur noch ein einziges Mal. Dieser Verlust war für mich unendlich gross, eigentlich unbeschreiblich. Aber Kinder heilen schnell. Ich durfte sie nur ein einziges Mal besuchen. Eine Bahnfahrt war wahnsinnig teuer, und Geld hatten wir auch in Zürich keines. Ich konnte nicht einmal an ihre Beerdigung, das lag nicht drin. Sie starb fünf Jahre, nachdem wir weggezogen waren, im Zweiundfünfzig. Ich glaube, ohne das Grossmueti wäre unsere Familie zerbrochen.

Dann war der Tag da, wir standen mit den Koffern am Bahnhof in Solothurn. Es war kalt, das weiss ich noch. Das Hildi reiste allein mit dem Teres, dem Karl und mir. Der Vater und der kleine Werni waren mit dem Umzugsauto vorausgefahren, das war wahrscheinlich billiger. Die Mutter war wahnsinnig aufgeregt. Sie konnte ja nie gut Zug fahren, sie war berühmt dafür, dass sie immer in den falschen Zug einstieg. Man wusste, wenn sie nach Zofingen wollte, landete sie in Olten, oder sie stieg in Züge ein, die auf dem Abstellgleis warteten und gar nicht fuhren. Wir sassen also alle ziemlich vergelstert und verhurscht im Abteil, und der Zug fuhr. Die Mutter hatte Proviant mitgenommen, die Fahrt Solothurn–Zürich war so lang, dass man Proviant einpackte. Und Tee, Pfefferminztee, das weiss ich noch, weil ich den hasste.

Plötzlich waren wir in Zürich und standen mit unseren Koffern und dem Karton mit der Katze in der riesigen Bahnhofshalle. Dann mussten wir aufs Tram, das hatte der Vater der Mutter eingeschärft, die Nummer vierzehn Richtung Örlikon. Es hatte wahnsinnig viel Verkehr. Das kam mir sicher nur so vor, im Siebenundvierzig, da war ich dreizehn. Wir fanden dieses Tram sogar und fuhren wie winzige Puppen in einem Spielzeugzug zwischen unendlichen Häuserwänden hindurch, so kam mir das vor. Als ich die hohen Häuser sah an der Walche, musste ich wieder weinen. «Hier will ich nicht bleiben. Wo es so hohe Wände hat, kann man doch nicht leben.» Dann kamen wir zum Berninaplatz, und der Vater und der Werni warteten auf uns an der Tramhaltestelle. Sie halfen uns, alles auszuladen aus dem Tram. Ich stelle mir vor, das sah aus, wie wenn heute Leute aus dem Balkan ihre Familien in Empfang nehmen. Eine mitgenommene schweigsame Frau, ein paar verschüchterte Kinder, trauriges Gepäck und ein tapferer Mann.

Der Vater sagte: «Jetzt wartet einen Moment. Es wird euch gefallen.» Und so war es dann auch. Ein modernes Haus an der Berninastrasse. Es hatte einen kleinen Garten ohne Gemüse, auf den wir hinunterschauen konnten vom obersten Stockwerk, wo wir wohnten. Alles war hell und neu und gross, es hatte grosse Fenster. Man sah bis zum Flughafen.

Wir gingen nach dem Krieg weg von Solothurn, nach Zürich. Ich wurde zum Sekretär des nationalen Personalverbandes erkoren, nur mit Primarschule, und obwohl ich doch nicht einmal Schreibmaschine schreiben konnte. Das war eine grosse Ehre für mich, denk auch. Und die einzige Möglichkeit, wegzukommen von diesem fruchtlosen Schuften. Als Sekretär konnte ich endlich genug verdienen, um meine Familie zu ernähren. Bescheiden, sicher, aber es war eine Chance. Etwas vom Wichtigsten war mir, dass das Hildi nicht mehr arbeiten musste und ganz für die Kinder da sein konnte. Das hatte sie sich so gewünscht. Eine bessere Stelle hätte ich in Solothurn nirgends gefunden, und selbständig machen konnte ich mich auch nicht nach dem Krieg, ohne Geld.

Das waren alles wichtige Gründe, sicher. Aber es gab noch einen anderen, vielleicht war das der wichtigste, über den habe ich bis jetzt noch nie mit jemandem geredet. Man sollte solchen Mist aber besser nicht nach drüben mitnehmen, drum sag ich dir das jetzt. Es ging um dieses Haus, um dieses Sippennest an der Birchistrasse. In so einem Clan passiert viel, das ist klar. Dort wucherte einiges, und ich wusste das, und es gefiel mir nicht. Es war mir von Anfang an nicht wohl dort, eine Notlösung. Ich hatte doch keine Wahl, als Metzgerlein ohne einen Rappen.

Erstens einmal möchte ich sagen, es hatte mich nicht zu interessieren, was ausserhalb meiner eigenen vier Wände passierte. Es ging mich nichts an, wie es in anderen Familien aussah, das war mir so wurst wie nur irgend etwas. Jeder soll schauen, dass er das Heu selber auf der rechten Bühne hat, das war immer meine Devise. Wobei, gäll, es gibt Grenzen. Aber die sieht man manchmal erst aus der Distanz.

Ich hätte vom Hildi nie einen Ton gehört, mit dem sie jemanden beschuldigt hätte, keinen einzigen Ton. Vielleicht ahnte sie es nur und machte sich Vorwürfe, dass sie so etwas Böses dachte, das könnte sein. Schweigsam wie die Berta war sie, das wurde bei den Frauen allgemein als Tugend angesehen. Aber wenn das alles stimmte, was getuschelt wurde, kannst du dir vorstellen, dass das Hildi in den achtundfünfzig Jahren unserer Ehe geschwiegen hätte? Vielleicht schon, gäll, bei ihr kann man sich das vorstellen. Ich frage mich jetzt, ob das, was später mit dem Hildi geschah, schon an der Birchistrasse anfing. Ob dort der Ursprung war? Das Leben dreht seine Runden bis zum Schluss, gäll, man nimmt alles mit. Man nimmt es mit bis zum bitteren Ende. Aber hinübernehmen sollte man es nicht auch noch, den Mist sollte man besser nicht zügeln.

Die Resi und das Käti, gäll, um die beiden ging es. Die hatten einfach etwas abbekommen. Die hatten auch beide solche Ticks. Zum Beispiel dieses Gestürm mit Männern, das wusste man, und es zeigte sich auch. Abnormal gern hatten sie die Männer, wenn du mich fragst, die hatten da irgendwie keine Barrieren. Das Käti war hübsch und lustig, richtig lebensfreudig, und lieb war sie auch. Aber mannsverrückt, wie die Resi auch, das würde ich so sagen. Sie kannte die Grenzen nicht. Man spürt das als Mann, das zog einen an. Nicht alle, mich stiess es ab. Aber es gab genügend andere. Die Resi und das Käti hatten viel mehr Zulauf als andere. Ob die Ticks und das traurige Puff mit den Männern mit dem zu tun hatten, was gemunkelt wurde, weiss ich nicht. Man könnte es sich denken.

Ob das Hildi und die anderen Schwestern auch drankamen als Kinder, das weiss niemand, das kann man jetzt nicht mehr herausfinden.

Der Ernst war nicht gerade beliebt, nirgends. Und er war auch kein feiner. Eigenartig war aber, dass die Resi immer eine Sonderbehandlung von ihm bekam. Er war sonst kein Zärtlicher, aber die Resi musste nur pieps machen und bekam alles von ihm. Ein richtiges Geschiss hatte er mit der. Und sie war ja kein Ausbund an Freundlichkeit, gar nicht. Die war immer am Kränkeln und Jammern, und der Ernst hockte bei ihr am Bett. Mir fiel auf, dass er die Resi jedesmal verteidigte, egal, um was es ging. Resi hinten und vorn. Sie war auch die erste, die eine eigene Wohnung bekam im Haus an der Birchistrasse. Da wurde geräumt, und die Resi bekam eine Wohnung. Und der Ueli, der Uneheliche, der lebte wie ein Sohn beim Ernst und der Berta. Und war nicht ganz richtig im Kopf. Klar, es ist normal und Nächstenliebe, für Katholiken sowieso, wenn man das behinderte Kind der fünfzehnjährigen Tochter aufnimmt und für es sorgt, das machte ja die Berta. Damit die Tochter später ganz normal heiraten kann.

Dass sich da beim Ernst etwas in der Erotik abspielte, das habe ich damals kaum zu denken gewagt. Aber ich dachte es eben doch. Gehört hat man einiges, nicht nur vom Ernst, auch von anderen sauberen Herren im Haus, obwohl dieses Thema tabu war, absolut. Mit meinen Schlussfolgerungen war ich übrigens nicht allein, das weiss ich. Wenn ich jetzt nochmals vieles überlege – möglich ist es also, dass er sich an den eigenen Töchtern vergriff, sogar wahrscheinlich. Wie viele andere ja auch.

Man fragt sich, wenn da beim Ernst etwas nicht stimmte, warum sagte dann die Berta, seine Frau, nie etwas? Ich kann mir nicht vorstellen, dass sie das nicht merkte. Vielleicht klagte sie es nur dem lieben Gott, dass der Teufel in ihrem Mann sitzt, vielleicht erzählte sie es sogar dem Pfaff. Das nützt eben gar nichts. Gegen die Teufel hilft die Beterei nicht, kannst denken. Gesagt hat sie höchstens ja und amen. Weisst du, säbi Zit waren sich die Frauen viel gewöhnt, die lernten schweigen und hielten den Karren am Laufen, da gab es nichts. Das sag ich dir jetzt als alter Büffel, der ich ja selber war. Ich war doch gar kein Heiliger. Aber Respekt vor den Frauen hatte ich immer. Sagen wir, meistens.

Wenn es überhaupt stimmt, gäll. Das darf man nicht vergessen, es gibt keine Beweise, es sind nur Indizien, Gerüchte. Und ein paar Eigenartigkeiten.

Eigenartig war diese Geschichte mit der Resi und der sogenannten Vergewaltigung. Das konnte einfach nicht stimmen. Ich stelle mir vor, dass die Resi mit dem jungen Trübel, dem Romeo, im Alpenrösli tatsächlich etwas hatte und eben auch noch mit anderen. Dieser Romeo kam vielleicht nur grad zupass als offizieller Schwängerer. Wahrscheinlich war aber vorher schon ein anderer, der Spuren hinterlassen hatte. Gentests kannte man säbi Zit noch nicht. Der Romeo bekam dann das Anni, damit das in der Familie blieb. Der wusste vielleicht selber nicht, dass gar nicht er der Vater vom Ueli war.

Das Hildi, das im Alpenrösli im gleichen Zimmer wohnte wie die Resi und also sicher wusste, dass die Vergewaltigungsgeschichte nicht stimmen konnte, schwieg. Wegen der Berta schwieg sie, das glaube ich. Und die Berta schwieg wegen der Familie. Und weil das eine Frau absolut nie machte, ihren eigenen Mann anschwärzen. Das macht keine Frau, säbi Zit schon gar nicht. Und auch eine Tochter schwärzt ihren Vater nicht an mit so etwas Schrecklichem. Vielleicht hatte die Berta auch Angst, dass er ihr etwas antut, wenn sie ihn zur Rede stellte, jähzornig wie er war. Und auch wenn sie gewollt hätte, wo hätte sie hingehen können mit so einem Verdacht, ausser in den Beichtstuhl?

Aber ich denke, sie schwieg vor allem wegen den Kindern und Enkeln, für die sie sorgen musste. In diesen schweren Zeiten brauchte es nicht viel, und alles ging den Bach runter, und zwar für immer. Aus, gäll. Wenn das herausgekommen wäre, wäre die Katastrophe noch viel grösser gewesen für die Familie. Gefängnis, die ganze Familie auseinandergerissen, grösste Armut, alles zerrissen. Da kann man der Berta also auf eine Art dankbar sein, dass sie es aushielt und nie etwas sagte, wenn man es so anschaut. So blieb die Familie beieinander, und alle konnten in Ruhe gross werden. Die Resi und das Käti heirateten ja ganz normal und hatten Familien. Die Berta konnte sich nur an ihrem Glauben halten. Diese Frau hatte kein einfaches Leben, das darf man laut sagen.

Aber ich will das betonen, das Hildi hatte ihren Vater gern. Später wurde er ja ruhig, er war ein guter Grossvater, ich wüsste nichts anderes. Solche Sündenfälle sind oft eine Jugendkrankheit. Wer weiss, was der Ernst für eine himmeltraurige Geschichte hätte, wenn sich einmal jemand dafür interessiert hätte. Auch die Büffel hatten es sehr schwer säbi Zit. Sie durften es nicht zeigen. Vielleicht hat er die Zärtlichkeit gesucht. Mir war das ja auch ein Fremdwort, aber ich habe sie dann bekommen, beim Hildi. Wenn sie einer nicht findet, wird er vielleicht zum Süchel. Oder wenn er beweisen muss, dass er ein Siebensiech ist, weil er es sonst nirgends beweisen kann. Und wenn das lange genug nicht ans Licht kommt, findet er es mit der Zeit sogar normal. Was weiss ich, es ist alles vorbei. Jedenfalls war ich froh, dass wir endlich wegkamen. Ob das jetzt Zürich war oder Honolulu, das war mir egal.

III

Tod

Ich sehe die Mutter immer in diesem braunen Rock. Er stand ihr gut, es stand ihr ja alles gut, aber er war einfach zu braun für sie. Ich meine, helle Farben standen dem Hildi besser. Überhaupt Farben. Diesen Rock bekam sie vom Käti. Den hatte sie jahrelang an. Das Käti war ja schon vor uns ausgewandert mit dem Schorsch. Sie hatten in Zürich ein eigenes Geschäft. Und elf Kinder. Schuhe bekam die Mutter auch vom Käti, manchmal auch einen Hut. Das Käti schenkte immer allen. Mir schenkte sie auch Schuhe. Sie verschenkte ständig Sachen, das Käti.

Das Leben in dieser Stadt, wo sie vorher noch nie gewesen war, fiel der Mutter überhaupt nicht leicht. Nicht weil sie das gesagt hätte, weiss ich das. Aber im Rückblick sehe ich sie nur noch wenig lachen. Ich glaube, sie hatte das Gefühl, nicht mithalten zu können mit den Zürchern. Das waren Grossstädter im Vergleich zu Solothurn. Und etwas anderes kannte sie ja nicht. Zürich war reich und schick, und nach dem Krieg wurde es immer schicker. Sie ging nie an einen Elternabend. Sie fühlte sich unsicher als Landei, wir in der Schule ja auch. «Geh du allein, Papi. Ich habe nichts Passendes anzuziehen.» Diesen Ausspruch höre ich noch. Sie hatte nur diesen braunen Rock.

Wir waren eindeutig ärmer in Zürich als in Solothurn, obwohl wir eine moderne Wohnung hatten und mehr Platz. Ich durfte nie in ein Schullager, die Buben schon. Ich weiss, dass der Vater das Gefühl hatte, es sei uns finanziell besser gegangen. Aber das war nicht so. Der Vater verdiente zwar mehr als beim Fink in Solothurn, und ein sozialer Aufstieg war es auch. Das Ansehen war grösser, der Vater war eine wichtige Person als Sekretär des Personalverbandes. Aber die Mutter verdiente nichts mehr. Und Zürich war viel teurer als Zuchwil. Der Hauptgrund war aber, dass der Clan nicht mehr da war. Alles, was wir brauchten, mussten wir jetzt kaufen, das war vorher nicht so. Wir konnten uns nichts mehr leisten, wir konnten uns keine Wünsche mehr leisten. Kein eigenes Bett, keine Kleider, schöne Schuhe schon gar nicht. Ich hatte ja einen richtigen Schuhtick. Das Teres und ich schliefen im gleichen Bett, bis ich zum Französischlernen ins Welschland ging. Nur der Karl hatte ein eigenes. Der Werni schlief in der Stube auf der Couch. Ich hätte so gern ein eigenes Bett gehabt, obwohl ich mich in Zürich mit dem Teres viel besser verstand als früher. Mein grösster Wunsch war ein eigenes Tablar in einem Schrank, um meine Sachen zu versorgen.

Mit der Zeit gefiel mir Zürich aber sehr gut. Ich fand die Stadt schön und spannend, viel besser war es als vorher in Zuchwil. Ich war relativ hübsch, klein zwar und ein Sprenzel, mit langen schwarzen Zöpfen, aber ich sah nicht unbedingt aus wie ein richtiges Landei, fand ich. Ich fand, ich passe in diese Schule. Aber dann kamen wieder Enttäuschungen. Ich merkte, in dieser Sekundarschule im Ligusterschulhaus kommst du ja gar nicht mit. Wahrscheinlich waren die Zürcher nicht gescheiter als wir, aber schneller. Wobei, die wenigsten waren wirklich Zürcher. In Örlikon wohnten viele, die neu zugezogen waren, es waren dort viel mehr Auswärtige als Alteingesessene. Örlikon wuchs wahnsinnig, es war ein Dörfchen, aber plötzlich kam die Industrie mit den Fabriken, und es wurde ein Stadtteil. Jetzt sind die Fabriken ja wieder weg. Aber viele Auswärtige hat es immer noch. Ich wohne gerne hier.

Man stellte dann fest, momoll, das schafft die schon. Aber ich müsse wahnsinnig einhängen, sagte der Lehrer. Der Vater musste an den Elternabend, und der Lehrer redete mit ihm, der Glogg. Ich müsse Nachhilfestunden haben, dann gehe das. Ich war sehr schlecht im Rechnen, das andere ging. Die Brüder mussten eine Primarklasse wiederholen. Das Teres schaffte es sogar ohne Nachhilfestunden. Ich passte wohl in die Schule, aber nicht zum Glogg. Der hatte mich auf dem Zahn. Ich hatte das Gefühl, er lehne mich ab. Vor allem wegen meinem Dialekt, weil ich zum Beispiel sagte: «Herr Glogg, gebt Ihr mir bitte ein neues Heft?» Wenn ich «Ihr» sagte, brüllte er mich jedesmal an, vor der ganzen Klasse. Was mir einfalle, ihn nicht anständig anzureden. Ich hätte ihn immer noch zu siezen. Und wegen meinen Augen. Ich musste Strafaufgaben schreiben, oft auch in die Ecke stehen mit dem Kopf zur Wand, weil er fand, ich sperre meine Augen unanständig auf. Man sperre die Augen nicht so auf, wenn man mit dem Lehrer rede. Dabei habe ich sie gar nicht aufgesperrt, sie waren einfach so. Er meinte, ich mache Grimassen.

Die Mutter schloss sich niemandem an, das war schlimm. Sie blieb für sich, mit uns. Sie hatte keine Freundinnen, in Zuchwil ja auch nicht. Aber dort hatte sie die Familie und die Arbeit. Sie hatte ein paar Kolleginnen, aber keine Freundin, bei der sie das Herz ausschütten konnte. Ich glaube, das Hildi hat nie irgendwo ihr Herz ausgeschüttet, bis zum Schluss nicht. Sie hatte vielleicht auch gar nicht das Bedürfnis, merkte nicht, dass es ihr gut täte. Höchstens vielleicht in der Kirche. In die Herz-Jesu-Kirche ging sie regelmässig. Das war eigentlich die einzige Gelegenheit, wo sie unter die Leute ging, die Messe am Sonntag beim Zigerfriedli. Das war auch ein Fremder, ein Pfarrer aus dem Glarnerland, wo der Zigerkäse herkommt. Wir gingen ja mit, allein wäre die Mutter nicht einmal in die Kirche gegangen.

Das Teres und ich drängten sie, im Mütterverein Örlikon mitzumachen. Wir waren im Blauring, einer katholischen Mädchengruppe, wir verbrachten mit denen unsere ganze Freizeit. Machten Theateraufführungen im Saal vom Hotel Sternen, Bazare, Tanzabende, das war wunderbar. Alle Mütter der Blauringkolleginnen waren im Mütterverein. Ich fand diese Mütter toll. Aber unsere Mutter sagte nur: «Das ist schön, macht ihr das nur. Ich möchte lieber nicht mitkommen.» Ihre einzigen Beziehungen waren wir und der Vater, die engste

Familie. Ab und zu traf sie sich mit der Frau vom Kropf, das war ein Metzgersfreund vom Vater. An der bewunderte sie vor allem die perfekten Zähne.

Sie hatte auch mit der anderen Familie im Haus, den Kiesers, keinen Kontakt. Das wundert mich, weil die doch auch Kinder hatten. Man hätte sich abwechseln können mit Kinderhüten, das wäre doch praktisch gewesen. Aber sie machte das nicht. Sie blieb lieber in der Wohnung, sie akzeptierte einfach, dass sie jetzt allein lebte, so kam mir das vor.

Der Vater war natürlich ganz anders. Der schaute für seine Bedürfnisse. Er genoss den Aufstieg, und wie. Er lernte schnell neue Leute kennen und war sehr viel fort. Auch mit den Frauen seiner neuen Freunde liess sich die Mutter nicht ein. Das war aus Schüchternheit, vielleicht hatte sie auch Minderwertigkeitskomplexe. Vielleicht weil sie nur den braunen Rock hatte für schön. Die Frauen der neuen Freunde stellten etwas dar, das waren Frauen von Chefs und richtige Städterinnen. Sie hatte sicher das Gefühl, sie könne nicht mithalten. «Jö, ich kann doch da nicht mitreden. Ich weiss ja nicht so viel.» Vielleicht sagte sie das gar nicht, aber ich spürte es. Ich glaube nicht, dass sie zurückwollte ins Dorf. Sie vermisste nichts, solange wir in Örlikon waren. Ich kann mir gut vorstellen, dass sie gerne weg war von diesem Clan, auch ein bisschen erleichtert.

Die Beziehung zwischen dem Vater und der Mutter ist mit dem Umzug nach Zürich sicher durchgeschüttelt worden. Der Vater ging an Sitzungen, ständig hatte er Zusammenkünfte mit wichtigen Leuten. Wir standen manchmal mit dem Hildi auf dem Küchenbalkon und schauten ihm nach, wenn er die Berninastrasse entlangstolzierte aufs Tram. Er sah richtig wichtig aus, wenn er auswärts Termine hatte. Die Mutter bewunderte ihn, sie freute sich, wenn er so gut aussah. Sie pflegte seine Sachen und schaute, dass er eine Gattig machte. Einen grünen Lodenmantel hatte er jetzt und Schuhe mit hellen Speckgummisohlen. Sie schaute ihm auf dem Balkon nach, und einmal sagte sie, mit einem kleinen Seufzer: «Ist er nicht ein schöner

Pflegma.» Ich weiss nicht genau, was sie meinte, vielleicht meinte sie, gepflegter Mann, vielleicht hat sie das Wort Phlegma gehört, und es hat ihr gefallen. Das rührt mich noch heute.

Die Mutter leistete sich nie etwas. Höchstens kleine Eskapaden mit uns. An einem schulfreien Nachmittag war ich einmal allein mit ihr, ich war wahrscheinlich in der dritten Sekundarschulklasse. Da sagte das Hildi: «Komm Sophie, jetzt leisten wir uns etwas. Jetzt gehst du zum Kimmeier am Berninaplatz und kaufst uns Patisserie.» Sie war doch so verschleckt. Es war aber Ende Monat, da hatten wir meistens keinen Rappen mehr.

«Der Papi hat doch noch gar nicht Zahltag bekommen?»

«Das stimmt schon, aber wart, jetzt schauen wir einmal ganz genau nach im Portemonnaie und in den Schublädchen.» Im Korridor stand eine Kommode, wo die Mutter ihre Geldsachen hatte, das Portemonnaie, die Handschuhe, die Nastüchli, die Schlüssel und das Gebetbuch. «Es könnte ja sein, dass uns bei der Kommode ab und zu ein Batzen runtergefallen ist», sagte sie. Wir durchsuchten alles, die hinteren Fächer im Portemonnaie, jede Schublade, jede Ritze, schauten zwischen die Tüchli und ins Gebetbuch. Ich kroch auch unter das Möbel. Und stell dir vor, wir fanden, das weiss ich noch haargenau, einen Franken siebzig! Das war wie Weihnachten! Sie legte das Münz in meine Hand. «So Sophie, jetzt postest du etwas Feines für dich und für mich.»

Ich kaufte beim Kimmeier einen grossen Sack Zältli, Bonbons waren das, wofür man am meisten Süsses bekam fürs Geld. Und Cremeschnitten, Blätterteig mit dicker Vanillefüllung und weissem Zuckerüberzug. Das assen wir beide am liebsten, und wir hatten eine Technik, wie man sie essen konnte, ohne auf dem Teller ein Schlachtfeld zu haben. Wir assen immer zuerst die oberste Schicht mit dem Zuckerguss, der Rest ging dann problemlos und gediegen auf die Gabel. Köstlich war das. Es kostete haargenau einen Franken siebzig, so gut konnte ich rechnen. Wir sassen glücklich in der Küche und schaufelten die

Cremeschnitten in uns hinein und freuten uns an dem grossen Sack Zältli, den wir in Reserve hatten. Mit der Mutter konnte man solchen Blödsinn machen. Weisst du, mit ihr konnte man hin und wieder etwas Unvernünftiges tun, etwas Heimliches, aber auf eine feine Art. Das schadete niemandem. Mit dem Hildi konnte man es lustig haben, einfach so. Sie sagte vielleicht: «Gäll, dann essen wir beide dafür weniger Brot bis zum Zahltag, abgemacht.» Mir war das sehr recht.

Aber, es musste sein, der Vater kam in die Wohnung. Sein Büro war ja zwei Stockwerke tiefer, und dem läuteten wieder einmal die Ohren. Er kam genau in dem Moment nach oben, obwohl er sonst nie mitten am Nachmittag in die Wohnung ging, und erwischte uns. Jetzt habe er gemeint, wir hätten kein Geld mehr! Wie wir dann gopfertori zu diesen Cremeschnitten kämen? Wir schwafelten etwas, die Mutter murmelte vielleicht: «Das haben wir zusammenramisiert. Jetzt schimpf doch nicht, Papi, dieses Geld haben wir unter der Kommode zusammengelesen.»

«Wenn ihr schon Geld findet, dann kauft wenigstens etwas Gescheites, nicht solchen Mist!»

Ich erinnere mich nur an ein einziges Mal, wo die Mutter richtig laut wurde gegen den Vater. Das war, als er einmal nach Hause kam mit zwei Süffeln, Geschäftsfreunde, wie er sagte. Sie waren alle sternshagelvoll, und es ging schon gegen Morgen. Der Vater weckte uns Kinder, er war richtig aufgekratzt. Wir mussten uns in den Nachthemden vor denen aufstellen in der Stube, schön der Grösse nach. Und dann kam sein Spruch, in diesem pathetischen Tonfall: «Jetzt schaut euch doch diese Prachtsgofen an! Eines wunderbarer als das andere, stimmt's oder hab ich recht?» Ich hör das immer noch. Ich habe ihn gehasst in diesem Moment, und geschämt habe ich mich auch, für ihn. Die Mutter weckte er ebenfalls auf und befahl ihr, Kaffee zu machen. Da wurde sie aber deutlich. «Hans, jetzt ist genug! Marsch, ihr geht zurück ins Bett. Und Kaffee gibt es sicher nicht. Jetzt ist Schluss, und die Herren gehen jetzt.»

Wir staunten, dass die Mutter in diesem Ton mit ihm redete. Ich habe sie später nie mehr so gehört. Der Vater brachte aber keinen mehr nachts heim.

Die Mutter war nie streng. Das Hildi verwöhnte uns lieber, das lag ihr einfach mehr, Freude machen. Sie hatte es gern, wenn wir uns freuten. Dann freute sie sich auch. Manchmal konnte das auch zu weit gehen. Den Karl liess sie einmal so viel Kartoffelstock fressen, essen konnte man dem nicht sagen, dass sie den Doktor Angst holen mussten. Der Karl konnte einfach nicht mit Futtern aufhören. Sie nahm ihm die Pfanne nicht weg und hätte auch nicht gesagt: «Jetzt ist genug, Karl, das gibt Bauchweh.» Sie war nie heftig, sie zwang uns nie zu etwas und verbot uns auch nichts. Der Karl überlebte das ja.

Der Werni wäre aber einmal fast gestorben. Er bekam eine Hirnhautentzündung, weil er viel zu lange im Schnee Velo gefahren war. Er war sehr krank, redete wirr und konnte nichts mehr sehen ausser Figuren und Spinnen an den Wänden und alles wüste. Er kam ins Kinderspital, sein Leben hing an einem Faden. Drei Monate war er krank, und das Hildi weinte den ganzen Tag. Sie war schrecklich verzweifelt und flüsterte nur immer wieder: «Jösses, wenn der Werni stirbt!» Sie wollte immer zu ihm, aber mehr als einmal täglich für ganz kurze Zeit liessen sie sie nicht zu ihm, mit den Besuchszeiten waren sie rigoros. Einmal verschwand sie einen ganzen Tag. Am Abend kam sie nach Hause und war seit langem zum ersten Mal etwas ruhiger. Jetzt werde es sicher bessern. Sie sei mit dem Zug nach Einsiedeln gefahren und habe dort stundenlang mit der Jungfrau gesprochen und Kerzen angezündet. Kurze Zeit später kam der Werni aus dem Spital heim. Aber er hatte so lange in der Schule gefehlt, dass er das Schuljahr wiederholen musste.

Das Freudemachen gelang dem Vater viel weniger als der Mutter. Obwohl er es auch gewollt hätte, da bin ich eigentlich sicher. Aber es lag ihm einfach nicht. Manchmal schlug es sogar ins Gegenteil um, obwohl er es eigentlich gut meinte. Ich glaube, er stand unter einem enormen Druck als Sekretär des

Personalverbands, er war richtig gestresst. Sicher überfordert, jedenfalls am Anfang. Zugegeben hätte er das sicher nicht, das hätte ihm der Stolz niemals erlaubt. Dass er gestresst war, zeigte sich auch mit dem Schrank, den das Teres und ich uns so sehnlich wünschten, damit wir endlich unsere Kleider versorgen konnten. Es gab auf dem Estrich eine Bretterbeige, die lag seit dem Umzug dort oben. Kann gut sein, dass der Vater diese Bretter bei einem Viehhändler günstig erstanden hatte, er handelte oft mit alten Sachen. Man sah eigentlich kaum noch, dass das einmal ein Schrank war, nur diese Einzelteile. Natürlich ohne Montageanleitung. Der Vater war gar kein guter Handwerker, obwohl er das immer behauptete. Er konnte nicht gut sägen oder hämmern, das lag ihm nicht. Er hatte nicht gerade zwei linke Hände, aber das Handwerkliche war nicht sein Talent. Sein Talent war das Reden und Organisieren. Er brachte es immer fertig, andere zu finden, die etwas für ihn machten. Und gern, das ist das Erstaunliche. Dieser Schrank verstaubte also in unserem Estrich.

Eines Tages kam ich nichtsahnend nach Hause von der Schule und hörte es hämmern. Ich rannte ins Zimmer und rief voller Freude: «Papi, baust du uns einen Kleiderschrank?» Der Vater hatte eine Axt in der Hand, und sein Gesicht war gar nicht glückstrahlend, er war kreidebleich. «Söphle, wenn du nicht sofort verschwindest, dann weiss ich nicht mehr, was ich tue!» Weil ihm doch alles verreckte und es niemand merken durfte. Er meinte, mit einem Beil lasse sich alles ruckzuck ineinanderhauen. Irgendwann stand der Schrank aber, nur die Türen brachte man nie zu. Das war mir egal, Hauptsache, ich hatte jetzt zwei eigene Regale.

Mit den Autos hatte er mehr Glück als Handwerker, da hatte der Vater einen siebten Sinn. Ich glaube, er wäre gerne einmal Automechaniker geworden. Ich weiss noch, dass er an unseren ersten Autos viel selber flickte, am De Soto und am Plymouth, das war aber erst später, in den fünfziger Jahren. Im Improvisieren war er gut. Einmal nahm er einen teuren Seidenstrumpf und band damit etwas zusammen unter dem Auto, das funktionierte tatsächlich. Die Mutter musste dann mit nackten Beinen auf den Ausflug. Der Vater freute sich an den nackten Beinen der Mutter, das weiss ich noch, weil er nur noch einhändig fuhr und die andere Hand auf ihrem Knie hatte. Wir kicherten den ganzen Tag darüber.

Als Kind denkt man nicht darüber nach, aber im nachhinein weiss ich, dass die beiden es sehr oft schön hatten miteinander. Sie lebten eine sinnliche Ehe, würde ich sagen, sicher während langer Zeit. Das war bei den meisten meiner Schulkollegen nicht so. Für mich war es wie gesagt nichts Ungewöhnliches, meine Eltern schmusen zu sehen. Jeden Mittag lagen sie zusammengekuschelt auf dem Sofa und machten ein Mittagsschläfchen. Für mich war es sehr normal, dass Eltern immer zusammen waren. Nicht ein Mann und eine Frau, sondern eine Person, eine Einheit. Ich hörte sie nie streiten, nicht ein Mal. Unsere Freunde waren oft bei uns, weil sie unsere Eltern mochten. Der Vater machte Sprüche, und die Mutter war lieb. Und manchmal bekamen sie Stielaugen, wenn sie sahen, dass meine Eltern sich küssten. Die küssten sich vor uns, das machten andere Eltern nicht. Jeden Sonntag lagen wir alle vier bei ihnen im Bett. Später auch noch ein Hund.

Am Samstag putzten wir das Büro des Personalverbandes, die ganze Familie zusammen. Das war eine Bedingung gewesen, unter der wir die Wohnung so günstig bekommen hatten. Es erstaunt mich eigentlich, dass der Vater mitmachte, dass er als Sekretär selber putzte. Wahrscheinlich durfte es niemand erfahren, dann machte es ihm nichts aus. Der mit seinem Stolz. Meistens putzten wir Mädchen die Böden, den Rest machte der Vater mit den Buben. Dann kochte die Mutter das Mittagessen, und das Teres und ich putzten auf dem Balkon gegen die Berninastrasse die Schuhe. Es war ein grosser Balkon, die Brüstung war von einem Ende zum andern voller Schuhe, ich seh das noch. Das Teres putzte von links und ich von rechts, in der Mitte trafen wir uns. Oft hielten wir ein Schwätzchen mit Leuten, die auf der Berninastrasse vorbeispazierten. Dein Vater und der Hansueli vom Teres schlenderten oft vorbei am Samstag.

Am Abend spielten wir Eile mit Weile oder Halma mit der Mutter. Ich erinnere mich nicht, dass der Vater mitgespielt hätte. Wir zottelten mit ihr auch durchs Quartier, die Mutter machte wahnsinnig gern Abendspaziergänge. Die Gegend war voller Gärten, sogar eine Kuhweide und einen kleinen Wald gab es hinter der SRO, der schönen Kugellagerfabrik aus Backstein am Berninaplatz. Der Berninaplatz war ein richtiges kleines Einkaufszentrum, es gab einen Milchladen, die Bäckerei Kimmeier, ein Tea-Room, einen Konsum, die Apotheke vom Gnehm, den Baxant, das war der Schuhmacher, einen Coiffeur und eine chemische Reinigung, die gleichzeitig eine Postagentur war. Die Fabrik war für mich mehr ein Schloss, mit Türmen und ganz verwinkelt. Jetzt ist dort dieses neue hässliche Einkaufszentrum aus Metall mit der riesigen unterirdischen Garage, für all die Kunden, die nicht kommen. Leere Ladenlokale hat es jetzt dort, sehr steril ist alles. Wie ein verirrter Stahldampfer, der in den alten Berninaplatz geschrammt ist, sieht dieses verlassene Einkaufsparadies aus. Wir spazierten also durchs Quartier und entdeckten jedesmal etwas Neues. Am frühen Abend waren die Vorhänge noch nicht zugezogen, und man konnte in die Wohnungen schauen.

Ich wusste nicht, dass Vaters Traum eine eigene Metzgerei war. Vielleicht wusste er es selber nicht. Ich dachte, er sei glücklich auf dem Büro, weil er jetzt etwas darstellte. Oder wahrscheinlich dachte ich gar nichts, Kinder denken nicht, dass Erwachsene Träume haben. Es erstaunte mich auch nicht, als er für mich entschied, eine Lehre als Charcuterieverkäuferin zu machen. Heute schon, da finde ich es erstaunlich, dass ich einfach ja und amen sagte und es normal fand, dass der Vater für mich entschied. Dass für mich der Wille des Vaters ganz selbstverständlich war. Er wusste, was gut und richtig für uns war. Ich kann mich nicht erinnern, dass ich dachte, der hätte mich auch fragen können, was ich werden möchte. Als Mädchen machte man sich keine grossen Gedanken über einen Berufswunsch. Höchstens vielleicht so, wie man davon träumt, einen Prinzen zu heiraten. Ich wäre gerne Floristin geworden, ich mag die Blumengeschäfte, den Geruch und die Farben in diesen Läden. Oder Schuhverkäuferin, dort riecht es auch gut, und für schöne Schuhe hatte ich immer eine Schwäche. Verkäuferin gefiel mir, ich redete gerne mit Menschen, und ich beriet sie gerne, auch später im eigenen Geschäft. Aber ich glaube nicht, dass ich zu Hause je erwähnt hätte, was mein Berufswunsch war. Weisst du, es kann sein, dass es gar nicht so anders herausgekommen wäre, wenn ich selber gewählt hätte. Aber das Gefühl heute wäre anders.

Der Vater kam eines Tages nach Hause und sagte: «Sophie, du gehst dich bei der Ruffag vorstellen, man hat dort eine Lehrstelle für dich. Aber diese Haare müssen ab, gäll. Mit diesen langen Zöpfen kannst du dich dort nicht zeigen.» Ich war so stolz auf meine schönen Haare. Ich hätte sie zwar gerne einmal anders getragen, etwas kürzer und offen, aber doch nicht abschneiden! Und stell dir vor, ich habe mit keinem einzigen Wort widersprochen. Ich ging zum Coiffeur, und ratsch, weg waren sie. Es war die Zeit, in der alle Frauen ihre langen Haare abschnitten und Dauerwellen machen liessen, das war grosse Mode in den fünfziger Jahren. Man sah dann, dass man sich einen Coiffeur leisten konnte. Zuerst hatten das nur die reichen Frauen, die armen und die alten behielten ihre langen Haare, das brauchte keinen Coiffeur. Ich fand diese künstlichen Frisuren scheusslich, aber der Coiffeur machte mir auch eine Dauerwelle.

Als Sekretär hatte der Vater natürlich Kontakt mit Direktoren, auch mit dem Direktor Hauser von der Ruffag. Das war eine grosse Metzgereikette mit mehreren Filialen in der Stadt. Lehrlinge waren rar, sie waren sehr gesucht. Wahrscheinlich klagte der Hauser dem Vater, dass sie keinen Lehrling fänden, und der sagte: «Du, ich hätte dir eine.» Es war Vaters Traum, dass ich ins Metzgergewerbe einstieg, nicht meiner. Weiter in die Schule zu gehen, wäre mir nicht in den Sinn gekommen. Es war auch gar nie ein Thema bei uns Mädchen, bei den Buben schon. Mädchen heirateten und bekamen Kinder, wie das schon immer so war. Vorher verdienten sie mit und gaben das Geld ab oder legten es auf die hohe Kante für die Aussteuer. Wenn man es sich leisten konnte, wurden die Buben ausgebildet, das genügte.

In meinem Fall ging es vielleicht noch etwas weiter. Ich hätte alles getan für den Vater. Nicht in erster Linie aus Liebe, sondern einfach, um ein bisschen Anerkennung von ihm zu bekommen. Ich verschaffte mir viel Anerkennung, indem ich das machte, was er wollte, und ich machte es ja gut. Ich war eine der besten Lehrtöchter der Branche in der Stadt. Aber ganz klar, ich machte es vor allem ihm zuliebe, so gut ich konnte. Weil ich immer, seit ich denken konnte, dieses Gefühl hatte, er habe mich nicht so gern wie die andern. Es gab tausend kleine Beweise dafür, Kinder sind sehr aufmerksam. Einmal fragte ich ihn zum Beispiel, ob er mir Geld gebe für das Knabenschiessen, das ist das grosse Volksfest in Zürich mit Jahrmarkt, Bahnen und Schiessbuden. Magenbrot und gebrannte Mandeln ass ich fürs Leben gern. Er gab mir nichts und schickte mich zur Mutter. Kurze Zeit später fragte ihn das Teres, und sie bekam von ihm fünf Franken. Das gab mir einen Stich ins Herz. Dabei hat er wahrscheinlich gar nichts überlegt oder gedacht, die Mutter habe mir inzwischen etwas gegeben, dann gibt er jetzt dem Teres etwas. Aber wenn man so ein misstrauisches Gefühl einmal gespeichert hat, dann findet man die Bestätigung überall. Ich war überzeugt, es liege an mir, dass er mich nicht so gern hatte wie die andern. Ich müsste mich nur mehr anstrengen, damit er endlich merkte, dass ich es wert war, geliebt zu werden. Schau, nicht einmal mit siebzig habe ich das vergessen.

Ich schloss die Lehre mit einer guten Note ab und ging dann ins Welschland, weil der Vater fand, Französisch sei wichtig in der Schweiz. Und weil ihn wieder ein Bekannter fragte, ob er nicht eine gute Verkäuferin wüsste, und er, da leg ich doch die Hand ins Feuer, sagte: «Klar, ich hab dir eine. Meine Tochter ist fertig mit der Lehre. Nimm doch die, die kann krampfen.» Ich begann also meine erste Stelle in Neuchâtel, lernte Französisch, war eine gute Fleischwarenverkäuferin und hatte grauenhaftes Heimweh. Mit einundzwanzig kam ich dann wieder zurück an die Berninastrasse. Das Teres hatte inzwischen eine kaufmännische Lehre angefangen, die Buben lernten technische Berufe, Chemiker und Mechaniker. Beide gingen später ans Technikum. Es war alles so, wie der Vater es sich vorgestellt hatte.

Eines Abends sassen wir in der Stube, es war auf den ersten Blick ganz wie sonst. Aber untendrunter irgendwie so feierlich, es war komisch. Die Mutter drückte sich still ins Sofa, aber sie hatte eine Stille, die mir aufgeregt vorkam. Der Vater sass am Tisch. Plötzlich stand er auf, als müsste er eine Rede halten an einer Verbandsversammlung. «Losid, jetzt hört mir gut zu. Es gibt eine Änderung. Wir danken dem Sophie, dass es sich so wacker ins Metzgereihandwerk eingearbeitet hat. Wegen dem Sophie können wir das jetzt machen.» Wahrscheinlich wurde ich rot. «Jetzt spitzt die Ohren. Wir übernehmen nämlich eine eigene Metzgerei an der Krone Unterstrass. Es ist schon alles abgemacht und geregelt. Das Sophie wird die Mutter anlehren und ihr alles beibringen, was sie weiss. Metzgerei Hans Meister, Fleisch und Wurst, so wird das heissen. Was sagt ihr jetzt?»

Wir sassen wie erschlagen. Die Mutter lächelte, aber sie sagte nichts. Der Vater war enttäuscht. «Ja freut ihr euch denn nicht? Das ist doch eine wahnsinnige Chance. Wir werden endlich genug verdienen, im Metzgergewerbe liegen gute Möglichkeiten. Das Mami ist auch einverstanden. Die Buben können ans Technikum, der Karl kann sogar als Offizier aspirieren. Es ist ein Geschäft, genau wie ich es mir immer wünschte. Nicht zu gross und nicht zu klein. Ich bin sicher, es wird euch gefallen. Ich habe bereits den Vertrag.»

Und er hatte auch bereits einen Mann für mich. Er versuchte kurze Zeit später, mich an einen Metzger zu verkuppeln, das realisierte ich erst nachher. Das hätte ihm eben auch ins Konzept gepasst, ein Nachfolger. Aber es funktionierte dann gottseidank nicht. Dein Vater war zwar ein eher wortkarger Verehrer, fast ein bisschen schüchtern. Aber er liess sich nie verhauen auf dem Liguster-Pausenplatz, die anderen hatten Respekt vor ihm. Und er spielte Theater, dass es mir kalt den Rücken hinunterlief, schrieb mir lange Gedichte und schenkte mir Zeichnungen. Ich hatte mich schon in der Schule in ihn verliebt.

Die Vorstellung, in die Innenstadt zu ziehen, an eine lärmige Tramhaltestelle in ein altmodisches Jugendstilhaus, fand ich schrecklich. Keinen Garten mehr, keine Aussicht mehr nach Kloten, wo man Flugzeuge starten und landen sah. Ich freute mich überhaupt nicht.

Vielleicht wäre es anders gewesen, wenn der Vater mich gefragt hätte, ob ich in sein Geschäft einsteigen wolle. Wahrscheinlich betrachtete er es gar nicht so sehr als sein eigenes Geschäft, sondern als Familienbetrieb. Was er war, war auch die Familie. Er gab sein Bestes in dieser Rolle, er wollte das Beste für uns, da bin ich überzeugt. Aber als Patriarch alter Schule fragte er nie jemanden, das gehörte einfach nicht zum Repertoire. Er entschied für alle, was gut war und was nicht. Weder beim Umzug nach Zürich noch bei der Lehre noch bei meiner ersten Stelle liess er mir eine Wahl, warum hätte er also jetzt fragen sollen.

Am schlimmsten war jedoch, dass ich die Mutter anlernen sollte. Dass sie sozusagen zu mir in die Lehre gehen sollte. Ich war doch die Tochter und sie die Mutter. Jetzt wurde ich die Lehrmeisterin vom Hildi. Das gab ihr noch mehr das Gefühl, nichts zu können. Das war nicht gut für sie und für mich auch nicht.

An diesem Abend war es wie immer. Der Vater hatte diese besondere Begabung, er konnte alle anstecken mit seiner

Begeisterung. «Sophie, jetzt freu dich doch! Wirst sehen, wie schön das wird. Wir richten den Laden neu ein, und du kannst sagen, was du gerne hättest und brauchst. Du wirst dort richtig den Ton angeben, es wird dir gefallen. Und der Mutter auch.»

Es endete damit, dass wir Pläne schmiedeten und das Kalb machten. Wir entwarfen die Tafel, die über dem Schaufenster prangen sollte: MEISTERFLEISCH – HANSWURST.

Darf ich dir noch eine Geschichte erzählen, wo es um deinen Grossvater geht? Ich wollte sie dir schon das letzte Mal erzählen, aber ich getraute mich zuerst nicht. Aber inzwischen bin ich sicher, dass du deshalb nichts Schlechtes vom Hans denkst, das möchte ich nämlich nicht. Er war ein guter Mann für das Hildi und ein guter Schwager. Es war ja auch nichts Böses, eigentlich im Gegenteil, oder nicht. Aber es war etwas, das man nicht durfte, und wir haben es nie jemandem erzählt. Ich bin mir sicher, dass er nichts dagegen hätte, wenn ich es dir erzähle.

Weisst du, ich hatte den Hans sehr gern, und er mich auch. Wie Bruder und Schwester, wobei, meine Brüder hatte ich nicht auf diese Art gern, da war nichts Zärtliches. Der Hans war anders. Er und das Hildi waren ja mit der Familie weggezogen aus dem Haus, und ich vermisste sie alle sehr. Wir sahen uns sehr selten, weil die Bahn so teuer war und noch niemand ein Auto hatte. Es wurde immer stiller in dem grossen Haus an der Birchistrasse. Aber der Hans kam ab und zu vorbei, weil er an Personalsitzungen musste vom Verband aus, wo er jetzt Sekretär war.

An einem Abend lief ich ihm über den Weg in Solothurn, es war kurz nach dem Krieg. Ich war wohl um die zwanzig. Ich freute mich doch so, ihn zu sehen, oder nicht, und wir plauderten eine Weile. Da sagte er: «Also Mili, ich muss jetzt gehen, aber wir sehen uns ja noch, ich schlafe heute nacht bei dir.» Er meinte wahrscheinlich damit «bei euch», «in eurer Wohnung», aber vielleicht auch nicht. Vielleicht meinte er es genau so, wie ich es verstand. Ich sagte: «Das ist schön Hans, dann sehen wir uns noch. Ich freue mich, wenn du zu mir kommst.» Ich ging nach Hause und bald darauf ins Bett. In meinem Zimmer war ein leeres Bett, wo ab und zu Gäste übernachteten. Ich war ein bisschen nervös und dachte: Jösses Maria, vielleicht kommt er wirklich zu mir. Schlafen konnte ich unmöglich.

Irgendwann nach Mitternacht hörte ich ihn leise ins Zimmer kommen. Ich stellte mich schlafend und blinzelte unter der Bettdecke hervor. Er zog sich aus bis auf die Unterwäsche, und ich hatte wahnsinnig Herzklopfen. Dann kam er tatsächlich an mein Bett und stand einen Moment da. Und plötzlich schlüpfte er zu mir unter die Decke. Ich glaube, er hatte ganz genau gemerkt, dass ich wach war. Er flüsterte: «Mili, denk nichts Schlechtes. Ich möchte nichts Schlechtes von dir. Ich möchte – nur ein bisschen umärfeln möchte ich dich. Ein bisschen halten und wärmen.» Und ich flüsterte: «Ja Hans, ich möchte dich auch halten.» Das machten wir. Wir streichelten uns und waren ein bisschen zärtlich zueinander, nur das. Er legte seinen Kopf an meine Schulter, schmiegte seinen Körper an mich, und ich streichelte seine Haare. Nach einer Weile flüsterte ich: «Jetzt gehst du vielleicht besser ins andere Bett.» Er gab mir auf jedes Auge ein Müntschi, auf die Stirn eins, und auch eins auf den Mund und ging ins andere Bett. Und ich hatte einen wunderschönen Traum.

Am Morgen fühlte ich mich irgendwie sehr glücklich, und ich sagte zur Mutter, es rutschte mir einfach heraus: «Du Mamme, das ist komisch. Ich hatte so einen schönen Traum. Ich habe vom Hans geträumt.» Die Mamme sagte nichts, und ich wäre froh gewesen, ich hätte auch geschwiegen, aber das war ja nicht meine Stärke. Jedenfalls übernachtete der Hans von da an kein einziges Mal mehr bei uns.

Ich glaube, dass viele Männer eigentlich vor allem das suchten, nämlich Wärme. Das Hildi konnte das sicher geben, da bin ich mir sicher. Aber wenn einer das einmal entdeckt hatte, bekam er vielleicht nicht so schnell genug, genug hat man von dem doch nie. Die Frauen kamen eher auf die Rechnung, mit den Kindern, und auch untereinander. Aber die Männer bekamen das zuwenig, meistens bekamen sie es als Kind nicht mal von der Mutter.

Wenn wir bei den Männern sind – ich weiss, dass der Pappe, der Ernst, später, als er alt war, immer sehr gelitten hat am Herzen. Ich bin vollkommen sicher, dass er das Mammi sehr gern hatte. Ich hatte aber oft das Gefühl, er habe ein schlechtes Gewissen. Es fiel mir auf, dass er sehr häufig sagte: «Ach das Mammeli. Ich habe einfach ein viel zu liebes Fraueli. Viel zu lieb war es immer zu mir.» Und dann machte er traurige Augen. Ich lebte da schon in Basel mit meinem Mann, aber ich ging sie besuchen, so oft ich konnte, ich vermisste meine Eltern sehr. An einem Tag, es war 1952, sagte die Mamme plötzlich: «Ä-äh, ich weiss gar nicht, was das ist. Es ist mir so sturm, und ich habe Halsweh. Ich muss mich ein bisschen hinlegen.» Sie hatte schon seit langem Mühe mit dem Schnaufen, sie bekam viel zuwenig Luft.

Der Pappe war sehr enttäuscht, weil er nämlich Karten hatte für das Theater in Solothurn. Es wäre das allererste Mal gewesen, dass er mit dem Mammi ins Theater gegangen wäre. Aber daraus wurde nichts mehr. Die Mamme bat mich, ihr Zitronensaft mit Zucker zu machen, das hilft gegen Halsweh. Man nimmt ganz viel Zucker und presst eine Zitrone darüber aus und lässt alles den Hals hinunterrutschen, das ist gut gegen die Schmerzen und die Entzündung. Ich brachte es ihr und liess sie dann allein, damit sie ein wenig schlafen konnte. Plötzlich kam sie aus dem Zimmer gerannt. Sie hustete wie verrückt und war ganz rot im Gesicht, bekam keine Luft mehr. Nach einer Weile wurde es wieder besser, aber später hatte sie noch mehr solche Anfälle, und sie musste ins Bürgerspital im Schöngrün. Dort schnitten sie ihr die Luftröhre auf. Es nützte aber nichts mehr. Das Mammeli starb gar nicht schön. Sie ist langsam erstickt.

Als wir später bei der Erbverteilung alle im Notariat sassen, fragte der Notar den Pappe, was das Mammi in die Ehe mitgebracht habe. Was das Frauengut gewesen sei. Da sagte der Pappe, und er weinte sehr: «Meine Frau hat keine irdischen Güter in die Ehe gebracht. Sie hat etwas viel Wichtigeres in unsere Ehe gebracht. Ein unendlich grosses, liebes Herz.»

Der Pappe starb nach ihr, am Herzen.

Komm, wir parfümieren diesen Kaffee noch ein bisschen. So ganz ohne Wässerchen ist er mir sowieso viel zu heiss, das ist nicht gesund. Der Kirsch nützt da prächtig. Obwohl ich das nicht mehr sollte. Jänu, es hat mir zweiundneunzig Jahre nicht geschadet. Und wenn es mir jetzt schadet, ist es auch recht.

Es ist zu sagen, ich habe mich nie zurückgesehnt, nach nichts. Und Zuchwil habe ich sowieso nicht vermisst wegen dem ganzen Klimbims. Es möchte sein, dass ich gern mehr in der Welt rumgefotzelt wäre, weiter als nur bis nach Zürich und ins Zürcher Unterland, wo ich jetzt Endstation mache. Afrika war ein Traum, Amerika aber gar nie. In Marokko eröffnete ein befreundeter Metzger eine Wurstfabrik und fragte mich an, ob ich mitmache. Ich hätte sofort zugesagt, sicher, aber das Hildi stellte sich quer. Da komme sie mit den Kindern nicht mit, da könne ich allein gehen. Sie war sonst nie gegen meine Pläne, aber da war es ihr todernst. Ich hab es dann sausen lassen. Gäll, ich sehnte mich nie nach etwas zurück, das vorbei war. Ich schaute immer vorwärts.

Der Umzug nach Zürich war eine wahnsinnige Energieleistung, ein Kraftakt. Ich wusste doch, was ich der Familie antue. Aber ich wusste auch, was es der Familie bringt. So konnte es nicht weitergehen. Beim Fink hatte ich definitiv keine Zukunft, keine Aufstiegschancen, schon vor dem Krieg nicht. Und immer zuwenig Lohn. Der Krieg gab dann sowieso allem den Rest. Sechs Jahre machten wir dort den Galöri und verschenkten unsere Jugend. Man hat uns nicht gefragt, ob wir gern unsere Jugend verschenken möchten, und es hätte uns auch niemand gesagt, da könnt ihr jetzt eure Jugend abgeben.

Es hätte auch nichts genützt. Nach dem Krieg blieb nichts anderes, als selber zu schauen, dass man vom Fleck kam. Damit es endlich vorwärtsging.

Dass für das Hildi dieser Wechsel schwierig würde, weil ich sie aus allem herausriss, das wusste ich schon. Sie war ja einverstanden. Sie wollte vielleicht stärker sein, als sie war, das überlege ich jetzt. Wir alle mussten das, wir hatten keine Wahl. Aber sie hatte nicht meine Härte. Das wirkte sich später aus. Ich hatte auch Verständnis dafür, dass sie Längiziti hatte, obwohl ich diese Art von Heimweh selber nicht kannte. Vielleicht einmal als Bub kannte ich das, aber seither nicht mehr. Ich kann den Schlüssel drehen, und dann ist das für mich erledigt. Das ist hinten und gemäht, gäll. Das Hildi konnte das nicht. Sie hatte in Zürich Längiziti nach Solothurn. Und später, in Rudolfstetten, hatte sie furchtbares Längiziti nach Zürich. Ich nie, keinen Tag.

Ich habe sie viel zu oft aus allem herausgerissen, das weiss ich heute. Ich sagte zu ihr: «Schau, das geht jetzt einfach nicht anders. Wir müssen an die Zukunft denken. Wir können hier nicht versauern.» Natürlich, in Örlikon hatte sie niemanden, das war nicht wie vorher im Haus. Die einzige Frau, die unter uns wohnte an der Berninastrasse, das war ein Surnibel, die war sauertöpfisch. Mit den Kiesers hatten wir kein Verhältnis. Aber dort war unsere Familie noch beieinander, und das genügte dem Hildi eigentlich. Ehrlich gesagt konnte ich es nicht verstehen, dass man Längiziti hat nach so einem Kaff. Verstehst, das ist doch – fertig, das musst du denken. Und es existiert ja weiter, man kann doch auch wieder einmal gehen, das verschwindet ja nicht vom Erdboden.

Sie zog auch nicht gern weg von der Berninastrasse, obwohl sie es schon einsah. Da hatte ich auch Verständnis, absolut. Bei diesem Umzug hatte sie wenigstens keine Zeit zum Rumstudieren und Tränenvergiessen. Es gab sehr viel zu tun. Es war etwas total Neues und etwas Schweres. Denk auch, wir waren ja beide über vierzig, das Hildi schon gegen fünfzig, als wir uns selbständig machten an der Krone, 1955. Da ist man nicht mehr taufrisch, leider. Ich unterstützte sie, wo ich konnte, und das Sophie war noch da. Das Sophie trug ja die ganze Verantwortung, nicht die Mutter. Das Sophie führte die Mutter ein ins Gewerbe, in den Fleischverkauf, sie konnte das. Das Hildi machte es dann auch nicht schlecht. Aber sie war irgendwie, wie soll ich sagen, sie wurde vielleicht ein bisschen eine Art seelisch gestört, von all dem vielen Wechsel. Vielleicht möchte ich das so sagen. Es war zuviel für sie. Das war dann für uns beide nicht gut. Als ich das merkte, war es aber zu spät. So ist das.

Ich ging mit ihr ab und zu in die Kirche säbi Zit in Örlikon, weil sie allein nicht gehen wollte. Ich sass in der Bank und beobachtete die Leute. Was da gelafert wurde, das lief aussen an mir herunter. Dem Hildi tat es gut. Und ich sah das allgemein, dass das denen, die glauben, etwas bringt. Ich kann dir das jetzt einmal sagen, ich habe es immer vermisst. Ich hatte sogar einmal den Traum, Theologie zu studieren. Ich hätte gern gehabt, dass mir das Glauben etwas bringt. Diese Ruhe, dieses Gottvertrauen, das ist doch etwas Wunderbares. Ich habe eigentlich nie jemandem wirklich vertraut ausser mir.

Ich überlegte zuviel in den Kirchen. Und denken und glauben, das schliesst sich aus, absolut. Das schlimmste war, dass man nicht fragen durfte. Man durfte nichts fragen und durfte nichts sagen, da stimmt doch etwas nicht. Es machte mich angriffig, nicht milde, kannst denken. Wenn ich aus der Kirche kam, war ich meistens aggressiv. Ich ging mit dem Hildi, weil es ihr gut tat.

Wenn es der Mutter nicht gut ging, dann hatte ich immer Angst. Sonst hatte ich nie Angst in meinem Leben, aber um das Hildi schon. Sie war immer irgendwie zerbrechlich. Aber sie sagte nie etwas. Sie lernte das nicht, gäll. Das war schwer für uns beide, das verstehst du vielleicht nicht. Ich musste alles selber merken. Ich merkte aber vieles nicht, oder erst zu spät, leider. Vielleicht weil sie eine Frau war und ich ein Mann, und das war etwas ganz anderes. Das sind Welten, gäll. Sie hatte auch keine Freundinnen, mit denen sie sich besprochen hätte, soviel ich weiss niemand. Sie wollte das nicht, sie lud nie jemanden ein. Die Familie genügte ihr. Ganz anders als ich war sie. Der Jassclub zum Beispiel wurde für mich das ein und alles. Ich war säbi Zit, wie soll ich sagen, angefressen ist fast zuwenig. Ich jasste jedes Wochenende und oft auch unter der Woche. Von Örlikon ging ich nach Schwamendingen in die Ziegelhütte, das war mein Lokal. Die Volkspartei Schwamendingen traf sich da auch. Ich musste ja mit dem Hund spazierengehen, und da spazierte ich eben dem Waldrand entlang in die Ziegelhütte. Dort machten wir einen Jass. Es war immer jemand dort, mit dem man etwas anfangen konnte, so ist das in den Beizen.

Auch der Hobikü-Club war mir sehr wichtig, das war der Kegelclub Hofwiesenstrasse/Birchstrasse/Künzlistrasse, dort kam ich durch meinen Freund Kropf dazu. Wir trafen uns im Einsiedlerhof an der Hirschwiese in der Nähe vom Berninaplatz. Der vom Restaurant Birchegg war auch dabei. Im Birchegg feierten wir einmal im Jahr unser Männerritual, wir gingen Muniseckel essen, spanische Nierchen. Das war nicht, weil wir wirklich dachten, es wirke wie Viagra, gäll. Es ist einfach eine Delikatesse, wenn es einer zubereiten kann. Im Birchegg konnten sie das. Die Frauen waren beim Muniseckel-Essen nie dabei, aber zum Kegeln kamen sie ab und zu mit.

Das Hildi gehörte wie gesagt nirgends dazu, das war schon in Zuchwil so gewesen. Sie war, wie wollen wir das nennen, sie war eine Einzelgängerin. Sie ging niemals allein in Gesellschaft. Vielleicht getraute sie sich nicht. Ich habe das Gefühl, sie ist von ihrer Familie schon sehr früh überfordert worden. Sie war ja die einzige eine Zeitlang, die etwas verdiente, stell dir die Verantwortung vor. Und das ganze Puff in diesem Haus mit dem Vater und den Schwestern und den anderen sauberen Herren. Es gab gar keine Möglichkeit und auch keine Zeit, sich anderweitig zu beschäftigen, schon gar nicht das Vergnügen. Sie suchte das sowieso nicht, sie war lieber zu Hause in ihren vier Wänden. Ich glaube, sie brauchte das nicht, im Gegensatz zu mir. Aber gäll, im nachhinein denke ich, sie war einsam in Zürich. Ein bisschen menschenscheu. Sie war nicht jemand, der etwas für sich organisieren konnte. Überhaupt organisierte sie nicht so gern, das machte ich. Sie wollte das gar nicht. «Mach du das, Papi», das war wie gesagt ihre Devise. Gesellschaft hatte sie gerne, aber nur, wenn ich dabei war, sie suchte sie nicht selber. Wenn ich etwas organisierte, kam sie gerne mit, da musste ich nicht fragen.

Ich versuchte nie, aus dem Hildi mehr herauszuholen, als sie sein wollte. Sie hatte sicher auch nicht diesen Ehrgeiz wie ich. Sie war in dieser Hinsicht viel zufriedener als ich, wenn man so sagen kann. Genügsamer. Ich war nie zufrieden. Aber sie schätzte das an mir, glaube ich, dass ich die Dinge anpackte und voranbrachte. Und was das schöne war, sie vertraute mir total. Wenn irgend etwas war, dann sagte sie: «Was meinst du, Papi?» Ich sagte meistens nicht Hildi und sie nicht Hans zu mir. Von Anfang an nicht. Gegen aussen war sie später natürlich die Frau Metzger, die Meistersfrau. Gegen innen war sie einfach das Mami und ich der Papi. Wir hatten auch von Anfang an Kinder, vielleicht deshalb. Ich erinnere mich kaum, dass sie mich einmal Hans genannt hätte und ich sie Hildi. Auch später, als die Kinder schon lange fort waren, blieben wir bei Mami und Papi. Das war vielleicht ein wenig eigenartig, wenn ich das jetzt überlege. *Vielleicht kommt es daher, dass ich meine Mutter praktisch nicht kannte. Das kommt von dem.* Und sie musste ja so früh erwachsen sein, da hat sie vielleicht gerne in mir einen Papi gesehen. Ein Papi ist nicht das gleiche wie der Vater, gäll.

Es stimmt, ich sage meistens «es», wenn ich vom Hildi rede. Das Berndeutsche macht einen Unterschied zwischen «es» und «sie». Heute ja weniger. «Es» hat mit Gefühl zu tun, etwas Zärtliches ist damit gemeint. Man sagt «es», und damit hat es sich, ich mein die Zärtlichkeit. «Es» sagt man von jemandem, der einem sehr nahesteht. Die Männer sagen das für Frauen, die sie gern haben. Und manchmal noch ein i oder li dahinter. Kinder sind immer «es», Mädchen. Weil Kinder einem immer nahe sind. Im «es» ist etwas Weiches. Viel mehr hätte ein Mann sich nicht gestattet.

Es gab übrigens auch schon säbi Zit ein paar andere, weichere meine ich, aber die waren in der Gesellschaft ganz unten durch, überall. Die verachtete man richtiggehend, und es war auch verboten. Mit so einem hatte ich auch ein Erlebnis. Nach der Lehre, beim Suri in Solothurn, musste ich immer mit dem Besen den Boden wischen, auch draussen. Ich habe nicht so gern mit dem Besen geputzt, schon gar nicht draussen, wo es alle sehen konnten. Item, ich wischte also vor dem Laden, da kam ein Herr, ein gut gekleideter, sehr freundlich war der. Fing an zu plaudern mit mir, fragte: «Was machst du nachher, wenn du fertig bist mit Putzen?»

«Ich muss auf Kundschaft ins Riedholz. Bestellungen abliefern.»

Kurze Zeit später fuhr ich also mit dem Velo und dem Fleischanhänger ins Riedholz, das ist in St. Niklaus. Da traf ich den wieder, der wartete dort auf mich. Er lud mich ein, und wir gingen etwas trinken ins Pintli, das gibt es jetzt noch. Plauderten ein bisschen über dieses und jenes. Und plötzlich tätschelte der mein Bein unter dem Tisch. Und wollte mir ein bisschen zwischen die Hosenbeine langen. Ich sprang auf wie von der Tarantel gestochen. «Hör sofort auf, du Sauhund! Für das ist die Serviertochter da!»

Nach wie vor ist das etwas, vor dem mir graust. Zärtlichkeit unter Männern, meine ich. Aber ich muss auch sagen, es gibt eben viel zu viele, die von der Liebe nichts verstehen, nur von der Gier. Sicher unter unsereins. Drum hatte ich nichts gegen die Lesben, die können Zärtlichkeit viel besser geben als Männer. Jetzt ist das vielleicht anders. Frauen brauchen Zärtlichkeit. Dass ein Mann auch Zärtlichkeit bräuchte – die Hähne krähten nicht danach, gäll. Das war einfach gar nicht Mode säbi Zit.

Ein Mann darf nicht verweichlichen, das galt für uns von Anfang an. Eine Frau schon, die darf weich sein, das soll sie sogar. Die Männer wurden von den Frauen nie getröstet. Säbi Zit wurden Gefühle einfach ganz anders gewertet und klar verteilt. Meine Mutter war vielleicht stärker als der Vatter, in der Psyche, möchte ich sagen. Aber dass sie ihn getröstet hätte, kann ich mir nicht vorstellen. Auch nicht, weil er das nicht gewollt hätte. Er hätte sich nie so weit gehenlassen. Männer haben vielleicht die Frauen getröstet, allenfalls. Aber umgekehrt hätte man das als lächerlich bezeichnet. Eine Frau durfte ihren Mann nicht bei einer Schwäche erwischen. Sie erwartete von einem guten Mann, dass er stark ist. Ein Mann muss die Frau beschützen können und dafür sorgen, dass sich die Frau gut um die Familie kümmern kann. Und vom andern, dass eine Frau den Mann beschützt, da heisst es nirgendwo etwas. Der Mann wird selber fertig mit allem, das nimmt man einfach an. Wenn er das nicht kann, ist er kein Mann. Ich weiss nicht, ob das gut ist, es war einfach so. Es ist schon so, als Mann war man häufig ein wenig einsam mit seinen Sorgen. Aber das hätte man nie laut gesagt.

Nur mit Streicheln bringt man eben nichts fertig, das ist meine Meinung. Ich erlaubte mir das Weiche selten. Ich erlaubte mir vieles nicht, gäll. Ich lernte nichts anderes. Ich war hart mit mir und erwartete das auch von anderen. Heute würde ich es vielleicht anders sehen. Aber man kann das Leben nicht zurückdrehen. Man kann auch nicht aus seiner Haut. Ich erlaubte mir das Weiche nicht, nicht mit der Frau, nicht mit den Kindern. Ich hätte es fast irgendwie als Verrat angesehen. Das ist ein hartes Wort.

Nur mit den Tieren war das anders. Mit den Tieren konnte ich das. Hunde sind absolute Hingabe. Das ist für mich das Höchste, dieses totale Vertrauen. Das ist nicht das gleiche wie Unterwerfung. Hingabe kommt aus der Liebe. Unterwerfung ist Zwang, das lehne ich ab. Ich verlangte vom Hildi keine Unterwerfung. Ich weiss nicht, ob sie sich mir unterwarf, das habe ich nie überlegt. Dann hätte ich sie ja nur erobert. Das wäre mir aber zuwenig gewesen. Es war vielleicht eher Hingabe bei ihr. Hingabe kommt nicht aus der Eroberung, sie ist freiwillig. Wenn der Mann die Frau und die Familie gut durchs Leben führt, dann kann sich die Frau hingeben, sich den Kindern widmen und sie behüten. Das ist vielleicht wie bei den Schwänen, sie kommen zusammen und bleiben zusammen, der eine schaut, dass der andere in Ruhe brüten und die Brut aufziehen kann. Der eine schaut aussen, dass es im Nest drin gut geht. Es braucht beide, einen innen, den andern aussen. Aber ich bin kein Vogelkundler, gäll, und Philosoph zuallerletzt.

Schau! Da draussen auf dem Balkongeländer, ein Herrengäger! Eichelhäher heissen sie auch, das sind gescheite Vögel wie die Raben. Die kommen selten so nah bis aufs Geländer, das machen sonst nur die dummen Spätzchen. Ich sehe diesen Vogel gern. Herrengäger heisst er, weil er so schön ist und sich so brüstet. Der produziert sich wahnsinnig. Es sind Schelme, aber stolz und gescheit. Es hiess ja einmal im Fernsehen, dass es die Vögel seit fünfundsechzig Millionen Jahren nur deshalb noch gibt, weil sie so viel Familiensinn haben. So, jetzt ist er wieder weg, der Schöne.

Einen Hund hatte ich keinen mehr, seit ich vom Vatter und dem Eichholz weggegangen war in die Lehre. Zu Hause hatten wir den Willi, dieser Hund war für mich wie eine Mutter. Mir fehlte der Hund, er fehlte mir wahnsinnig. Ich hätte wahrscheinlich keinen mehr angeschafft, weil ich Angst hatte, dass das wieder zu stark wird mit mir. Ich kann das niemandem erklären, wie das ist mit den Hunden und mir. Das Hildi war kein Hundefreund, das wusste ich, sie hatte lieber Katzen. Eines Tages musste ich aber zum Arzt. Ich hatte eine Versicherung, wegen der musste ich alle zwei Jahre zum Arzt, sonst wäre ich ja nicht gegangen. Es war der Doktor Angst am Bahnhof Örlikon. Der passte mir, der kam vom Land. Sagte der zu mir: «Herr Meister, Ihr müsst Euch einen Hund anschaffen. Ihr müsst am Morgen aus dem Nest und spazieren gehen, sonst kommt das gar nicht gut. Und das macht Ihr nur, wenn Ihr einen Hund habt. Sonst macht Ihr das nicht.»

«Ja, Herr Doktor, da habt Ihr vielleicht recht. Aber dann gebt mir bitte sofort ein Rezept. Meine Frau hat gar keine Freude an Hunden. Wir haben ein Büsi.»

Der Angst sagte: «Losid, wenn Ihr wollt, dann komme ich vorbei und erkläre das Eurer Frau.»

Ich ging nach Hause und erzählte es dem Hildi und auch den Kindern. Die Kinder waren sofort einverstanden, dass wir ein Hündchen anschaffen, und die Katze hatte auch nichts dagegen. Ich schaute in die nächstbeste Zeitung, und da war ein Boxer ausgeschrieben, unten in Wallisellen. Ich rief dort an. Der Besitzer sagte: «Ich habe zwei, einen Rüden und eine Hündin.»

Ich fragte: «Wie ist der Rüde?»

«Ein schönes Hündchen und ein gäbiges.»

«Ja, dann packt es ein und schickt es mir.»

Am nächsten Tag holte ich das Hündchen ab am Bahnhof Örlikon, es kam als Paket mit der Bahn. Das war ein ganz verwahrlostes Geschöpf, ganz traurig sah das drein. Ich hatte doch noch keine Ahnung, wie man so ein junges Hündchen erzieht und stubenrein macht, das musste ich erst noch lernen. Ich stellte die Kiste in der Küche ab, und als erstes machte das Tierchen eine riesige Überschwemmung. Das war der Walo.

Das Hildi hatte den Walo auch gern. Nicht so wie ich, sicher nicht. Sie hatte nie ein solches Geschiss mit Tieren. Man könnte vielleicht auch sagen, dass sie ein bisschen eifersüchtig war auf meine Hunde. Das könnte man vielleicht sagen. Eine Frau empfindet das halt anders. Und es könnte sein, im nachhinein möchte man sagen, dass sie vielleicht diese Überschwenglichkeit bei mir feststellte. Das ist möglich. Sie sagte nie etwas. Jedenfalls nicht direkt. Vielleicht indirekt, eventuell das. Wenn der Angst nichts gesagt hätte, hätte ich selber nie dran gedacht. Ich dachte, du musst dir doch nicht noch einen Hund suchen, du hast schon eine Familie.

Das Hildi hat das akzeptiert. Weisst du, die Frauen haben sich sehr stark verändert. Mehr als die Männer. Die Frauen sind jetzt anders, ganz anders. Sie haben diese Hingabe nicht mehr. Das ist vielleicht richtig, du bist da sicher einverstanden. Die Männer sind natürlich mitschuldig, das ist klar. Die haben das Pascha-Sein wahrscheinlich übertrieben, das ist gut möglich. Jetzt ist alles anders. Wenn eine Frau unausgefüllt ist, dann denkt sie nur noch an sich selber. Das sehe ich heute im Eheleben, das ist nicht mehr das Eheleben, das wir führten. Früher war man zusammengebunden. Heute schleichen sie ab. Jeder macht, was er will. Da sehe ich eine grosse Gefahr und eben auch viele Schwierigkeiten. Sicher, die Männer wurden bequem, sie sind selber schuld. Die dachten, das ist doch egal, was mein Gritli macht, Hauptsache, am Abend steht der Frass auf dem Tisch. Was sonst läuft, kümmert sie nicht. Und die Frauen, ich begreife das, die gehen.

Es liegt nicht an den Frauen, dass sich alles auflöst, es liegt an der ganzen Art, wie heute die Familien sind. Eine intakte Familie ist für mich eine, wo alle ganz miteinander leben. Wo sie alles miteinander teilen und alle zueinander schauen und gerne beieinander sind. Wo nicht einer das macht und die andere das und jeder ein eigenes Bankkonto hat. Dann passiert das nicht. Dann gibt es auch weniger Süchle, auf beiden Seiten, wenn jedes seinen Platz hat. Ich nehme die Männer nicht in Schutz, sicher nicht. Aber die Familie ist Frauensache, das kann ich nicht anders sehen. Ich bin ein alter Löl. Die Frau ist die dominante Person in der Familie, jedenfalls war das jahrtausendelang so. Der Mann steht da ein bisschen daneben, er ist nicht das Zentrum, aber er gehört trotzdem ganz dazu. Ich habe dem Hildi nie dreingeredet, nie, was die Familie betraf.

Meinen Kindern konnte ich mit der Arbeit auf dem Sekretariat des Personalverbandes nichts bieten. Ich verdiente einfach zuwenig, und wir brauchten auch mehr Geld in Zürich, daran hatte ich nicht gedacht. Das Hildi verdiente gar nichts mehr, sie war nur noch für die Kinder da. Darum war das ideal mit der eigenen Metzgerei. Eine einmalige Chance, absolut. Die Zeiten standen gut 1955. Als ich der Familie eröffnete, dass es eine Änderung gebe, waren die nicht gerade begeistert, das ist normal. Das Sophie fing sofort an zu heulen, die hatte Angst. Natürlich musste sie sofort kündigen, sie war ja mit der Lehre fertig geworden und arbeitete als Charcuterieverkäuferin. Das Hildi war sofort einverstanden. Ich sagte zu ihr: «Du wirst nicht belastet. Am Anfang wirst du nicht belastet, da kannst du ein bisschen schauen, wie das geht. Und dann bekommst du Freude.» Sie machte es gut, als Laie, gäll. Sie hatte ja nichts gelernt. Jetzt konnte sie vom Sophie etwas lernen.

Später kam das Teres aus England zurück und machte uns die Buchhaltung und half auch aus im Laden. Das Hildi bekam natürlich gesellschaftlich einen ganz anderen Rang, darauf war sie stolz, das darf ich sagen. Sie galt jetzt etwas, und das in Zürich. Die Frauen besorgten den Laden und die Küche, wir verkauften auch gekochte Sachen, die machte das Hildi. Ich besorgte das Fleisch und die Wursterei, natürlich mit Angestellten. Acht Angestellte hatten wir säbi Zit.

Manchmal schnitt ich bis tief in die Nacht Fleischstücke zurecht. Auch am Wochenende arbeiteten wir oft, es war eine Schufterei, ich sage es dir. Später ging es aufwärts, aber nicht lang. Geschuftet haben wir immer. Das Hildi mit der Schneidmaschine, ich mit dem Beil und den Messern. Diese grossen Messer sind nichts für eine Frau, das ist Männersache. Ich schnitt mir öfter Fleischteile ab, Fingerbeeren sowieso. So ein Messer ist ein lebendiges Biest, das musst du dressieren. Wenn du einmal nicht aufpasst, hat es dich schon. Ich hatte grossen Respekt vor den Messern. Für diesen Respekt bezahlt jeder Metzger. Ich kenne keinen, der noch alle Teile an den Händen hat. Da lernt man, was sie anrichten können. Und merkt sich, wie zart so ein Häutchen ist. Wahnsinnig zart ist so ein Menschenhäutchen. Das Hildi liess ich nie an die Messer.

Sie war oft nicht im Strumpf. Später wurde das ja schlimmer, aber das merkte ich am Anfang nicht. Gesagt hätte sie nichts. Es war meistens die Galle, jedenfalls fing es damit an. Sie vertrug das Feisse nicht. Mir war das Feisse das Liebste, das Beste am Fleisch. Es hat am meisten Geschmack, etwas Edles. Heute ist das ja Abfall. Das Hildi hasste Feisses, und sie ass auch nicht gern Kalbskopf. Der Wermüttertee half ihr, ich machte ihr den, sie trank jeden Morgen eine Tasse. Natürlich suchte ich ihn nicht mehr selber, der war von der Drogerie nebenan.

Das viele auswärts Essen war natürlich nicht ideal. Wir mussten ständig bei Kunden essen gehen, das gehörte sich so, als Lieferanten. Wir belieferten regelmässig Hotels, da mussten wir uns zeigen. Am liebsten ging man natürlich in die Reblaube, Kaiser's Reblaube. Das war einer unserer besten Kunden. Und in den Rüden, eines der gepflegtesten Häuser in Zürich. Säbi Zit war der Fritz Haller im Rüden, der übernahm dann das Bahnhofbüffet Bern. Ein wunderbarer Beizer. Das war einer der bedeutendsten Restaurateure in der Schweiz säbi Zit. Er hatte eine tolle Frau, die war Beizerin mit allem, was dazu gehört. Ich war mit beiden per du. Die Frau Haller hatte ein bisschen den Narren gefressen an mir, das darf ich sagen. Das Hildi kam nicht mehr jedesmal mit, weil sie eben das Feisse nicht vertrug.

Ich ging dann mit drei lieben Kollegen aus dem Kronenquartier auf Kundenbesuch. Mit dem Willi Kröger, dem Bruno Sali und dem Willi Schneider. Der Kröger Willi war der Hausschreiner vom Rüden und ein guter Kunde von mir, durch den kam ich beim Rüden zum Zug. Der Sali war ein Malermeister, heute ist das eine Riesenfirma. Und der Schneider Willi hatte seine Bude unten am Wasser und war Schlosser, nicht Spengler. Schlosser arbeiten mit währschaftem Metall, ein uralter Beruf, die können schmieden, Spengler nicht. Der Willi schmiedete mir die Aufhängung für meine Gewehrsammlung. Wir gingen also unserer vier auf Kundenbesuch, immer am Dienstag, das war unser Herrenabend. Meistens gingen wir zuerst in den Rüden essen. Man ist natürlich nicht einfach hingehockt zum Fressen und Saufen. Man unterhielt sich auch mit dem Beizer. Das gab eine Freundschaft, gäll. Ich pflegte den Kontakt hauptsächlich mit der Frau Haller, der Wirtin. Ein schönes Essen im Rüden kostete zwischen vierzehn und fünfzehn Franken, mit Suppe, Salat und Dessert. Natürlich ohne Wein, wir lasen immer einen schönen aus. Das ging auf Spesen. Nach dem Rüden zügelten wir in den St. Peter auf ein weiteres Fläschchen, oder zwei. Dann ins Münsterhöfli, dort tranken wir den Kaffee mit Wässerchen. Dann war die Eintracht oder die Krone an der Reihe und ein Jass.

Weisst du, da war auch eine Dankbarkeit drin im Geschäften, gegenseitig. Es war da eine gewisse Liebe drin, gäll, und eben die Treue. Ich muss schon sagen, so ist es schön, ein Geschäft zu haben. Aber man muss das spüren. Das ist alles vorbei. Die heutigen Kunden kennen das nicht mehr. Die vermissen nichts, solange es billig ist. Ob Hundware oder nicht, spielt keine Rolle, wenn die Verpackung stimmt und das Preisetikettchen.

In diese edlen Spunten lieferte ich natürlich nur das teuerste Fleisch, sicher nicht etwas wie Herz zum Beispiel. Dabei ist das Teuerste nicht unbedingt das Beste. Herz will ja heute niemand mehr, das Herz ist heute Abfall. Dabei ist es etwas Zartes, man muss es nur verstehen. Sonst ist es hart oder schlabberig. Gefüllt ist es am besten, dann ist das ein richtiger Leckerbissen. Man muss es aber vorbereiten, das Herz kannst du nicht einfach aus dem Kühlschrank nehmen und kochen, das musst du vorher sorgfältig behandeln, das beginnt schon beim Metzger. Jede Frau hat ihre eigenen Vorstellungen, wie ein Herz sein soll. Ein gefülltes Herz musst du bestellen, der Metzger muss es schwellen am Tag vorher, Kalbsherz natürlich, damit es fest bleibt, circa eineinhalb Stunden. Dann wird es gefüllt mit einer speziellen Brätmischung. Oder du brätst es an, machst es wie Kalbsbraten. Garst es im Ofen bei ungefähr zweihundertzwanzig Grad, auch eineinhalb Stunden. Dann servierst du deiner Familie das Herz auf dem Silbertablett, mit ein bisschen Grünfutter rundherum, damit das schön aussieht. Ein schönes Herz hat einen wunderbaren, edlen Gout. Im Biss ist es ein wenig wie Leber, aber gar nicht sandig. Ich würde sagen, eine grosse Delikatesse. Aber nur von glücklichen Tieren gibt es ein feines Herz, das gehört zusammen.

Mein Herz war nie zart wie so ein Kalbsherz, wenn es sorgfältig zubereitet wird. Mein Herz war zäh, kann man sagen. Heute ja nicht mehr, mit der Zeit wird alles weich, bevor es verwest und dann ganz verreist, gäll. Aber es konnte manchmal hüpfen, richtige Sprünge machte das. Das macht es ja jetzt noch, aber in dem alten Gestell ist das kein gutes Zeichen mehr. Auf Reisen hüpfte es zum Beispiel. Reisen war mir immer ein Traum, seit ich ein kleiner Bub war. Und es hüpfte auch wegen diesem Klavier. Von einer Kundschaft bekam ich das Klavier angeboten, und ich sagte natürlich nicht nein. Es sah ein bisschen aus wie das im Eichholz, das hatte meiner Mutter gehört. In der Geschäftswohnung an der Krone hatten wir jetzt also auch ein Klavier, ein wunderschönes, ich versteh ja nichts davon. Es hatte einen Metallboden, das gibt einen ganz anderen Ton als Holz. Ich hätte eben immer gerne Klavier gespielt. Ich konnte nur den Kotlettwalzer und musste immer aufpassen, dass der Vatter es nicht hörte. Ein Mann spielt nicht Klavier, gäll, allerhöchstens Handorgel. Ich kaufte also dieses Klavier und dachte, vielleicht wolle eines der Kinder Klavier spielen lernen. Ich mochte die Klaviermusik, die russischen und slawischen Virtuosen, da lief es dem Meister doch heiss und kalt über den Rücken. Ich kannte die vom Radio.

An einem Samstag kauften wir auch den ersten Fernsehapparat. Wegen der Winterolympiade in Innsbruck, das war im Vierundsechzig. Ich glaube, ich habe den nur gekauft wegen den Abfahrtsrennen. Das Skifahren war mir immer wichtig. Seit jener Olympiade hatten wir also einen Fernsehapparat. Man schaute natürlich viel, man machte fast nichts anderes mehr am Abend. Das Hildi und ich assen meistens vor dem Fernseher Brötchen, Aufschnitt und Gurken. Die halbe Verwandtschaft hockte vor unserer Kiste, die Jungen mit ihren Freunden sowieso.

An diesem Samstag, als ich ihn kaufte, war am Nachmittag das Olympia-Abfahrtsrennen. Da kamen der Karl und der Albert, dein Vater, die fragten mich, ob sie schauen dürften. Selber konnte ich natürlich nicht schauen, ich musste Fleisch verkaufen am Samstag nachmittag. Ich schaltete den Apparat ein und sagte: «So, jetzt könnt ihr das schauen», und ging hinunter in die Metzgerei. Der Pascha war auch in der Wohnung, das war mein Boxerrüde nach dem Walo. Nach etwa einer halben Stunde konnte ich für einen Moment weg und pressierte hinauf in die Wohnung. War das ein Bild! Der Fernsehapparat lief, aber niemand weit und breit.

«Nimm endlich diesen hurenverdammten Hund weg!»

In der Ecke neben dem Fenster standen die beiden Helden, und vor ihnen sass der Pascha und machte ein wenig «Chrrrrr». Der liess die nicht vor den neuen Apparat, gäll. «Jesses, vor so einem Hündchen hat man doch nicht solche Angst. Was ist denn in euch gefahren.» Der Pascha musste vor allem Männer ein bisschen provozieren.

Das war ein ganz besonderer Hund. Alle meine Hunde waren für mich etwas Besonderes. Der Pascha war aber ganz anders als der Walo, als die meisten Hunde. Der Walo starb ja in meinen Armen an Herzschwäche, kannst dir vorstellen, wie mich das erhudelte. Ich wollte nach dem Walo eigentlich keinen Hund mehr, eben wegen dieser Überschwenglichkeit, die war bei mir eine Abnormalität. Kurz nach dem Tod vom Walo kam jedoch einer daher, ein Fleischlieferant. «Hans, ich weiss, dass dein Hund gestorben ist und du keinen mehr hast. Ich hätte dir ein wunderschönes Hündchen, auch einen Boxer.» Das musste der nicht zweimal sagen.

Es ist vielleicht vermessen und geradezu ein bisschen abwegig, aber den Pascha stellte ich eigentlich auf die gleiche

Stufe wie das Hildi, auf die höchste. Ich machte da einfach keinen Unterschied, ich weiss nicht, warum das so war. Tiere sind für mich auf der gleichen Stufe wie Menschen. Er schlief auch bei mir im Bett, manchmal im Spalt zwischen dem Hildi und mir.

Dem Hildi gefiel das nicht, sicher, eine Frau hat da eine andere Einstellung und ist empfindlich auf diesem Gebiet. Mit Intelligenz hat das nichts zu tun. Das Hildi war ja genauso intelligent wie ich. Sie wusste seit dem Walo, dass das mit den Hunden bei mir eine Besonderheit war. Es wurde auch stärker mit den Jahren, die Hunde wurden mir immer wichtiger. Ich trat dem Boxerclub bei und trainierte meine Hunde jeden Sonntag. Das gab auch schöne Freundschaften in diesem Club. Ich war viel unterwegs säbi Zit. Das Hildi hatte kein Interesse an meinen Hobbies, gäll. Jassen konnte sie nicht, Kegeln wollte sie selten, und das Hündelen war ihr auch keine Freude, sie blieb lieber daheim mit der Familie. Ich war ja viel unterwegs mit dem Jassclub und dem Metzgermeisterverband, ich hatte natürlich gewechselt vom Personalverband zum Meisterverband. Wenn ich dann nach Hause kam und dem Hildi ein Geschenklein mitbrachte, dann konnte sie ein richtiges Geschiss machen. Da konnte sie richtig strahlen, gäll. Sie hatte eine Riesenfreude, wenn sie ein Geschenklein bekam oder wenn man ihr sonst einen Liebesdienst erwies.

Zu Hause war sie nie verwöhnt worden, sicher nicht, mit vierzehn Geschwistern. Da wird das einzelne nicht verwöhnt, gelinde gesagt. Ich wurde nicht verwöhnt, sie wurde auch nicht verwöhnt. Aber wenn man einander eine Freude machen konnte, dann machte man das gern. Man hatte auch selber Freude. Man gab sich ein Müntschi oder zwei. Man umarmte sich ein bisschen, mehr wüsste ich nicht. Das Hildi hatte alles gern. Aber als ich ihr einen Pelzmantel kaufte, da war sie im siebten Himmel.

Das war säbi Zit etwas, stell dir vor, in den fünfziger und sechziger Jahren, das war das grösste. Neben einem Amerikaner und einem Fernseher war ein Pelzmantel das grösste. Und Ferien in Rimini. Ich hatte zuerst einen De Soto, einen Gebrauchtwagen. Der hatte seine Muggen, aber meistens lief er wie ein Örgeli. Die Reise nach Rimini war die schönste Reise für das Hildi. Die späteren Reisen gefielen ihr nicht mehr. Da passierte ja immer viel zuviel, richtige Katastrophen waren das, das war wie verhext. Das Hildi reiste nicht gern. Aber in Rimini kam sie sogar mit mir ins Meer.

Auf dem Nachhauseweg fuhren wir über Venedig. Ich achtete immer schön darauf, dass sie etwas hatte von einer Reise und etwas besichtigen konnte. Von Venedig fuhren wir über den Grossglockner, das ist ein Pass in Österreich. Wir fuhren von Cabicce Mare bis Treviso, das ist im Friaul, und dann Udine. Am anderen Tag über den Grossglockner. Von Heiligblut ging es rauf, und etwa nach einer halben Stunde Fahrt sagte ich: «So, jetzt nehmen wir ein Znüni.»

Für eine Zwischenverpflegung war ich immer eingerichtet, eine feine Wurst und frische Brötchen und Gurken hatte ich immer dabei. Ich fuhr auf einen Parkplatz, hielt an. Und da fällt die Kupplung raus, sie funktionierte nicht mehr, machte einfach keinen Wank. Der Werni war auch dabei. Da sagte ich: «So, ganz ruhig bleiben, jetzt wird zuerst das Znüni gegessen. Nicht das Auto anfassen, sonst vergeht uns noch der Appetit.» Wir assen also an einem sonnigen Plätzchen in aller Ruhe das Znüni. Dann sagte ich zum Werni: «So, jetzt schauen wir, wo es fehlt. Jetzt hebelst du mit der Kupplung ein bisschen, ich will schauen, wie das funktioniert da unten», und kroch unter die Karre. Dort sah ich, dass eine Bride rausgefallen war. «Das haben wir gleich.» Ich spazierte einem Viehhag entlang, bis ich irgendwo ein passendes Stück Draht abklemmen konnte. «Ihr werdet sehen, das ist so gut wie eine Bride aus Detroit.» Die De Soto kommen aus Detroit, das ist in Amerika. Unserer war hellblau. Ich flickte mit dem Kuhdraht die kaputte Stelle, dann hotterten wir fröhlich nach Hause. Es hatte schon Schnee auf dem Grossglockner und war kalt. Pannendienste gab es noch nicht, Handys auch nicht, und Verkehr hatte es auch keinen säbi Zit. Wahrscheinlich hätten wir ein bisschen gefroren, wenn das nicht geklappt hätte. Das Hildi war ja ängstlich, aber sie wusste, dass sie sich auf mich verlassen konnte. Und gäll, sie hatte doch jedesmal eine Scheissfreude, wenn ich die Situation rettete und es funktionierte. Da war sie richtig stolz auf mich.

Weisst du, wir schätzten einander und achteten uns. *Und sicher, ich von meiner Seite, ich hätte ihr nichts geschehen lassen. Absolut nichts. Und drum ging das.* Es ist schade, dass man das heute nicht mehr so wichtig nimmt. Die Achtung kann man heute nicht mehr geniessen. Die Achtung ist für mich kein Müssen. Und ich wusste genau, wo beim Hildi die Grenzen waren.

So ein Pelzmantel kostete damals ein Vermögen. Wir hatten einen guten Kunden, den Glockner, der hatte eine Kürschnerei in der Nähe der Krone, weiter unten an der Stampfenbachstrasse. Eines Tages sagte die Frau Glockner, als sie einen Braten kaufte: «Herr Meister, ich hätte einen wunderschönen Persianermantel. Das wäre doch etwas zu Weihnachten für Ihre Frau.» Das Hildi war gerade nicht im Laden.

«Frau Glockner, da habt Ihr völlig recht. Legt ihn auf die Seite. Ich werde ihn anschauen und mit meiner Frau zum Anprobieren kommen.» Als ich das Hildi in die Kürschnerei führte und ihr in den Prachtmantel half, da starb sie fast vor Freude. Er passte ihr wie angegossen, er stand ihr ausgezeichnet. Sie konnte das tragen.

Das Hildi war kein Huscheli, keine dieser Heimchen-am-Herd-Gluggere, sicher nicht in der Metzg. Aber sie war natürlich gegen das Frauenstimmrecht. Dieses Gestürm ging nämlich wieder los, Anfang der siebziger Jahre. Das war wie ein Erdbeben. Da sind natürlich die Achtundsechziger verantwortlich, die Sozis, die haben das durchgestiert. Weil sich mit dem Achtundsechzig die Intellektuellen in die Politik einmischten, die politisieren gut, das Schwafeln ist denen ihr

Hauptgewerbe. Das war das Resultat von diesem Saumais im Achtundsechzig, dass die Intelligenz, die Elite, bei den Sozis einstieg. Und sie machten es gut, das muss ich ohne Neid sagen. Ich als Metzger war natürlich in der Volkspartei. Und wir waren strikte gegen dieses Frauenstimmrecht, absolut.

Ich war dagegen bis zum bitteren Ende. Ich war durch und durch damit geimpft, dass das nicht sein darf. Schon der Vatter war stur dagegen gewesen. Es gab ja schon ein paar Anläufe in der Schweiz, bis die Sozis es dann im Einundsiebzig durchboxten. Alle Bauern waren dagegen, und auch die Bürgerlichen. Es hiess immer, die Frauen gehören nach innen, ins Haus, das ist ihr alteingesessener Platz, das kann man jetzt nicht mehr verstehen. Weisst du, mit dem Frauenstimmrecht kam die Politik in die Familie hinein. Und Politik ist immer schmutzig. Das gehört nicht in die Familie. Politik schafft Diskussionen, Unfrieden. Das gehört in die Wirtschaften, auf die Strasse von mir aus, aber nicht ins Haus. Im Haus sollte nicht Politik herrschen, sondern Liebe und Frieden. Das geht für mich nicht zusammen.

Der Vatter sagte immer – gäll, musst nicht erschrecken, er redete so: «Buben, passt auf! Wo die Regierung aus dem Haar seicht, da ist Gefahr! Da müsst ihr vorsichtig sein!» Man kann sagen, die Männer fürchteten die Frauen. Die Männer wussten doch, wie gross die Kraft ist, die von den Frauen kommt. Weil die Frauen ja die Familien beherrschten. Nicht die Männer, die Frauen waren das Oberhaupt in den Familien. Nur gegen aussen, politisch sozusagen, waren das die Männer. Die Mutter hatte viel den grösseren Einfluss auf den Haushalt als der Vater, das war allgemein so. Sicher bei den Bauern, und Bauern waren in der Schweiz säbi Zit die meisten. Sagen wir, von etwa hundert Mann waren achtzig Bauern.

Die Männer wollten sich ihr Terrain nicht wegnehmen lassen, das war natürlich schon so. Sie hatten Angst, ihre Macht zu verlieren. Die politische Macht war säbi Zit allein Männersache, die familiäre Macht lag bei den Frauen. Man traute den

Frauen das Politische auch nicht zu, intellektuell, meine ich. Da grinst man heute nur noch. Weisst du, den Männern war nicht bewusst, dass sie etwas für sich beanspruchen, das eigentlich allen gehört. Das brauchte Zeit. Zum Bewusstwerden musst du noch einen Schritt weiter machen. Einen Schritt rückwärts machen und dann weiter, rückwärts-marsch sozusagen. Man muss sich das vorstellen, es ging da ja nicht um eine Gewohnheit von fünfzig Jährchen, sondern um Jahrhunderte, um nicht zu sagen Jahrtausende. Da geht das nicht ruckzuck. Die Männer hatten aussen so lange das Sagen, das gibt man nicht einfach aus den Fingern. Man sah eigentlich auch nicht, warum jetzt plötzlich etwas ändern sollte. Es war doch bisher gutgegangen. Man dachte auch, woher wollen die Frauen das können, die haben doch keine Ahnung von Politik. Das war eine grosse Revolution, eine der grössten, wenn du mich fragst. Gottseidank eine unblutige. Vielleicht, weil es um die Frauen ging, sonst hätte es sicher geklöpft.

Man hatte diese Schreckensbilder aus England, diese Suffragetten. Das waren Frauenrechtlerinnen vom Kopf bis in den Boden hinein. Die waren berühmt, starke, laute Weiber, die heizten allen ein. Politisierten wahnsinnig klug, das ist klar. Und die brachten früh eine Einigung unter den englischen Frauen fertig, aber so, dass alle dahinterstanden. Das war in der Schweiz überhaupt nicht der Fall. Die meisten Frauen waren selber dagegen, wie das Hildi, die wollten das gar nicht. Die englischen Sozialdemokraten sahen die Macht, die aus dieser Frauenbewegung kam. Die spürten sofort, was da für eine Kraft entstand, wenn die Frauen so zusammenstehen, und machten sich die zunutze. Darum fürchtete man sich in der Schweiz davor, dass die Frauen in die Politik einsteigen.

Ich erinnere mich, im kleinsten Kaff bei uns im Tal gab es diese Versammlungen. Ich war noch ein kleiner Bub, etwa in dem Alter, wo man ein bisschen anfängt, sich für Politik zu interessieren. Und für Schlägereien sowieso. Schlägereien gab es jedesmal nach solchen Versammlungen, bei denen es um die Frauen ging, aber nicht unter den Buben. Das war in den zwanziger Jahren, da gab es schon einmal einen Anlauf für das Frauenstimmrecht. Säbi Zit wurden die Sozis bei uns noch richtig verdroschen. Das würde denen auch heute noch gut tun, ab und zu, gäll. Übrigens auch den andern. Ein bisschen verdreschen schadet niemandem. Statt immer nur lafern. Das ist meine Meinung, musst sie ja nicht teilen.

Angefangen hat das alles mit der Industrialisierung, die kam bei uns ein bisschen später, wie das meiste. Mit der Industrialisierung gab es plötzlich überall Textilarbeiterinnen. Die Frauen waren nicht mehr nur Mägde, sondern sie wurden Arbeiterinnen. Sie waren nicht mehr vereinzelt am Krampfen auf irgendeinem Hof, sondern sie arbeiteten zusammen in der Fabrik. Hatten auch viel Zeit zum Schwatzen und Studieren bei diesen stupiden Arbeiten, die sie meistens machen mussten. Für Hungerlöhne. Die Tuchherren, die Textilfabrikanten, machten mit diesen Frauen, was sie wollten, das muss man sagen. Diese Textilarbeiterinnen wurden stark in der Schweiz und fingen an mit dem Rebellieren. In jedem Kaff gab es irgendeine Spinnerei oder Weberei. Wir hatten in Kleindietwil auch eine, eine grosse Fabrik. Und denk nur an Langenthal, das war ja alles reine Textilindustrie, heute noch. Das hat dazu beigetragen, dass die Frauen in die Politik einstiegen. Darum verdiente das Hildi später in der Fabrik mit kürzeren Arbeitszeiten mehr als ich Metzgersknecht. Aber bis zum Frauenstimmrecht war es dann noch ein weiter Weg. Der Schweiz fehlten eben die Suffragetten, es gab keine richtigen Frauenführerinnen. Keine wäre stark genug gewesen, dass sie die Frauenkräfte hätte vereinen können. Die Frauen wussten viel zuwenig, wie stark sie eigentlich sind. Gottseidank, gäll.

Item, im Einundsiebzig wurde das dann nicht mehr mit Schlägereien geregelt, es gab nach vielen Jahrzehnten Hin und Her eine geordnete eidgenössische Volksabstimmung. Aber die bürgerlichen Kräfte waren nicht mehr so geschlossen wie vorher. Die Bauern waren immer noch dagegen, das ist klar, aber es waren nicht mehr so viele. Die Sozis waren dafür, auch klar. Die Angst in unseren Kreisen war gross, man sah ja, wo die heranwachsenden Töchter standen. Längst nicht mehr einfach hinter dem Vater, sie wurden aufmüpfig. Die Metzger waren alle dagegen, Metzger sind sehr konservativ. Wir nutzten jede Gelegenheit, um zu verkünden: «Losid, Mannen, ihr wisst, wie ihr abzustimmen habt am nächsten Sonntag!» Das wurde an jedem Stammtisch diskutiert, und wie. Es war das wichtigste Gespräch während Monaten, wenn ein Klüngel Männer beieinander hockte. Man war sich einig, das kommt nicht.

Als es dann doch kam, möchte ich sagen, war das eine Ernüchterung. Eine grosse Ernüchterung. Erstens hatte man es nicht erwartet, weil man doch feststellen durfte, dass die Frauen selber nicht einig waren. Die wussten selber nicht, wozu sie das brauchten. Das wäre eben wichtig gewesen, dass sie sich das überlegt hätten. Mit der Annahme des Frauenstimmrechts hatte man lediglich die Bestätigung, dass der Wunsch vorhanden war, dass die Frauen in der Politik mitreden. Das war nun hiermit bekannt. Aber sonst? Das haben die Frauen meiner Meinung nach viel zuwenig ausgenützt. Bis heute.

Ich würde sagen, die Männer haben danach getrotzt. Sie sagten, dann sollen das doch jetzt die Frauen machen, wenn sie meinen, sie können es besser. Die Stimmbeteiligung ging von da an gewaltig zurück. Ich weiss nicht, ob das statistisch stimmt, aber nach meinem Gefühl schon. Es stimmt sicher, dass die Männer zunehmend aus der Politik ausstiegen. Wenn die Frauen einsteigen, steigen die Männer aus, das ist fast ein Naturgesetz. Frag mich nicht warum.

Es ging nicht darum, dass die Männer die Frauen nicht ernst nahmen. Sie stellten sie nicht auf die Stufe von Kindern, sicher nicht. Aber die Politik war einfach nicht ihr Gebiet. Die Gebiete waren viel klarer abgegrenzt als jetzt, ganz allgemein. In den Kleidern, in den Frisuren, im Auftreten, in den Aufgaben, überall war ein viel grösserer, ein sehr sichtbarer Unterschied zwischen Männern und Frauen. Frauen hatten nicht nur politisch nichts zu sagen, auch wirtschaftlich nicht. Darum hatten sie auch kein Geld. Die Frauen verdienten meistens nichts für ihre Arbeit im Haus oder im Geschäft des Mannes. Und Geld ist Macht und Freiheit, gäll.

Das kam nicht nur von den Männern, das kam aus einer langen Entwicklung, wo das sinnvoll war. Niemand empfand das als schlimm, auch die Frauen lange selber nicht. Niemand strebte es an, im Gebiet des andern zu glänzen. Die Frauen wurden politisch nicht ernstgenommen. Sie wurden ja auch fussballerisch nicht ernstgenommen, und das machte auch nichts. Sie begehrten das nicht. Die Männer wurden als Kinderbetreuer und Krankenpfleger nicht ernstgenommen, werden es auch jetzt noch nicht, wenn du mich fragst. Ich habe das gar nie vermisst. Da hat sich doch wenig geändert, habe ich den Eindruck.

Das Hildi sagte nur, wenn wieder ein Stimmcouvert kam: «Papi, füll du das aus.» Sie hatte das Gefühl, und mit Recht, sie verstünde zuwenig davon. Ich hatte mir vorgestellt, es würde sich viel verändern, wenn die Frauen das Sagen hatten, aber es war dann wie gesagt überhaupt nicht so. Man wusste aber, die alte Ära ist vorbei. So ein Satz, wie er im Zivilgesetzbuch stand: «Der Mann ist das Oberhaupt der Familie», so etwas ging einfach nicht mehr nach dem Achtundsechzig. Unsere Töchter haben das nicht mehr akzeptiert. Das war richtig, muss ich sagen. Ich kann mir dich ja nicht vorstellen ohne Stimmrecht. Aber das Hildi konnte ich mir nicht vorstellen mit dem Stimmrecht. So ändert die Zeit, manchmal schnell, meistens aber nur sehr langsam.

Aber sicher, aus jetziger Sicht ist vieles ungerecht. Gescheiter wird man immer erst nachher. Ich kann im Gefühl auch nicht verstehen, warum eine so intelligente Frau wie meine Mutter, die ja den ganzen Karren schleikte in dem kurzen Leben, das sie hatte, warum die von Rechts wegen nichts zu sagen hatte. Und auch unsere Frauen, die doch während dem

Krieg allein schauten, dass nicht alles zusammenkrachte, ohne Männer. Und eben, wegen meinen Töchtern ja auch, da habe ich jetzt ein schlechtes Gewissen. Das liegt vielleicht daran, dass das einzige, was ich noch machen werde in nächster Zeit, sterben ist. Da nimmt man sich plötzlich Zeit zum Studieren. Solche Gedanken kamen mir früher nie. Ich lag auch nicht so viel im Nest wie jetzt.

Weisst du, du kannst es ruhig aufschreiben, ich schäme mich. Ich schäme mich dafür, dass die Mädchen gratis arbeiten mussten in unserer Metzgerei. Es war einfach normal, ich konnte säbi Zit nicht über meinen Nasenspitz schauen. Und jetzt bringt es mich zum Heulen. Das ist doch Menschenausbeutung! Stell dir vor, da kämpft dieser Möff jahrelang für menschengerechte Bedingungen im Personalverband. Und dann macht er selber so etwas! Das war nicht richtig. Ich möchte darum, dass die beiden Töchter nach meinem Tod einen Extrabatzen bekommen für das, was sie geleistet haben in unserem Geschäft. Das ist ja nur symbolisch, viel habe ich sowieso nicht mehr.

Drum möchte ich auch endlich abtreten, sonst langt es nicht einmal für das bisschen. Es dauert ja nicht mehr lange, gottseidank. Der Hörnligödu hat gemerkt, dass einer fehlt auf dem Karren, der Hörnergottlieb. Ich weiss es, es wurde auch Zeit.

Ä-äh, jetzt kann ich das immer noch nicht.» Das sagte die Mutter sehr oft zu mir. Sie sagte das mit diesem Lächeln, bei dem man nie wusste, ist es traurig oder fröhlich. Aber wenn sie es sagte, kicherten wir. Wir lachten oft zusammen. Es war schön, mit ihr zu arbeiten. Obwohl ich es nicht gerne machte, die eigene Mutter anlehren. «Schau, das musst du so halten», und: «Nein, das darfst du nicht so machen, das geht so. Wart, ich zeige es dir.» Das musste ich ihr doch andauernd sagen. Der Vater erwartete das einfach von uns beiden. «Möchtest du das?», das kam in seinem Vokabular nicht vor. Eher schon: «Mach das!» Und auch noch: «Da musst nicht mich fragen, frag das Sophie.» Er schickte die Mutter immer zu mir. «Frag das Sophie.» Sie machte es doch gut! Aber ich glaube, das hat ihr nie jemand gesagt. Solche Komplimente bekam sie nie. Das hätte ihr sicher gutgetan, wenn er sie einmal gelobt hätte: «Läck, du machst das gut.» Sie wurde einfach in diese Metzgerei hineingestellt ohne irgendwelche Kenntnisse. Weder von der Materie noch vom Betrieb noch vom Kaufmännischen. Sie war doch überfordert und wollte immer seinen Ansprüchen genügen. Sie hatte null Ahnung und musste von einem Tag auf den andern die Meistersfrau spielen.

Ich habe das Gefühl, sie ist in dieser Metzgerei irgendwann innerlich verkümmert. Vielleicht vor Erschöpfung, nicht nur körperlich. Wir merkten das alle nicht, das ist das Schreckliche. Wir waren jung und hatten anderes im Kopf. Und der Vater war in Gefühlsdingen sowieso nie ein Held. Er liess sie immer öfter allein. «Kundschaft trinken», hiess es dann, meistens so um fünf Uhr. Dann zog er die Schürze aus und war verschwunden. Ich hatte jedesmal eine Wut, weil wir Frauen allein aufräumen durften. Diese Aufräumarbeiten, alles schön sauber und glänzend machen für den nächsten Tag, das machten immer die Frauen. In einer Metzgerei ist das viel Arbeit, bis alles wieder blitzblank ist. Der Vater stand als erster auf am Morgen, das muss ich der Gerechtigkeit halber sagen. Zuerst ging er ins Schlachthaus, noch vor dem Frühstück. Um sechs gab es Frühstück. Die eigene Metzgerei war der Traum vom Vater, und materiell ging es uns ja besser. Aber die Mutter verlöschte, das sehe ich heute. Sie ging selten mit auf diese Kundenausflüge, höchstens ab und zu am Samstag.

Am Anfang war es ja eine wahre Goldgrube. Aber später musste die Mutter dann auch noch Frühstück machen. Weil die grossen Italienerkolonien aus den Fabriken in der Nachbarschaft alle wieder zurück nach Italien mussten. Da hatten wir wahnsinnige Umsatzeinbussen. Wir konnten uns keine Küchenmädchen mehr leisten. Da fing das an, dass die Mutter viel zuviel arbeiten musste. Sie konnte arbeiten wie wahnsinnig, krampfen bis zum Umfallen, jeden Tag vom frühen Morgen bis spät in die Nacht. Nach dem Putzen am Abend setzte sie sich hinten im Essraum mit dem grossen Personaltisch noch an die schwere Rechnungsmaschine mit der Kurbel. Mit jedem Kurbeln zählte es die Zahlen zusammen, es ratterte laut. Es ratterte oft bis weit in die Nacht hinein, erst dann hatte sie die Abrechnung fertig. Eigentlich war der Vater zuständig für die Buchhaltung. Aber die Mutter musste die Bücher führen, die Tagesumsätze eintragen, die leichteren Sachen. Das Geld zählen und in Beutel tun für die Bank. Jeden Tag lieferten wir das Geld auf der Bank ab. Es war keine komplizierte Rechnerei, aber es war sehr viel Arbeit. Und irgendwann fing das an mit ihren Krankheiten. Vielleicht war die Traurigkeit vorher da, das könnte ich nicht mehr sagen. Ihr Körper rebellierte.

Vorher hatte aber ich einen Zusammenbruch, einen richtigen Nervenzusammenbruch. Ich machte das Rechnungswesen, zahlte die Rechnungen. Und eines Tages merkte ich, dass da Verschiedenes nicht stimmte. Dass mit dem Geld etwas nicht stimmte. Der Vater schaute nicht richtig zur Buchhaltung, weil er zuwenig davon verstand. Ich begann mich zu achten auf die Sprüche, die er machte mit diesen Händlern. Die hasste ich sowieso wie Gift, diese Veh- und Gewürzhändler, die immer um ihn herumscharwenzelten. Ich war überzeugt, die waren schuld, dass wir nie Geld hatten unter dem Strich. Weil der Vater bei denen immer alles mögliche bestellte, obwohl von allem noch mehr als genug am Lager war. Da muss man doch nicht andauernd Neues bestellen. Aber ich hatte keine Chance bei ihm, er liess sich nichts sagen. Er hielt sich strikt an die Arbeitsteilung, wenn die einmal abgemacht war. Er mischte sich auch nicht bei uns ein. Oft stritten wir über die Ladentheke hinweg, wenn niemand im Laden war. «Schau du dort drüben, dass bei dir alles stimmt», rief er höchstens und war wütend.

An einem Sonntag fand ich dann das Dossier mit diesen Sauen. Ich wusste, welche Dossiers mich etwas angingen, der Wurstverkauf ging mich etwas an, das Fleisch nicht. Es lag zuunterst auf einem Regal. Es ging mich zwar nichts an, aber ich fing an, darin zu blättern. Da traf mich der Schlag. Der Vater hatte von Anfang an nie eine Sau bezahlt, stell dir das vor, nicht eine einzige Sau. Frag mich nicht, warum. Über fünfunddreissigtausend offene Franken waren das, knallrote Zahlen. Weisst du, ich habe doch nie überlegt, wo eigentlich die Rechnungen sind für die Sauen. Wenn wir so und so viele Sauen beziehen von diesem Lauber, wieso bezahle ich nie Rechnungen an den? Mit dem Lauber hatte der Vater ein besonderes Geschiss. Das war einer dieser Vehhändler. Der machte immer Sprüche: «Hans, lass dir nur Zeit mit dem Bezahlen, es pressiert mir überhaupt nicht. Ich liefere dir das morgen.» Ich hätte das doch merken sollen! Aber ich hatte eben keine Erfahrung, und genützt hätte es sowieso nichts. Der Vater konnte nicht nein sagen, wenn ihm etwas angeboten wurde. Er war ja auch unter Druck, das sehe ich schon. Aber er musste überall den Meister spielen und der sein, der grosse Bestellungen machte. Wir brauchten die Sachen mit der Zeit zwar auf. Aber mir fehlte das

Verständnis dafür, dass es besser sein sollte, etwas einzukaufen, nur weil es günstiger ist, wenn man es gar nicht braucht. Nur um es einzufrieren. Ich fand immer, zuerst muss man die alten Rechnungen bezahlen, und mit dem, was übrigbleibt, kann man etwas Neues kaufen. Das ist nicht sehr kaufmännisch gedacht, heute kaufen ja alle auf Pump.

Nachdem ich dieses Dossier gefunden hatte, suchte ich zuerst Hilfe bei der Mutter. Aber die sagte nur: «Nein, das kann nicht sein, Sophie. So etwas macht der Papi nicht.» Sie nahm ihn in Schutz, das weiss ich noch, sie nahm ihn immer in Schutz. Da hat es mich zusammengelegt. Ich konnte nicht mehr atmen und nicht mehr aufhören mit Weinen. Es kam plötzlich einfach alles hoch, der ganze Stress und die Überforderung und die Wut. Die Mutter tätschelte mich, und der Vater sagte: «Ja, das wird schon wieder aufhören.» Aber es hörte nicht auf.

Der Albert, dein Vater, war schon mein Verlobter, und er konnte dem nicht mehr zuschauen. Er merkte, dass jetzt etwas gehen musste, und telefonierte dem Teres nach England. Sie lernte dort nach der kaufmännischen Lehre Englisch. Der Albert rief sie an. «Ich glaube, du solltest nach Hause kommen, Teres, hier geht es nicht mehr. Die Söphle ist am Ende, sie hat einen Nervenzusammenbruch.» Eigentlich hatte sie erst später zurückkommen wollen, sie wollte noch in Paris einen Rock-'n'-Roll-Freund besuchen, aber sie kam dann sofort heim. Der Vater wollte mir auch noch das Ganze in die Schuhe schieben: «Wenn du schon alles besser weisst, dann mach es doch besser.» Ich weiss, ich beschuldige ihn jetzt schwer. Er war ein guter Vater, er schaute, so gut er konnte. Aber er hatte nicht nur Schokoladenseiten. Mein Fehler war, dass ich mich zuwenig gegen ihn wehrte. Dass ich viel zu lange meinte, er habe alles im Griff. Ja, der Papi weiss schon, was er macht. Wie die Mutter. Wir waren so erzogen, ich lernte das erst mit der Zeit, mich gegen einen Mann durchzusetzen.

Das Leben geht immer irgendwie weiter, und wir überstanden das. Das Teres kam gottseidank, sie kannte sich bestens aus in Buchhaltung und übernahm das. Es ging mit der Zeit gar nicht schlecht, ausser dass die Mutter zuviel arbeiten musste. Wenn ich nur an die Wäsche denke. Mit dem berühmten Fräulein Frieda bügelte sie die Wäsche. Zwei Nachmittage in der Woche glätteten die Frauen in der Wohnung. Aber vorher kam die Wäscherin. Das war eine sehr kräftige Frau, vor der hatten alle Respekt. Sie sah aus, wie man sich eine Wäscherin vorstellt, sie trug weite Röcke, hatte ein rotes Gesicht, ein Kopftuch und unter den Röcken geschwollene Beine. Riesige Hände. Sie kam und ass zuerst Frühstück, dann verschwand sie im Dampf unter dem Dach. Die Waschküche war im Dachboden, man musste die ganzen Wäschekörbe zuerst fünf Stockwerke nach oben tragen. Berge von Wäsche, alles richtig schmutzig, voller Blut. Das war eine Riesenbüez. Der Vater und der andere Metzger, der Kern, brauchten jeden Tag eine frische Schürze und eine frische Bluse, manchmal auch zwei. Und der Vater brauchte auch Kleider im Schlachthaus, die brachte er nach Hause. Dann die vielen Tücher aus der Metzgerei und der Küche. Und das Zeug von den drei Wurstern. Auch der schielende Ausläufer, der Sepp Moser mit dem Glasaug, der trug eine weisse Schürze, wenn er mit dem Velo und der Hutte das Fleisch der Kundschaft brachte. Der Anblick musste immer picobello sein. «Wie die Schürzen, so die Arbeit», sagte der Vater. Das gab sicher jede Woche zehn Zainen Wäsche, grosse Körbe.

Zuerst musste man eine Einweichbrühe anrühren, kaltes Wasser und Soda. Sorgfältig einweichen, das war sehr wichtig, das machte die Mutter am Tag vorher. Dann legte die Wäscherin los, sie schrubbte alles von Hand am Trog, mit einer Bürste auf dem Waschbrett. Sie trug eine lange rote Gummischürze, die einen dicken Draht hatte um die Taille. Ich höre den Ton noch heute, den Rhythmus von der Bürste, stundenlang. Dann wurde alles gekocht in den Bottichen, unter denen das Feuer brannte. Immer umrühren, wie bei der Waschmaschine. Zwischendurch brachte man der Wäscherin ein Znüni. Um neun ass die ganze Mannschaft am grossen Tisch hinter dem Laden warmes Brot und Cervelat mit Thomysenf, und man trank ein Glas Most. Die Cervelats kamen frisch aus der Wursterei und waren noch warm vom Brühen. Das ist das Beste, was es gibt, solche frische Cervelats. Die Wäscherin ass ihren in der Waschküche oben im Stehen und rührte weiter. Wenn alles endlich sauber war, musste man es noch aufhängen, bei gutem Wetter auf der Zinne, das trocknete am schnellsten. Sonst hatte man den Dachboden. Dann alles schön bügeln und zusammenfalten. Diese Wäscherin war eine Kapazität auf ihrem Gebiet, wir hatten immer Wunderwäsche. Sie war auch richtig stolz am Schluss auf die vollgehängte, leuchtend weisse Dachzinne. Ich liebte vor allem den Duft im ganzen Haus.

Wunderbar gerochen hat es auch unten in der Wohnung, wenn die Mutter mit dem Fräulein Frieda am Stärken und Bügeln war. Die Hemden und Schürzen hat man gestärkt, damit der Stoff nach etwas aussah. Das Fräulein Frieda war berühmt, weil sie so schön falten konnte. Die lehrte die ganze Familie, Wäsche zu falten, ich meine die Frauen. Die Mutter bügelte die grossen geraden Stücke auf der Bügelmaschine, die wir schon hatten. Das war ein grünes Ungetüm, das dampfte und machte ein lautes, rumpelndes Geräusch. Man musste aufpassen, dass die kleinen Finger nicht zwischen die heissen Rollen kamen. Daneben stand das Fräulein Frieda steif wie ein Besen am Bügelbrett und bügelte die Metzgersblusen. Das war eine Kunst, man hatte noch keine Dampfbügeleisen. Ein Bügeleisen war einfach ein heisses Eisen mit einem Spitz vorn.

Am Abend nach so einem Wäschetag merkte man dem Hildi an, dass sie müde war. Wir fanden das normal. Sie verräumte die grossen Stapel und sagte vielleicht: «So, jetzt ist's langsam Zeit, dass es Feierabend wird.» Höchstens das. Ich half ihr vielleicht noch ein bisschen und dann «Adieu Mutter, ich gehe jetzt», und fort war ich. Jung waren wir, da denkt man, es ist normal, dass die Mutter zu Hause weiterkrampft. Es war einfach immer alles da und gemacht, das war selbstverständlich. Ich kam doch nicht ein einziges Mal nach Hause und dachte:

«Jehregott, was ist das für eine Unordnung. Geht es der Mutter nicht gut?» Es war nie eine Unordnung. Ich denke, sie machte es gern, solange sie konnte. Dass die Aufopferung irgendwann zuviel wurde, merkte sie wahrscheinlich selber nicht. Sie fand bei allem, was sie für uns machte, das sei selbstverständlich.

Nicht alle Frauen waren wie die Mutter. Der grösste Unterschied war wohl der zum Käti. Die krampfte auch bis zum Unfallen, aber sie war nicht still wie die Mutter, sie war das Gegenteil. Das Käti nahm sich etwas vom Leben, sie hatte nichts Unterwürfiges an sich. Eher war sie ein bisschen verrückt. Heute würde man das nicht mehr so nennen, man würde vielleicht sagen, das sei eine unabhängige Frau. Irgendwie war das Käti aber auch gezeichnet. Sie nahm ihr Leben zwar mehr in die Hand als das Hildi, aber vielleicht doch nicht so stark, wie es nach aussen wirkte. Etwas Trauriges schien sie manchmal zu treiben.

Ich mochte das Käti wahnsinnig gern. Sie war sehr einnehmend, hatte einen dunklen Wuschelkopf, war gross, stark und weich. Ein bisschen eine Helvetia. Mit einem Busen, der die ganze Welt umarmte. Sie hatte eine Fröhlichkeit, die einen ansteckte, obwohl sie doch enorm viel trug. Sicher war sie mehr als einmal am Rand ihrer Kräfte. Sie half eine Zeitlang bei uns in der Metzgerei aus.

Wenn ich ans Käti denke, kommt mir immer zuerst Krampfen in den Sinn. Die konnte für zwei krampfen. Ich sah nie eine Frau, die körperlich so viel aushielt. Das Käti hob Gewichte wie die Männer, sie war sehr kräftig und brauchte keinen, der ihr half, die schweren Fleischkörbe zu tragen. Sie hatte lange ein eigenes Geschäft, und dazu so viele Kinder. Und eben – auch mehr als einen Mann. Die vertrug das mit links, der hätte man die gönnen sollen, finde ich.

Ihr Ehemann war der Schorsch, ein schöner Mann. Aber ich wusste eigentlich nie, was mit ihm als Onkel anfangen. Ich war in den Ferien oft bei ihnen, zum Kinderhüten. Der

Schorsch nahm selten teil an der Familie und an dem, was im Haushalt lief. Er kam zum Essen an den Tisch, und dann legte er sich hin für ein Nickerchen. Das machten die meisten Männer so. Ich weiss nicht, ob er wusste, dass es da noch einen anderen gab, aber ich nehme es ja an. So lang wie das dauerte.

Der andere war sehr viel jünger als das Käti. Sie war bereits eine reife Frau und hatte schon etliche Kinder, als sie ihn kennenlernte. Der Schorsch hatte sich unterbinden lassen, aber ab und zu ging das eben schief, das kam vor. Jedenfalls kamen trotz der Unterbindung nochmal ein paar. Da dachte man zuerst, aha, das ist anscheinend schiefgegangen. Dann dachte man sich den Rest. Geredet wurde nicht darüber, aber gemunkelt schon. Später vertraute sich das Käti einmal der Mutter an. Die schwieg sicher wie ein Grab, aber gemunkelt wurde trotzdem.

Ich wusste es, ohne dass die Mutter es mir erzählt hätte. Ich wusste, dass einer eigenartigerweise am Morgen beim Tante Käti aus dem Schlafzimmer kam. Ich ging gern zu ihnen, war auch oft dort zum Hüten. Weil wir uns ja Ferien nicht leisten konnten, musste ich beim Tante Käti hüten. Der Schorsch war manchmal nicht da. Eines Morgens, es war noch sehr früh und dunkel, war ich im Kinderzimmer, um eines der Kleinen zu beruhigen. Als ich aus dem Zimmer kam, schlich der barfuss zur Tür hinaus, er hat mich wohl nicht gesehen. Er wohnte auch im Haus. Ich war kein kleines Kind mehr, aber ich fand das seltsam, dass einer beim Tante Käti aus dem Schlafzimmer schlich, wenn der Schorsch fort war. Erst sehr viel später zog ich der Mutter die Würmer aus der Nase. Sie nahm das Käti durch alle Böden hindurch in Schutz, sie hatte sie sehr gern, wie ich auch. Jeder hatte das Käti gern, man konnte nicht anders.

Sie machte einem auch dauernd schöne Geschenke, Schuhe, Kleider, Taschen. Da freute man sich zwar, aber irgendwie war es fast ein bisschen zuviel. Sie hatte doch selten genug Geld, bei der grossen Familie. Es könnte sein, dass sie einen Zwang hatte. Das bekommt man nicht von nichts. Ich glaube, unter dem aufgestellten Gesicht vom Tante Käti verbarg sich ein Geheimnis. Und vielleicht auch ein Schmerz. Das Käti hatte ein riesengrosses Herz, aber da waren Schatten drin. Dafür war ihre Sonnenseite viel wärmer als bei den meisten. Sie war mit Abstand meine Lieblingstante.

Schon in Zuchwil hatte das Käti den Ruf gehabt, sie sei ein bisschen verrückt. Ein bisschen eine Wilde. Am verrücktesten war sie für mich als Fisch im Netz. Ich war wieder am Hüten, sie hatte noch nicht so viele Kinder, aber sicher schon einen Haufen. Als ich ankam, war sie gerade fertig mit dem Kleid. Es hatte leuchtende Farben, hellgrün, türkis, hellblau, es glitzerte wie ihre grünblauen Augen. Sie konnte wunderbar nähen wie das Mili. Übermütig drehte sie sich vor dem Spiegel und lachte mich an. Gross und prächtig sah sie aus, in diesem extrem anliegenden Kostüm. Ich war sehr beeindruckt von meiner Tante. So viel Einblick liess sie auf den Busen, dass man sich gar nicht getraute hinzuschauen. Und dann kam über die ganze Herrlichkeit ein Fischernetz. Als sie es sich überwarf, trällerte sie: «Ich bin der Fisch im Netz, ich bin der Fisch im Netz. Und wenn etwas ist mit den Gofen, ich bin im Sennenbühl in Unterengstringen.» Dann küsste sie mich durchs Netz, und fort war sie. Ich konnte es nicht fassen, dass sie sich getraute, so auf die Strasse zu gehen. Schon gar nicht allein, eine Frau ging doch nicht ohne Herrenbegleitung aus. Es war ja Fasnacht, aber ich konnte es trotzdem nicht fassen.

Sie kam die ganze Nacht nicht nach Hause. Aber versteh mich richtig, sie war kein Luder. Es gibt diesen Ausdruck «Trucke», kein Kind der Traurigkeit, das war sie. Es war ihr einfach egal, was die Leute dachten, und sie überschritt Grenzen, ohne mit der Wimper zu zucken. Vielleicht merkte sie es gar nicht, dass da eine Grenze wäre. Ein solches Leben war sonst den Männern vorbehalten. Vielleicht war sie leichtsinnig, sie wollte etwas haben vom Leben. Sonst wäre sie wahrscheinlich an der Bedrückung erstickt wie die Berta, das Hildi und alle ihre Schwestern ausser dem Mili. Wenn ich es mir überlege, finde ich sie richtig mutig. Sie war nicht wie die meisten Frauen, die in ihrem Leben wenig selber bestimmten. Sie nahm sich etwas heraus. Wohl als einzige von Hildis Schwestern hatte das Käti diese Frechheit und diese Kraft. Für die Kinder war das sicher nicht einfach. Aber ich weiss ganz genau, dass das Käti alles Menschenmögliche getan hat für ihre vielen Kinder. Alle sind aussergewöhnliche, schöne Menschen geworden.

Ihr wunderbares Lachen verlor das Käti nie. Ich besuchte sie später ab und zu, zusammen mit dem Mili, wenn sie für einen Nachmittag aus Basel kam. Das Mili zog leider nach ihrer Heirat nach Basel, wo sie heute noch lebt. Wir blieben zwar in Kontakt, aber mit der Distanz verliert man sich aus den Augen. Wir hatten nicht mehr diese enge Verbindung wie in Zuchwil, nachdem wir nach Zürich gezogen waren. Das Käti freute sich wahnsinnig, wenn wir kamen. Aus der üppigen Wunderfrau wurde ein weisses Weiblein, das an einem Tisch höckelte. Wenn man sie besuchte, lachte sie ihr Lachen, als hätte sie das Leben grad noch einmal von vorn beginnen wollen.

Manchmal denke ich, es wäre der Mutter besser gegangen, wenn sie mehr vom Käti gehabt hätte. Ich meine, wenn sie sich selber mehr genommen hätte vom Leben. Das machten doch die wenigsten Frauen. Davon profitierten nicht nur die Männer, sondern auch die Kinder. Wir profitierten sicher sehr von der Mutter, sie unterstützte uns in ihrer stillen Art, damit wir es schön hatten. Sie verwöhnte uns, wo sie konnte. Bevor ich mit deinem Vater verlobt war, machte ich mit ihm eine Reise nach Genf zu seinem Bruder. Offiziell schliefen wir beim Bruder. Aber wir übernachteten in einer Pension, mussten natürlich zwei Zimmer mieten. Die Eltern vom Albert durften das auf gar keinen Fall wissen, das wäre eine Katastrophe gewesen. Wir waren ja weder verlobt und schon gar nicht verheiratet. Unverheiratete Paare durften nicht zusammen in einem Hotelzimmer schlafen, das war gesetzlich verboten. Eltern, die das tolerierten, konnte man als Kuppler verzeigen, und Hoteliers sowieso. Das war noch lange so im Gesetz, wir schliefen aber trotzdem im gleichen Zimmer.

Als wir uns von meinen Eltern verabschiedeten, flüsterte mir das Hildi ins Ohr: «Was hast du eingepackt?» Ich verstand nicht, was sie meinte.

«Ich meine, was hast du zum Schlafen eingepackt?»

«Ja, was wohl, Mami. Ein Nachthemd.»

Da sagte sie verschwörerisch: «Wart, ich geb dir das schöne mit, das mir der Papi kürzlich von einer Reise mitbrachte. Das mit dem Mäschchen.» Sie steckte es mir ins Gepäck und strahlte.

Dass die Mutter sich selber so wenig nahm, machte dem Vater ein schlechtes Gewissen, da bin ich sicher. Er nahm sich nämlich, was er brauchte, aber damit sie etwas hatte, musste er es ihr geben. Das war auch für ihn nicht einfach. Wenn er es vergass, hatte sie wenig, und um so mehr musste er geben, wenn er es nicht vergass. Darum schenkte er ihr doch auch diesen Pelzmantel und ging dann wieder jeden Abend fort und liess sie allein. Ich hatte manchmal das Gefühl, er flüchte vor etwas.

Während der Zeit in der Metzgerei stellte er sie mir gleich, wenn nicht gar unter mich, das muss schrecklich für sie gewesen sein. Aber sie wehrte sich nicht dagegen. Sie nahm sich immer mehr zurück, und er wurde immer wichtiger. Sie wurde zu klein, und er wurde zu gross. Es kann einer nur zu gross werden, wenn der andere zu sehr verschwindet, das glaube ich. Es stimmte etwas nicht mehr in der Liebe. Es gab ein Loch zwischen ihnen.

Vielleicht ging es ja deshalb los mit ihrer Schwäche und den Krankheiten, ich kann mir das gut vorstellen. All die Lungengeschichten, das fing an der Krone an. Ich hatte sogar Angst, sie könne nicht an meine Hochzeit kommen. Dein Vater und ich heirateten an einem Osterdienstag, im Achtundfünfzig. Das Mili hatte mir ein wunderschönes Brautkleid genäht. Am

Samstag vor der Hochzeit mussten wir die Mutter notfallmässig ins Universitätsspital einliefern lassen. Sie hatte sich verschluckt. Beim Husten war ihr ein Schleimpfropfen in den Stimmbändern steckengeblieben, sie brachte keinen Ton mehr heraus. Und wäre um ein Haar erstickt. Stell dir das vor, der Krankenwagen mit Sirene, die Metzgerei voller Leute, und vor der Tür auf der Trage die röchelnde Mutter. Wir mussten sie den Sanitätern mitgeben und weiterarbeiten. Erst am Abend konnte ich sie besuchen gehen. Sie hing an diesen Schnaufapparaten und sah weiss aus wie das Leintuch. Sie hatte keine Stimme mehr. Der Arzt konnte nicht garantieren, ob sie am Dienstag an die Hochzeit kommen könne. Sie kam natürlich doch, aber es ging ihr gar nicht gut, als ich heiratete.

Die Enge im Hals und auf der Brust blieb und wurde schlimmer. Auch der Husten blieb, ein trockenes Hüsteln, als wäre ihr etwas im Hals steckengeblieben. Sie hat viel zuviel runtergeschluckt.

Amerika war für mich das schlimmste. Die weite Welt war immer ein Traum und blieb es auch. Aber erfüllen konnte ich den erst spät, gäll, eigentlich erst im Alter. Da konnten das Hildi und ich endlich ein paar schöne Reisen machen. Das Reisen kam allgemein auf, zuerst mit dem Auto. Später kam man dann mit Flugzeugen rasch übers Meer. Auch wenn man nur kurze Ferien hatte, als Geschäftsleute, aber immerhin Ferien. Aus keinem Land kam ich aber so gern wieder nach Hause wie aus Amerika. Ich meine nur die USA, nicht den ganzen Kontinent. Ich weiss auch, warum. Die haben überhaupt keine Freiheit, auch wenn sie immer gross rumhornen und meinen, sie wissen, was das ist. Keine Ahnung haben die von Freiheit, da hatte ich eigenen Anschauungsunterricht. Die haben nur Gewerkschaften und Bonzen, dazwischen gibt es nichts. Beides nicht meine Wellenlänge.

Wir waren mit dem Car unterwegs, das war mit dem Jassclub. Wir jassten immer mit Einsatz. Da musste einer pro Mal vielleicht dreissig Franken bezahlen, das war viel in den sechziger Jahren. Meistens waren es zwischen zehn und zwanzig Franken, und die kamen in die Jasskasse. Da liess man schon etwas liegen. Mit dem Geld machten wir Reisen. Item, wir waren drei Tage mit dem Car unterwegs, in Pennsylvanien und noch in anderen Staaten. Alles über diese langen schnurgeraden Strassen. Unterwegs mussten wir dem Chauffeur sagen, er solle die Windschutzscheibe wieder einmal putzen. Man sah gar nicht mehr hinaus, wegen den Insekten, die dort klebten. Aber den störte das nicht, gäll. Als wir reklamierten, sagte der seelenruhig, es tue ihm leid, das dürfe er nicht, auf englisch natürlich. Er dürfe keine Scheibe putzen, das mache die Gewerkschaft. Da sah ich sowieso rot, wenn mir einer mit Gewerkschaft anfing. Das war doch der Gipfel der Dummheit, dass der Carchauffeur seine verschmierte Scheibe nicht selber putzen durfte, weil das der Gewerkschaft nicht passte. Lieber rösselte der dem Vorderen ins Füdle. Die Gewerkschaft putzte dann wahrscheinlich vorschriftsgemäss die Scheiben am Schrott. Die amerikanischen Gewerkschaften sind Kommunisten, blutrote Kommunisten. Das war schon immer das Gegenteil von gesundem Menschenverstand, wenn du mich fragst.

Gegen Abend kamen wir zurück nach New York, ins Hilton. Wir hatten als Schweizer Jassclub ein günstiges Arrangement bekommen. Da gab es bereits die nächsten Tänze. Wir durften die Koffer nicht selber ins Zimmer tragen, das mache die Gewerkschaft, also die zwei Portierslümmel von Gewerkschaftern. Wir mussten schön warten, bis die alles zum Lift getragen hatten, und es erst dort in Empfang nehmen. Natürlich gegen ein Trinkgeld, das ist ja klar.

Item, wir liessen uns den Abend von diesen Lumpenhunden nicht verderben. Wir waren alle fröhlich und jassten eins. Etwa um neun Uhr sagte das Hildi, sie wolle jetzt schlafengehen, und ich brachte sie hinauf ins Zimmer. Ich nahm den Schlüssel und sagte ihr: «Ich schliesse dich ein, du hast ja einen Schlüssel. Es kann dir nichts passieren. Schlaf schön.» Wir Männer zogen weiter in die Bar, die war zwei Stockwerke unter dem Boden. Kennst du das Hölzeln? Die Amerikaner kennen das auch nicht. Jeder bekommt drei Hölzchen, wir waren unserer sieben, es waren also einundzwanzig Hölzchen im Spiel, Zündhölzer. Dann hält jeder seine Hand auf den Tresen und muss raten, wie viele Hölzer vorhanden sind in den Fäusten. Der eine sagt vielleicht fünfzehn, der andere sieben. Derjenige, der sich am meisten verhaute, musste eine Runde Whisky sour bezahlen. Whisky sour ist Whisky mit Soda, so trinken die Amerikaner den besten Whisky. Ein Glas kostete einen Dollar, das waren säbi Zit drei Franken zwanzig. Item, den einen traf es finanziell mehr, den anderen weniger, aber gesoffen haben wir alle gleich viel. Da war auch ein Holländer an der Bar, der schaute uns eine Weile zu und kam dann: «Na, was ist das für ein Spiel?»

«Na, Hölzeln ist das, Schweizer Hölzeln.»

«Darf ich auch mithelfen?» Von da an hat uns der Holländer die Runden bezahlt, das waren jedesmal acht Dollar.

Wir hölzelten also bis etwa nachts um zwei. Dann waren wir alle voll bis an den oberen Rand und gingen auf die Zimmer. Etwa um vier Uhr, ich hatte noch nicht geschlafen, weil es mir ein bisschen drehte, weckte ich das Hildi. «Du, da stimmt etwas nicht. Man hört immer Polizei und Feuerwehr von weit weg und dann wird es lauter und dann sehr laut. Und plötzlich ist es still, wie wenn sie vor dem Haus anhalten. Bleib du schön im Bett, ich gehe nachschauen.»

Wir waren im Hilton im dreiundvierzigsten Stockwerk einquartiert, da ging es weit hinunter. Man hatte Mühe hinunterzuschauen, man konnte die Fenster nicht richtig öffnen, nur einen Spalt breit. Damit sie am Morgen nicht immer ein paar auf der Strasse vor dem Hotel zusammenwischen müssen, gäll. Ich sah diese grossen New Yorker Feuerwehrautos, gross wie Zündholzschachteln waren die. Sah sie von weit her durch die Avenue heranwetzen, die Strassen waren praktisch leer, aber sie hornten wie verrückt und hielten tatsächlich vor unserem Hotel. Was sie machten, konnte ich nicht sehen. Ich sagte zum Hildi: «Du, wahrscheinlich brennt es bei uns. Bleib ganz ruhig, ich geh jetzt nachschauen.» Ging raus, «Lifte gesperrt». Niemand konnte runter. Dann kam der Bericht, man solle sich im Zimmer aufhalten, weitere Meldungen würden folgen. Im zweiten Stock sei ein Brand ausgebrochen. Einer übersetzte mir das. Das hätten sie nicht sagen müssen, der Gang war ja voller Rauch. Etwa gegen fünf waren die Lifte wieder frei, sie hatten das Feuer unter Kontrolle, und man konnte endlich runter. Das Hildi blieb lieber im Zimmer. Ich fuhr schnurstracks in die Eingangshalle. Jetzt musst du dir vorstellen, das Hilton, ein Hotel von solcher Grösse, das hat eine entsprechende Treppenflucht, die in die Eingangshalle hinunterführt. Sehr prächtig, etwa zehn Meter breit. Und über diese ganze Treppe hinunter strömte Wasser wie ein Sturzbach und machte schönen Schaum in der Eingangshalle, einen Schaumsee. Ich fand, dass das alles sehr apart aussah, man hätte am liebsten drin gebadet. Wahrscheinlich war da noch ein bisschen Whisky am Werk.

Um sieben gab es Frühstück, aber nicht im Frühstückszimmer, das war im ersten Stockwerk, das stand unter Wasser. Man dirigierte uns in die Bar, wo wir gehölzelt hatten. Ich holte das Hildi. Sie hatte sich sehr aufgeregt, verständlich. Sie war ja immer wasserscheu, und feuerscheu war sie auch. Und dann die Höhe mit ihrer Höhenangst, wir hatten ja das Zimmer ausgerechnet so weit oben in diesem Wolkenkratzer. Das war für sie wahrscheinlich kein Genuss.

Auch in Moskau war es ein Theater. Ich hatte Damenstrümpfe eingepackt und Damenbinden, solche Sachen hatten sie ja nicht in ihrem roten Paradies. Wobei, gäll, Amerika war auch nicht besser. Wegen diesen kleinen Geschenken hatten wir es sehr gut mit den Reiseführern, vor allem mit unserer hübschen Reiseführerin. Säbi Zit durfte sich kein Mensch durch Russland bewegen, ohne einen vom Staat abgesegneten Reisebegleiter, das waren natürlich Staatsspitzel. Unsere Begleiterin war alles andere als dumm, sie verriet mir, dass sie diesen Kommunismus selber gar nicht liebe, aber was wollte sie machen. Ich gab ihr zwei Paar Strümpfe.

Wir hatten eine Führung im Leninmuseum. Eine Zwetschge schlurfte heran und führte uns in ein Zimmer und sagte, das sei jetzt das Leninmuseum. Dann redete sie und redete, immerhin konnte sie einigermassen Deutsch. Was dieser Lenin für ein Volksheld sei, das interessierte doch keinen von uns. Irgendwann reichte es mir, und ich sagte: «Sie, dieser Lenin war ja auch einmal in der Schweiz. Wissen Sie etwas von dieser Geschichte? Das würde mich interessieren.»

«Ach so, Sie sind Schweizer. Dann wir gehen in andere Ecke. Hier Sie können sehen Postkarten. Die sind von Schweiz.»

«Ist denn das schon alles? Wenn Sie nicht mehr wissen, dann kann ich Ihnen etwas erzählen von Ihrem Herrn Lenin in der Schweiz. Aber das tönt dann nicht so schön.» Dieser Lenin hockte nämlich in der Schweiz und organisierte wunderbar alles vom Trockenen aus, dieser Held. Der machte sich die Hände nicht selber dreckig. Organisierte diese Revolution schön von unserem sicheren Schweizlein aus und liess die andern bluten. Und wurde dann von denen als Befreier gefeiert, das war doch alles ein Beschiss. Es war nämlich der Trotzki, der das alles machte, nicht der Lenin. Der war höchstens ein schlauer Trittbrettfahrer, wenn du mich fragst. Ist früh genug abgesprungen und spät genug wieder aufgehockt. Alle gingen seinen Sprüchen auf den Leim. Ich kam richtig in Fahrt. Die Reiseleiterin nahm mich aber plötzlich am Arm und sagte, ich sei jetzt besser still, sonst könnten wir nicht mehr nach Hause. Das Hildi hatte mich schon vorher ständig in den Rücken gestupft.

Ein richtiges Durcheinander ging in der U-Bahn los. Wir fuhren U-Bahn, das Taxi war teurer als in der Schweiz, und man konnte nur in Dollar bezahlen, das passte mir gar nicht. Diese Dollar landeten garantiert bei irgendwelchen Herren, egal, wie die angestrichen waren. Die Taxifahrer konnten das nicht selber behalten. Es gibt eben immer diese Spezialisten an den richtigen Schalthebeln, die das Geld ins eigene Beutelchen umleiten, ob Kapitalismus oder Kommunismus, das ist Hans was Heiri.

Item, wir fuhren mit der U-Bahn zurück ins Hotel, und an der Haltestelle stieg ich aus, es hatte viele Leute. Als ich mich umdrehte, sah ich den Zug weiterfahren, aber das Hildi sah ich nicht. Sie war zuwenig rasch gewesen beim Aussteigen, und die Tür ging schon wieder zu, bis sie beim Ausgang war. Stell dir die Aufregung vor! Das einzige, was ich dachte, war, wenn sie ein bisschen etwas studiert, dann bleibt sie drin und kommt irgendwann zurück. Diese U-Bahnen fahren ja hin und her. Ich wartete mit der Reiseführerin, und siehe da, nach etwa einer halben Stunde kam das Hildi wieder angerösselt. Sie war völlig aus dem Häuschen und weinte natürlich. Zum Glück war eine Russin bei ihr, die hat ihr auf russisch erklärt, sie solle einfach sitzenbleiben, einfach schön sitzenbleiben. Diese Frau ist bei ihr geblieben, bis sie wieder an der richtigen Haltestelle war. Solche Menschen gibt es in Russland. In Amerika hätten sie dafür sicher eine Gewerkschaft.

Schief ging es auch in Portugal, im Vierundsiebzig, total schief. Da hatten wir das Geschäft schon nicht mehr. Das ging bei uns ruckzuck, ich meine, das mit der Geschäftsaufgabe. Wir hörten auf damit, weil es für das Hildi zuviel wurde. Weil sie einfach kränklich war, angeschlagen, kann man sagen. Sie war ja älter als ich. Es wurde immer schwieriger, Personal zu finden, und für die Kleinbetriebe waren die Zeiten sowieso nicht rosig. Die grossen Ketten schluckten alles, und die Leute fuhren lieber mit dem Auto in ein Einkaufszentrum, wo es Parkplätze hat, die Frauen gingen nicht mehr zum Metzger im Quartier. Die Frauen hatten jetzt das Frauenstimmrecht und wollten etwas anderes, als der Familie feine Braten vorsetzen. Keine Zeit für aufwendiges Fleisch, gäll. Die Krone wurde vom Wohnquartier zum Geschäftsviertel. Und Angestellte essen keine Braten, die wollen Sandwich und dergleichen. Man hätte das ganze Geschäft umbauen müssen, mehr auf Take away, darin lag die Zukunft, sich auf die neuen Tatsachen einstellen. Ich hätte das gemacht. Aber für so etwas hatte das Hildi keine Kraft mehr.

Am Samstag gaben wir das Geschäft auf. Am Sonntag zogen wir um nach Rudolfstetten im Aargau. Am Montag fing ich bei der Bank an am Zürcher Paradeplatz, als Notenzähler. Dass wir nach Rudolfstetten zogen, fast aufs Land, war vielleicht ein grosser Fehler, das muss ich heute sagen. Aber gäll, wir fanden nichts in Zürich. Schon gar nicht mit dem Hund.

Mit einem Hund war es besser auf dem Land, aber das Hildi fand sich nicht zurecht. Dabei hatten wir eine so schöne Wohnung in einer Neuüberbauung. Viereinhalb Zimmer, im obersten Stock, mit Lift, alles Spannteppich, tipptopp eingerichtet, wunderschön. Eine wunderschöne Aussicht. Ich konnte mir nicht vorstellen, dass sie dort unglücklich wäre. Das konnte ich mir einfach nicht vorstellen. Sie kommt mitten aus dem strengen Berufsleben, das ganz klar zuviel für sie wurde, und kann es jetzt nur noch geniessen, das war mein Gedankengang. Muss nur noch den kleinen Haushalt versorgen, mit einer modernen Küche mit allem drum und dran, das ist nicht viel Arbeit. Und ein bisschen mit dem Hund spazierengehen.

    Ich fragte sie nicht, ob sie das wolle, sicher. Sie sagte zu mir: «Papi, du musst jetzt eine Wohnung suchen.» Wir konnten an der Krone nicht bleiben, weil die Wohnung zum Geschäft gehörte. Dann fand ich diese neue, eine Prachtswohnung. Ich verstand nicht, dass ihr das jetzt nicht gefiel. Mir hätte es gefallen, nicht mehr zu arbeiten. Ich wäre ein bisschen mit dem Hund spazierengegangen, und reiten konnte man dort auf dem Land auch gut. Aber ich musste ja Stützli verdienen, ich musste doch arbeiten, war ja erst neunundfünfzig. Sonst müsste ich jetzt der Gemeinde auf dem Sack liegen, und das wäre mir ein Greuel, kannst denken.

    Ich nahm es ihr nie übel, dass sie diesen Umzug nicht vertrug, das nicht. Aber ich verstand es nicht. Ich half ihr doch, wo ich konnte. Ich schaute auch, dass sie bei den Frauen im Dorf Aufnahme fand, in der Frauengruppe. Das waren Frauen aus dem Gewerbe, also Frauen, die im Geschäft des Mannes mitarbeiteten. Nichts Hochnäsiges, die hatten das Hildi gern und nahmen sie mit auf Spaziergänge und gingen zusammen Kaffee trinken. Oder sie trafen sich bei einer zu Hause. Aber das Hildi machte dort nie, sagen wir, mit dem Herzen mit. Das konnte sie nicht. In der Beziehung war sie ein wenig verschlossen. Wahrscheinlich, gäll, sie fühlte sich von mir allein gelassen. Weisst du, solche Gefühle kenne ich einfach nicht. Bei mir wird der Schlüssel gedreht und fort ist die Geschichte. Sie konnte das nicht, aber das war mir nicht klar säbi Zit. Ich hätte auch nicht viel darüber nachgedacht. Solche Gedanken waren nicht mein Gebiet.

Wenn ich heute darüber nachdenke, dann habe ich das Gefühl, dass sie sich verloren vorkam, das könnte sein. Sich unwert fühlte vielleicht. Was absolut nicht der Fall war, aber wenn man das selber denkt, ist es schwierig. Wir waren beide ein wenig zu anfällig für Sentimentalitäten, das waren wir vielleicht beide. Bei ihr kam es stärker zum Ausdruck, sie brachte dieses Gefühl nicht mehr weg. Dieser Wechsel war für sie viel zu stark, das sehe ich jetzt. Ich muss dir sagen, sie schaute mich viel zu hoch an. Sie schätzte mich einfach viel zu hoch ein. Dieses Gefühl gab sie mir ab und zu, ich sei fast ein bisschen ein halber Herrgott. Ich selber dachte das nie von mir, gar nie. War ja selber nie zufrieden mit mir. Und als Herrgott wollte ich sowieso nie angeschaut werden, das zuletzt. Aber man könnte vielleicht sagen, das Hildi hat mich einfach viel zu sehr bewundert. Ich möchte fast sagen – vielleicht hat sie mich zu sehr geliebt.

Wir hatten einander gern bis zum Schluss, sicher, das ist wahr. Das spürten wir auch beide. Ich habe das immer gesucht, die Liebe, diese absolute Sicherheit, ich habe das gebraucht. Wir haben uns auch geachtet, sie mich vielleicht zu sehr. Ich wusste doch, was sie mitmachte. Ich wusste es, aber ändern konnte ich es nicht. Sie hatte es nicht leicht mit mir. Ein Möff wie ich kann nicht aus seiner Haut. Aber gäll, mit absolut rein gar nichts heiraten und dann sofort vier Kinder, in einer so schweren Zeit. Wir waren stolz auf unsere Kinder. Wir gaben ihnen, was wir konnten. Also tatsächlich, was wir konnten.

Finanziell waren ja die Gebemöglichkeiten klein. Aber die Kinder spüren, dass man sie gern hat. Ich bekam die Bestätigung, das ist noch nicht lange her, vielleicht zehn Jahre. Die Mutter war schon tot, das Hildi. Da erzählten wir uns bei einem Höck Geschichten von früher, das Sophie, das Teres, der

Karl, der Werni und ich. Ich sagte: «Ich weiss schon, ihr wart doch arme Sieche, so wie wir schmal durch mussten die ganze Zeit. Ich brachte doch zuwenig nach Hause, ihr hattet immer von allem zuwenig.» *Und da sagte das Sophie: «Du Vater, da täuschst du dich. Ich hatte nie das Gefühl, wir seien arm.» Du kannst dir nicht vorstellen, was mir das bedeutete. Weil wir doch jeden Batzen umdrehen mussten. Und da sagt die älteste Tochter, sie habe nie das Gefühl gehabt, wir seien arm. Ich befürchtete doch immer, ich könne ihnen nichts bieten. Dass es immer zuwenig sei, was ich mache, nie genug. Dieses Gefühl schleppte ich mit mir herum, dass es nicht genügt.*

Diese Reisen machte ich auch, weil ich dachte, das holt das Hildi aus ihrer Traurigkeit. Aber es war nicht so. Es half ihr nichts. Ich habe sogar in einem Kurs gelernt, Teppiche zu knüpfen, und brachte es ihr bei am Abend, wenn ich von der Bank heimkam. Das ist eine schöne Arbeit, ich dachte, das gefalle ihr und lenke sie ab. Selber wäre sie nicht in einen Kurs gegangen. Aber es war dann so, dass ich alle Teppiche allein fertigknüpfte, einen Jassteppich und auch ein paar grössere. Sie fädelte nur ganz wenig dran herum, die wären heute noch nicht fertig. Sie hatte einfach keinen Fidutz mehr, für nichts. Ohne mich schon gar nicht.

Auf die Reise nach Portugal freute sie sich aber ein bisschen. Es war wieder eine Jassclubreise, und leider wieder ein Drama. Wir flogen hinunter nach Lissabon. Dort nahm uns ein Car in Empfang, der war uns zugeteilt für die ganze Reise. Am zweiten Tag machten wir mit diesem Reisebus einen Ausflug. Wie heisst dieser berühmte Wallfahrtsort in Portugal, ein ganz hübscher Name ist das, ein Frauenname. Es steht dort diese Madonna mit dem Strahlenkranz, diesem Lichterkranz, einen langen weissen Rosenkranz hat sie auch. Irgendein Wunder mit der Sonne am Himmel in der Nacht. Ich habe jetzt keinen Atlas mehr, wozu auch. Den Petrus finde ich auch ohne Atlas, gäll. Fatima hiess der Ort.

Wir schauten uns diese Fatima an, und am Nachmittag wollten wir wieder zurück nach Lissabon. Unterwegs wurden wir aber vom Militär aufgehalten. Es hiess, die Stadt sei ab sofort gesperrt für alle Ausländer. Jetzt hatten die also eine Revolution. Stell dir vor, wir waren da unterwegs mit dem Car, etwa dreissig Schweizerlein, und konnten nicht mehr zurück ins Hotel. Und die Frauen hatten doch nichts bei sich. Höchstens ein Handtäschchen hatten sie, aber kein Köfferchen. Ich hatte aber eins.

Wenn ich mit dem Hildi unterwegs war, hatte ich immer dieses Köfferchen dabei. Das war vorbereitet, da war alles drin, was sie brauchte. Erstens einmal ihre Medikamente. Und zweitens Wäsche, Unterwäsche und ein Nachthemd. Das brauchte sie immer, ohne ihre Wäsche wollte sie nirgends hin. Sonst war ihr nicht wohl. Ich brauchte das ja nicht, ich kann ohne Gepäck an den Nordpol stiefeln, aber sie brauchte das. Dieses Köfferchen war genau für einen solchen Zweck gerüstet, für den Fall. Das stand immer bereit, und ich konnte es mitnehmen, ohne viel vorbereiten zu müssen. Es war ein braunes Lederköfferchen, nicht gross. Weil ich es selber füllte, war ich sicher, ich habe alles, was die Frau braucht, damit sie sich wohlfühlt. Auch auf einen Tagesausflug nahm ich das mit, immer. Und wie froh war ich jetzt in diesem Portugal!

Wir waren etwa eine halbe Stunde von Fatima entfernt, als uns die Soldaten stoppten. Es hiess, wir müssten weiter nach Nazaré, das ist ein Fischerort. Auf dem Berg oben ist das eigentliche Städtchen, dort hinauf ging eine Seilbahn. Unten im Fischerort stand ein neues Hotel, und dort quartierten sie uns ein. Jetzt kannst dir vorstellen, es hatte doch niemand etwas bei sich für eine Übernachtung. Nur das Hildi hatte alles Nötige, die andern mussten im letzten Moment etwas kaufen.

Es war übrigens saulustig dort. Am andern Tag gingen wir nicht hinauf ins Städtchen, wir blieben unten und haben uns das Fischerleben angeschaut. Wie das ist bei diesen Atlantikfischern. Es war ein schönes altes Dorf, und das Hildi war ganz ruhig und zufrieden. Ja weisst du, die habe ich schon besänftigt. Man sagte uns nur, dass sie jetzt in Lissabon diese Revolution haben. Die Diktatur, die dieser Salazar anfing, sei von einem Putsch gestürzt worden. Über Nacht habe das Militär die Macht übernommen, die Linken. Sonst lief das Leben ganz normal, auf dem Land draussen merkte man überhaupt nicht, dass jetzt Revolution ist. Aber in Lissabon wurde geschossen. Am übernächsten Tag konnten wir zurück in die Stadt. Ich lud mit drei Kollegen die Frauen ab, und dann haben wir uns ins Getümmel gestürzt. Wir wollten doch mit eigenen Augen sehen, wie das geht mit so einer Revolution.

Wir rannten hinunter in die Unterstadt, dort sah man das. Der Fritz Steiner aus Örlikon, der Hans Raddatz, der Fritz Anliker und der Röbi Widmer aus Wollishofen, wir Metzger seckelten los. Es war die sogenannte Nelkenrevolution. Alle Soldaten marschierten mit Nelken im Gewehrlauf. Mit denen liefen wir mit, reden konnten wir leider nicht mit ihnen. Die Nelken bedeuteten, dass sie für den Frieden waren, dass sie das Gewehr nicht zum Schiessen herumtrugen, das verstand man auch ohne Portugiesisch. Darum gab es keine Toten. Sie haben nur in die Luft geschossen, das hörte man bis ins Hotel. Das war für uns etwas total Neues, kannst dir vorstellen. Wir waren ja alle an der Grenze gehockt im Zweiten Weltkrieg. Und jetzt laufen da Soldaten herum mit Blumen im Gewehr und machen eine Revolution. Die waren natürlich alle jünger als wir. Ein Wunder war das für uns, Blumen im Gewehr, total verrückt. Die Stimmung war sehr freudig. Drei Tage dauerte es, alles war abgesperrt. Aber wenn man zu Fuss war, kam man trotzdem durch. Jeden Tag mussten wir Schweizer zu einer Besprechung ins Regierungsgebäude. Da war das Schweizer Konsulat vertreten, und die Aufständischen waren vertreten, und dann orientierten sie uns Ausländer über den Stand der Dinge. Die meiste Zeit haben wir gejasst. Das Hildi natürlich nicht, sie schaute zu.

Die letzte Reise mit dem Hildi war auf dem Wasser. Sie konnte zwar immer noch nicht schwimmen, aber auf einem so grossen Schiff muss man das nicht können. Es war ein schöner alter Kahn. Nicht so gross wie andere, eigentlich klein für ein Kreuzfahrtschiff. Ich konnte diese Reise über die Bank buchen, wo ich inzwischen Chef der Notenzählerei war. Ich sagte zur Mutter: «Komm, jetzt machen wir das.» Die Reise startete in Venedig und ging hinüber nach Korfu, dort war der erste Aufenthalt und eine Besichtigung. Korfu war uns natürlich ein Begriff, vor allem den Frauen, wegen der Sissi. Weil die Sissi ja in Korfu lebte. Dieser Streifen über die Kaiserin Sissi mit der Romy Schneider war wahrscheinlich der eindrücklichste Film, den wir säbi Zit hatten, der kam in den fünfziger Jahren. Darum kannten alle Korfu, aus dem Film. Das war sehr schön, und wir genossen es und schrieben Postkarten mit der Sissi drauf, und dass wir es geniessen. Von Korfu ging es nach Kreta. Das ist ein Riemen, gäll. Wir waren immer auf dem Schiff, Tag und Nacht.

Ein schönes Schiffchen war das, ein altes, aber um so schöner. Poliert bis aufs Tüpfchen. Die alten Schiffe sind sowieso die schöneren. Unseres war ausgeschmückt, wo es nur ging, richtig heimelig war es. Es hiess «Romanza» Wir hatten eine eigene Kabine, die war vielleicht so gross wie vom Bett dort drüben bis hier zum Tisch, drei Meter. Es hatte zwei Betten und Einbauschränke, Bad und WC, und überall schöne Spannteppiche. Ich möchte sagen, es machte uns Eindruck. Platz hatte es für sechshundert Passagiere und etwa hundert Leute Besatzung. Es war nicht voll, und das Personal wohnte ja im Unterdeck, das ist normal auf solchen Schiffen. Die Kabine hatte keinen Balkon, nur eine Luke. Sonst war es wie im Hotel.

Das Hildi hatte zuerst ein bisschen Angst an Bord, wegen der Wasserscheue, das ist klar. Sie wollte nicht raus aus der Kabine. Aber mit der Zeit gefiel es ihr besser. Der Seegang war ruhig. Nach und nach getraute sie sich aufs Deck und legte sich in einen Liegestuhl gleich bei der Tür, schön an die Sonne. Mit der Zeit getraute sie sich sogar weiter, stand an der Reling und schaute aufs Meer hinaus. Sie trug das weisse Kopftüchlein mit den rosaroten Tupfen, das hatte ich ihr einmal von einer Clubreise mitgebracht. Sie stand da, hielt sich am Geländer fest, und das Tüchlein flatterte ein bisschen im Wind. Ich seh das noch, gäll, obwohl ich meistens am Jassen war. Weisst du, im nachhinein tut mir das Bild ein bisschen weh. Wie sie so dasteht, fast mutig.

Es gab immer Unterhaltung für uns auf diesem Schiff, das gehörte sich auf einer Kreuzfahrt. Die Firma Knecht-Reisen aus Wohlen organsierte die, und darum kam auch diese Bressbänd mit. Ich weiss nicht, ob die dir ein Begriff ist, aber säbi Zit kannten die alle, Bressbänd Wohlen. Die kamen ein paarmal im Fernsehen in den siebziger Jahren. Das ist Blech und Holz, eine richtige Jazzband. Und eine richtige Humoreske war das auch, das stellst du dir nicht vor. Die boten immer etwas, zum Beispiel Polonaise, mitten am Nachmittag. Voraus die ganze Bressbänd, zuerst die Trommel, dann die Hörner und Posaunen und dann die ganze Bande. In Einerkolonne fort durchs Schiff hindurch und übers Deck und nachher hinunter zum Pool, ein Schwimmbad hatte es natürlich auch. Immer weiter, das hörte nicht mehr auf. Ich ging nie mit, wir schauten nur zu. Einer war dabei, der machte das Kalb. Nicht so, dass man dachte, das ist doch ein Möff, sondern wirklich lustig. Das war zum Schiessen, wie die alle brav hinter dem hertrottelten, hinunter zum Swimmingpool und nachher wieder zurück. Ich ging viel baden, das Hildi stand irgendwo am Rand und schaute aufs Meer. Wir hatten schönes Wetter, und alles ging tipptopp.

Bis zu diesem Kapitänsabend. Auf solchen Kreuzfahrten gibt es immer einen Kapitänsabend, wo der Kapitän Gastgeber ist. Aber zahlen musste man trotzdem, gäll. Dafür sass der Kapitän bei den Passagieren, man konnte mit ihm essen und reden, wenn man das wollte. Mir war das nicht so wichtig, aber das Bankett war sehr gut, mit allen Schikanen. Die erste Gruppe musste schon um halb sechs in den Speisesaal, weil nicht alle Passagiere Platz hatten aufs Mal, es war wie gesagt ein kleines

Schiffchen. Wir waren um halb acht dran. Um acht hatten wir fertig gespiesen und blieben noch gemütlich sitzen und tranken ein Fläschchen. Es ging so gegen zehn, als wir auch das Dessertbüffet geleert hatten. Hinter mir stand ein Ablagetisch mit dem dreckigen Geschirr. Feines Geschirr, alles Porzellan mit Goldrand. Plötzlich machte es WWOUMP! Der Ablagetisch kam geflogen, alle Teller kamen geflogen, auf einmal hockte ich bis zu den Knien in Kuchenresten und Scherben. Weil wir gerade so am Lachen waren, fanden wir auch das lustig. Da sagte das Hildi: «Jöö, jetzt sind wir in einen Walfisch gefahren!» Das war gar nicht so abwegig.

Ich sagte: «Nein, das war kein Walfisch. Aber jetzt – ruhig, ganz ruhig bleiben. Gar nichts ist das, das regt uns nicht auf. Das war nicht unser Schiffchen, und sowieso, das geht uns nicht kaputt. Aber jetzt – vor allem aufpassen und horchen. Wenn die Sirene kommt», so sagte ich es zu den andern, «dann ist das nicht so schlimm.» Item, die Sirene kam nicht. Da stand ich auf. «Schön sitzen bleiben. Ich gehe jetzt nachschauen, was los ist.»

Auf Deck war schon alles in Aufregung. Es war kein Wal, unser Schiffchen steckte in einer Insel. Stell dir vor, es steckte einfach in einer Insel, fünfzehn Meter tief. Weisst du, das war nicht Kalkstein, das war Tuff, und wumm, rein ging unser Schiff. Tuff ist schön weich. Dieses Inselchen gehörte zur Inselgruppe von Naxos, die sind überall im Meer verstreut. Es war etwa halb elf, aber noch hell, weil sie Scheinwerfer hatten. Und die beleuchteten prächtig das ganze Malheur. Als ich das begutachtet hatte, ging ich hinunter: «Es kann uns nichts passieren. Unser Schiffchen kann nicht untergehen. Es steckt in einem Felsen.»

Etwa um elf meldete sich der Herr Kapitän endlich und sagte, wir müssten die Koffer packen, alles einpacken und vor die Kabinentür stellen. Die Koffer würden dann abgeholt. Wir packten also, aber das braune Köfferchen stellte ich natürlich nicht vor die Tür. Dann wurden wir angewiesen, um zwölf im

Speisesaal bereit zu sein, nur mit Handgepäck. Das machten wir. Dann kam die Mannschaft mit den Rettungsringen, die mussten wir anziehen, Westen waren das. In diesen Westen hockten wir im Speisesaal in den Scherben. Es dauerte eine Ewigkeit, bis wir endlich abgeholt wurden von der Equipe, die sich mit dem Retten befasste. Das Schiff hatte gottseidank keine Schlagseite, das ging gar nicht, weil es so tief im Tuff steckte.

Aber dann wurde es erst richtig schlimm. Wir bekamen einen Sturm. Keinen Regen, aber wahnsinnig Wind und hohen Wellengang. Richtig tragisch wurde es. Kannst dir vorstellen, das Hildi bekam doch wahnsinnig Angst. Das war diesmal kein Wunder, und ich konnte sie nicht mehr beruhigen. Wir mussten warten und warten in diesem Essraum. Durch die Luke sahen wir, dass endlich drei grössere Schiffe um unser Schiffchen kursierten. Nach einer Ewigkeit kam endlich eines näher. Die erste Gruppe konnte mit Rettungsbooten hinüberwechseln, aber wir mussten weiter warten. Nach einer weiteren Stunde waren endlich wir an der Reihe. Mussten auf Deck und zuschauen, wie die vor uns in die Rettungsbötchen wechselten.

Das Hildi war total aus dem Häuschen, verständlich, absolut. Lustig war das wirklich nicht. Fünfzehn Meter hohe Wellen, und diese Rettungsboote wurden von Koreanern gesteuert. Einer sass hinten am Aussenbordmotor und steuerte, ein anderer sollte die Passagiere betreuen. Kleine Boote waren das, ungefähr dreissig bis fünfzig Leute hatten Platz. Jetzt kannst dir ausrechnen, wie viele Boote da gefüllt werden mussten. Es konnte doch immer nur eins aufs Mal anlegen, weil alles so in Bewegung war, die mussten wahnsinnig rumkünstlern. Das waren zwar Seeleute, aber die waren doch nicht bewandert mit solchen Bötchen, schon gar nicht mit diesem Seegang.

Etwa um ein Uhr war es soweit, wir kamen an die Reihe. Ich hatte die Mutter und das Köfferchen und auch noch diesen Buben, der im Durcheinander verlorengegangen war. Die beiden in diesem Gewackel hinunterzuverfrachten, das war etwas, das sag ich dir. Wir mussten über eine Strickleiter an der Aussenwand hinunterklettern, der Wind riss an den Kleidern wie verrückt. Ich ging zuerst, dann nahm ich den Buben in Empfang. Und dann kam das Hildi auf die Leiter. Aber als sie ins Boot steigen wollte, sackte das ein paar Meter hinunter, in ein Wellental. Und das Hildi musste springen. Sie machte das tapfer, es gab einfach nichts anderes. Ich schrie ihr zu, dass ich sie auffange, und hielt meine Arme bereit. Aber das Boot bewegte sich so stark, dass ich sie verfehlte. Sie schlug neben mir auf den Boden und hat sich sehr weh getan. Nur mit Mühe brachte ich sie auf eine Sitzbank.

Dann hinüber zum grossen Schiff, das uns nach Pyräus bringen sollte. Das war wie gesagt viel grösser, das heisst, die Leiter, über die man hinaufklettern musste, war eigentlich eine Treppe und viel länger, etwa dreissig Meter. Wir sahen diese elend lange Treppe schon von weitem. Man hätte meinen können, das grosse Schiff sei wahnsinnig in Bewegung, rauf und runter ging das, dabei waren das wir mit den Wellen. Als wir endlich anlegten, war diese Leiter ungefähr auf der Wasseroberfläche. Und im nächsten Moment sahen wir sie zwanzig Meter über uns. Eine solche Diskrepanz hatte das. Ich sass an der Aussenwand, neben mir war der Bub und daneben das schlotternde Hildi. Wir warteten eine Ewigkeit, bis der Koreaner endlich nah genug angelegt hatte. Und plötzlich sah ich, wie über uns die Treppe heruntergeschossen kam. Das waren natürlich wir, die auf einer Welle nach oben schossen, aber es sah aus, als käme die Treppe runter, direkt auf uns zu. Ganz aus Eisen war diese Treppe, ziemlich schwer. Ich riss das Hildi und den Buben zur Seite, und die Treppe schlug die Bank in Stücke. Der Bub wäre mausetot gewesen und das Hildi wahrscheinlich auch. Zerschmettert hätte sie diese Treppe.

Es gab nichts, wir mussten dreissig Meter hinaufklettern über diese verflüemerte Treppe, um in die Illinois zu kommen. Zuerst schickte ich das Hildi, dann kam der Bub, dann ich mit dem Köfferchen. So behielt ich sie beide im Auge und hätte sie auffangen können, wenn eins ausgerutscht wäre. Jeden Schritt musste ich ihnen diktieren, weil sie sich einfach nur festklammerten. «So, und jetzt noch einer! Und jetzt noch einer, Mami, halt dich an der Leiter fest mit den Händen! Und jetzt wieder ein Fuss!» Schrittchen für Schrittchen kamen wir schliesslich hinauf. Als das Hildi den letzten Tritt aufs Deck getan hatte, fiel sie zusammen. Das war wirklich kein Wunder. Sie nahmen sie mit ins Krankenzimmer.

Ich konnte den Buben abgeben, und dann fragte ich, wo das Krankenzimmer sei. Es sei alles in Ordnung, hiess es. Alles okay, ich müsse mich da nicht kümmern. Ich müsse jetzt im Aufenthaltsraum bleiben, bis der Rest geborgen sei. Aber das war mir so wurst wie etwas, kannst denken. Es ging schon gegen den Morgen, als ich das Krankenzimmer endlich fand. Dem Hildi ging es nicht gut, sie war sehr schwach und hatte überall Schmerzen. Im ganzen Leib, im Herz, in der Lunge, im Magen, in den Rippen, alles tat ihr weh in der Mitte. Vielleicht hatte es sie gestaucht, bei einem Sprung aus solcher Höhe kann schon etwas kaputtgehen. Wahrscheinlich war es der Stress. Gejammert hätte sie nicht, obwohl sie wahnsinnig empfindlich war, ganz anders als ich, das wusste ich. Ich spüre Schmerzen ja selten, eigentlich nie. Aber bei ihr stellte man irgendwann fest, dass eine Veränderung stattgefunden hatte. Und dann musste man herausfinden, warum. Und dann konnte man feststellen, dass es eben Schmerzen waren. Mir war klar, dass sie vor allem etwas zu essen brauchte. Oder wenigstens einen starken Kaffee. Ovosport hatte ich leider nicht dabei. Man hat sie in diesem Krankenzimmer einfach unter eine Decke gepackt und mit den Schmerzen liegengelassen.

Ich ging zum Kapitän, und eigenartig, Berndeutsch verstehen sie sehr gut in Griechenland. Ich sagte ihm, wenn schon so ein himmeltrauriger Unfall passiere, dann seien doch zuerst die Leute im Krankenzimmer zu verpflegen oder wenigstens anständig zu betreuen! Das sei doch eine totale Negerordnung. Da kam endlich jemand und brachte der Mutter einen Kaffee und gab ihr zwei Spritzen, eine zur Beruhigung und eine gegen die Schmerzen. Um sieben konnten wir uns endlich hinlegen in einer Kabine, ich natürlich in den Kleidern. Das Hildi hatte das Köfferchen und ein Nachthemd. Sonst wäre sie noch ganz ausgeflippt.

Warum fährt so einer mit dem Schiff in eine Insel, das habe ich mich gefragt. So etwas dürfte doch nicht passieren im zwanzigsten Jahrhundert. Diese Insel wurde doch nicht erst am Tag vorher dort abgestellt. Ich bekam später Auskunft. Es lag am Kapitänsabend, an diesem gesellschaftlichen Ereignis. Da waren alle Offiziere samt Kapitän unten im Gesellschaftsraum. Am Marschieren mit der Bressbänd, gäll. Und auf die Brücke, wo ein Kapitän hingehört, stellten sie drei Koreaner, Hilfsmatrosen. Die bekamen doch keine Ausbildung. Um zehn sah einer, dass unser Schiff direkt auf das Inselchen losgeht. Der sah das zwar, aber als er es sah, war es eben schon zu spät, und die Katastrophe war nicht mehr aufzuhalten. Einen alten Kahn kannst du nicht hoppla korrigieren. Wenn so ein Schiff einmal auf dem falschen Kurs ist, dann tuckert es schön ruhig in den Felsen.

Nach dem grossen Krampf, dem Putzen, Packen, der Geschäftsübergabe, dem Umzug nach Rudolfstetten, alles an diesem Samstag im Oktober 1972, da sagte die Mutter am Abend: «So. Und jetzt gehen wir alle in die Krone essen!» Ich höre sie heute noch, wie sie bestellte, gar nicht auf die Karte schaute, sondern sofort bestellte: «Für mich Pommes Frites und ein Schweinskotelett!» Sie hatte doch schon ständig diese Gallenschmerzen. Ich war entsetzt. «Mutter, das solltest du doch nicht essen.» Aber sie lächelte nur zufrieden: «Doch. Ich will das jetzt, Sophie. Das muss jetzt sein», und ass die Riesenportion in aller Ruhe auf. Vorher nahm sie noch ein paar Pillen.

In dieser Nacht hatte sie die erste schwere Gallenkolik. In der ersten Nacht in Rudolfstetten. Es war, als hätte sie es fast darauf angelegt, so kam es mir vor. Sonst hatte sie immer darauf geachtet, was sie ass, dass es nicht zu fett war. Aber an diesem Abend gönnte sie es sich. Sie konnte sonst auch ab und zu über die Schnur hauen, mit Süssem sowieso. Wein trank sie auch hin und wieder mehr als ein Glas, aber das Fette mied sie sonst.

Sie schluckte seit längerem Pillen. Zu der Zeit fand niemand etwas dabei, wenn man Pillen nahm. Man war einfach froh, dass es etwas gab, was man nehmen konnte. Etwas, das mehr nützte als Tee. Diese Pillen nahm sie gegen die Schlaflosigkeit, die hatte sie schon lange. Der Schlaf war in unserer Familie häufig eine schwierige Sache, nur bei den Frauen. Ich habe das auch, und sie hatte das, diese langen Nächte ohne Schlaf. Sie sagte oft am Morgen beim Frühstück in der Metzgerei: «Äh, jetzt habe ich wieder kein Auge zugetan, obwohl ich doch vier

Seresta genommen habe.» Sie nahm gegen alles Pillen, gegen die Gallenschmerzen und gegen die Schlaflosigkeit, auch gegen die Düsternis, die sie oft plagte. Sie hatte sie immer bei sich, ein volles Döschen mit hübschen Blümchen drauf. Das hatte ihr der Vater einmal geschenkt. Baldrian nahm sie auch, es stand immer eine Flasche auf dem Nachttisch. Mit der Zeit nahm sie diese kleinen Seresta wie Bonbons.

Der Vater musste in der ersten Nacht in der neuen Wohnung einen Arzt kommen lassen. Und die Mutter musste ins Spital. Dort hiess es, man könne nicht operieren, ihre Galle sei so geschwollen, sie müsse sich zuerst beruhigen. Mit einer so starken Entzündung sei das lebensgefährlich. Wir dokterten herum, ich fuhr jeden Tag von Zürich nach Rudolfstetten, um sie zu pflegen, weil der Vater ja bereits am Montag nach dem Umzug mit der Arbeit in der Bank anfing. Der konnte sie nicht pflegen. Nach zwei oder drei Wochen wurde sie operiert. Es war eine schwere Operation. Sie haben ihr den ganzen Leib aufgeschnitten und wieder zugenäht. Sie hatte wahnsinnig Schmerzen und musste lange im Spital bleiben. Die Wunden vernarbten, aber sie erholte sich nicht mehr, obwohl wir sie kaum allein liessen. Nach dieser Operation war sie endgültig nie mehr wie früher.

Der Vater versuchte immer, sie aufzuheitern, er machte zum Beispiel mit ihr diese Reisen. Aber ich glaube, sie genoss es eigentlich nie. Es ging ja auch meistens etwas schief. Die Mutter wurde immer düsterer.

An einem Morgen rief sie mich an. Sie tönte eigenartig. «Sophie, bitte komm, bitte. Ich kann nicht mehr aufstehen.»

Ich fragte sie: «Wo bist du denn?»

«Ich bin in der Stube, auf dem Kanapee. Aber da ist ein riesiges Loch im Boden! Ich kann nicht aufstehen, ich falle sonst hinein.»

Sie sagte das eigenartig ruhig, eher erstaunt. Ich sprang sofort ins Auto und blochte wieder nach Rudolfstetten. Weisst du, was mich heute erstaunt und auch wütend macht – niemand hätte den Vater angerufen und zu ihm gesagt: «Du musst sofort nach Hause, der Mutter geht es nicht gut.» Ihn störte man nicht. Einen Mann stört man nicht bei der Arbeit. Dabei habe ich doch selber auch gearbeitet, wir hatten ja ein Geschäft. Ich liess alles liegen und fuhr sofort zur Mutter.

Als ich in die Wohnung kam, da rief sie mir entgegen: «Sei vorsichtig, Sophie! Du fällst sonst dort hinein!» Ich setzte mich zu ihr aufs Sofa und nahm sie in den Arm. Sie war nicht besonders aufgeregt, aber ich schon. Dann rief ich die Ärztin an, sie kam vom Mutschellen und gab ihr andere Medikamente, starke Beruhigungsmittel.

Ich blieb bei ihr, bis es ihr besser ging. Wir machten zusammen einen Spaziergang, natürlich mit dem Hund. Am Mittag assen wir etwas Kleines. Nach dem Essen legte sich die Mutter hin, im rosaroten Charmeuse-Seidenunterrock, wie sie das immer machte. Ich lag auf dem Balkon im Liegestuhl und döste ein wenig an der Sonne. Sie hatten ja einen schönen Balkon, und es war sehr still in Rudolfstetten.

Plötzlich hörte ich, wie jemand durch die Balkontür trat. Ich weiss noch, dass ich den Impuls hatte: Jetzt musst du sofort aufstehen, es stimmt etwas nicht! Ich drehte mich um, und da stand die Mutter, im Unterrock, mit dem Regenmantel darüber. In der Hand hielt sie ein grosses Messer. Sie schaute mich an, mit einem Blick, den ich an ihr noch nie gesehen hatte. Ganz fremd sah sie aus. Ich spürte, das gilt mir, dieses Messer gilt mir – denken tut man nichts in so einem Moment.

«Mutter, was machst du?»

Da liess sie das Messer fallen und rannte aus der Wohnung, die Treppe hinunter. Ich wollte ihr nach, aber ich war gelähmt, versteinert. Nach einer Weile fand ich sie im «Bahnhöfli», dem Dorfspunten, wo der Vater immer jasste. Sie liess sich heimführen. Wie gebrochen war sie.

Ich rief die Ärztin an, und die gab ihr eine Spritze. Dann telefonierte sie herum, um eine Klinik zu finden für die Mutter. Es war klar, dass sie jetzt in eine Klinik musste. Irgend jemand musste ihr doch helfen! Aber das war nicht so einfach, die Nervenkliniken waren alle voll. In Oetwil am See fand sich dann ein Platz, aber erst für den nächsten Tag. Oetwil ist wahnsinnig weit weg von Rudolfstetten, sicher über dreissig Kilometer. Die Ärztin riet mir, mich in einem Zimmer einzuschliessen, bis der Vater nach Hause komme. Und da habe ich mich wirklich eingeschlossen. Musste mich wegschliessen, vor der eigenen Mutter. Das war grauenhaft. Ach, das kannst du dir nicht vorstellen. Sie lag im Unterrock auf dem Ehebett, mit offenen Augen. Meine schöne liebe Mutter, wie tot.

Manchmal weiss man gar nicht, wie schlimm etwas ist, man merkt es erst später. Zu spät, gäll, so ist das manchmal im Leben. Und dann hat man entweder Glück oder man hat keines. An jenem Morgen war es vielleicht Glück, dass nichts passierte. Obwohl ich eigentlich immer noch nicht glaube, dass es wirklich schlimm gekommen wäre. Ich kann das beim Hildi nicht glauben.

Wir sassen beim Frühstück, und als ich zur Arbeit gehen wollte, sagte sie zu mir: «Papi, bleib bitte hier. Das Sophie kommt heute zu Besuch.»

Da sagte ich: «Ja, dann ist doch alles bestens.»

«Nein, geh nicht weg. Wenn das Sophie kommt, muss ich es töten.» Sie sagte das so: «Dann muss ich es töten.» Ich dachte, ja was ist jetzt das? Dabei hatte sie doch so ein Geschiss mit dem Sophie. Sie wollte doch immer möglichst in ihrer Nähe bleiben, und jetzt das. Ich redete mit ihr, und zum Schluss meinte sie: «Ja, Papi. Es geht jetzt wieder», und ich ging zur Arbeit. Ich konnte doch an der neuen Stelle nicht schon fehlen. Später kam dann das Sophie, und es ist ja nichts passiert.

Als ich am Abend nach Hause kam, lag das Hildi im Bett, und das Sophie war in einem Zimmer eingeschlossen und heulte. Sie erzählte mir die Sache und warnte mich, ich dürfe in der Nacht nicht neben der Mutter liegen. Kannst denken, das habe ich doch nicht gemacht. Über fünfzig Jahre habe ich neben dem Hildi geschlafen, wegen so einem Messerchen änderte ich das nicht. Ich sagte zum Sophie: «Geh du jetzt heim. Ich schlafe neben der Mutter, mir passiert nichts. Niemandem passiert etwas.»

So war es auch. Passiert ist mir nichts neben dem Hildi und ihr nicht neben mir, gäll, aber später dann, in diesen verflüemerten Heimen, da passierte ihr zuviel. Die Frau Doktor vom Mutschellen hatte sie in Oetwil angemeldet. Ich rösselte mit der Mutter am nächsten Morgen ins Zürcher Oberland in dieses Schlössli, Nervenheilanstalt. Aber gäll, unter Schlössli stellt man sich etwas anderes vor.

Sie wurde in einem kleinen Zimmer eingeschlossen. Nur für die Therapie konnte sie raus. Und diese sogenannte Therapie habe ich eben einmal beobachtet, als ich sie besuchte. Das war furchtbar. Alles Frauen, die auf einem Teppich am Boden hocken mussten. Alles junge Frauen, Dröglerinnen, und meine Frau auch da am Boden. Und der Herr Therapeut auch da am Boden. Der hockte prächtig im Schneidersitz, und ich dachte, der kommt gerade aus dem Stall. Abgewetzte Jeans trug der und einen Schlabberpullover bis unter die Knie. Und einen Bart, natürlich mit Bart, der Herr Therapeut. Man sah den Grind gar nicht hinter dem Gestrüpp. Lange Haare sowieso, das riss dann ja richtig ein in den siebziger Jahren. Langhaarige waren dann sogar Doktoren, nicht nur die Rockermöff. Bei denen hätte man eher Verständnis für so eine Berufsverkleidung. Sie hockten also zusammen auf dem Teppich und mussten etwas spielen.

Ich verlangte den Chef. «Hören Sie, so geht das doch nicht. Da ist doch etwas falsch!»

Der Professor hatte immerhin keinen Bart. «Ja warum, Herr Meister? Was gefällt Ihnen nicht an unserer Gruppentherapie?»

«Ob das diese neumödige Gruppentherapie ist oder nicht, ist mir gleich. Aber dass diese Frauen auf dem Boden hocken müssen, das ist mir nicht wurst. Und so ein Glünggi mit Bart soll ein Therapeut sein? Der lümmelt da am Boden rum und spielt mit diesen armen Frauen. Die sind dem ausgeliefert, die können sich nicht wehren. So kann man mit einem Korb voll Katzen spielen, aber doch nicht mit Menschen und schon gar nicht mit hilfsbedürftigen Frauen.»

Der Professor wurde ein bisschen nachdenklich und fragte: «Wie stellen Sie sich denn jemanden vor, der den Menschen Heilung bringt?»

«Sicher nicht so ein Heiland in Stallkleidern. Ein Therapeut hat sich korrekt zu kleiden und zu verhalten, er hat eine saubere weisse Schürze zu tragen. Sonst glaubt man dem kein Wort. Was er mit den Patienten macht, davon verstehe ich nichts. Aber wie einer daher kommt, davon verstehe ich etwas als Metzger. Das ist bei den Therapeuten nicht anders. Einem Lumpenmetzger würde auch niemand glauben, dass sein Fleisch gut ist.»

«Sie halten offensichtlich nicht viel von der modernen Psychiatrie.»

«Herr Professor, so etwas Gescheites habe ich in Ihrem Schloss zum ersten Mal gehört.»

Mein Palaver nützte nichts, sicher nicht, im Gegenteil. Und nach Hause nehmen durfte ich das Hildi auch nicht, weil sie «eine Gefährdung» sei, wie es hiess. Eine Woche später riefen sie mich an, nachts um zwei Uhr. Ich müsse sofort kommen, es gehe der Frau ganz schlecht. Sie sei im Spital und man müsse mit dem Schlimmsten rechnen. Sie hatte eine schwere Lungenentzündung. Da raste ich natürlich auf dem schnellsten Weg wieder ins Zürcher Oberland. Als ich kam, ging es ihr wieder etwas besser.

Nach einer Woche hiess es, ich könne sie jetzt im Spital abholen und zurück ins Schlössli bringen. Da kannten die mich aber schlecht. Ich fuhr zuerst in die Spinnwinde und sagte: «Losid, macht mir das Köfferchen parat für die Frau Meister. Ich hole es in einer Viertelstunde ab.»

Da hiess es: «Warum denn das? Ihre Frau kommt zu uns zurück ins Schlössli.»

Ich sagte: «Nein, meine Frau kommt mit mir. Sie hat genug von Ihren sogenannten Therapien. Sie will nach Hause.»

«Herr Meister, das geht nicht. Wann Ihre Frau nach Hause kann, entscheiden wir.»

«Jetzt reicht es mir aber! Wenn dieses Köfferchen nicht in einer Viertelstunde gepackt ist, komme ich mit der Polizei. Dann werde ich aber erzählen, was das hier für eine Gefährdung für eine Patientin ist. Dass man in ihrem Schloss mit Lungenentzündung geheilt wird.» Das Köfferchen war dann parat. Ich musste einen Zettel unterschreiben, dass ich allein die Verantwortung trage, das machte ich gern.

Sie war nicht lange zu Hause. Wir wohnten ein paar Wochen beide beim Sophie in Örlikon, auch mit dem Hund, weil ich ja arbeiten musste und man das Hildi nicht allein lassen konnte. Das Sophie wohnte mit der Familie in der Nähe vom Berninaplatz, da kannte sich die Mutter aus. Und eines Tages spazierte sie eben wieder mit dem grossen Fleischmesser herum, vom Berninaplatz die Bülachstrasse hinauf. Eine Nachbarin sah sie und brachte sie nach Hause. Sie war verwirrt und blieb es auch. Wir mussten sie wieder einliefern, diesmal nach Königsfelden. Sie ass auch immer mehr von diesen Tabletten, diesen kleinen, sie ass die fast löffelweise, wenn man sie ihr nicht wegnahm. Und man musste sie jetzt füttern, weil sie sich sonst überall verschmierte.

In Königsfelden machten sie mir dann das Hildi ganz kaputt. Nicht mit den Medikamenten, das kann ich zuwenig beurteilen, aber mit diesen Drähten. Ich besuchte sie an einem Nachmittag, da lag sie auf dem Bett, wie tot. Ich fragte sie viermal: «Mami, was ist mit dir?» Aber sie gab keine Antwort. Ich rief eine Pflegerin, und die erklärte mir seelenruhig: «Herr Meister, Sie brauchen nichts zu befürchten, es ist nichts Aussergewöhnliches. Das ist normal nach Elektroschocks. Es kommt schon wieder, Ihrer Frau geht es gut.»

Es war bereits das zweite Mal, dass sie ihr diese Elektroschocks gegeben hatten, und ich hatte nichts davon gewusst! Die Mutter hätte nichts gesagt, und informiert worden ist man von dieser Bande nicht. Sie halfen ihr nichts, sowenig wie die Medikamente. Und es hätte auch nichts genützt, wenn ich es gewusst hätte. Nichts hat etwas genützt.

Erst viel später erzählte sie mir einmal, dass sie mit diesen Drähten zusammengebunden worden sei, alles voller Kabel. *Das hätte ich doch verhindern sollen, wenigstens das, gäll. Weil es ihr nämlich sehr weh getan hat. Wahnsinnig weh getan hat das.* Sie sagte nur: «Es hat alles so weh getan, Papi.»

Von da an hatte ich das Gefühl, sie wolle gar nicht mehr leben. Sie hatte überhaupt keinen Willen mehr. Sie äusserte sich aber nie deswegen. Ich musste mich wehren für sie, und konnte es doch nicht! Ich hatte immer das Gefühl, wenn sie krank wurde, das sei meine Schuld. Die Psychiaterin sagte mir mehr als einmal: «Herr Meister, das Problem bei Ihrer Frau ist, dass sie sich so – ergibt.» Das Hildi hat sich einfach viel zu sehr ergeben. Vom Dreiundsiebzig weg hatte ich eigentlich immer eine kranke Frau. Während fast zwanzig Jahren unserer Ehe war sie krank. Das ist eine lange Zeit.

Nachdem sie in Königsfelden entlassen worden war, zogen wir wieder zurück nach Örlikon, in eine Wohnung in der Nähe vom Sophie. Die Mutter erholte sich auch ein bisschen, man konnte sie wieder allein lassen, und sie hatte nicht mehr diese Ideen mit dem Messer. Aber sie hätte nichts mehr gemacht. Sie sass eigentlich nur noch im Sessel und wartete auf mich. Sie war sozusagen nur noch da, mehr nicht. Eine Meinung oder Wünsche hatte sie nicht mehr. Ich musste den Haushalt machen, kochen, putzen, einkaufen, sie kümmerte sich um nichts mehr. Sie wusste aber immer, der Papi ist ja da, gäll. Ich musste schauen, was sie anzog, dass sie sich umzog, dass sie ihre Pillen nahm, dass sie etwas ass, alles. Ich musste sogar ihre Katze füttern. Das Sophie kam oft. So ging das ein paar Jahre. Aber es wurde immer schlimmer. Ich wusste, man kann keine Änderung mehr erwarten.

Und du weisst ja – ich bin halt einfach kein Pfleger! Ich bin absolut kein Sani, verstehst du. Ein Sanitäter war für mich etwas vom Schlimmsten, fast ein Schimpfwort. Es fehlte doch nicht am Willen. Es gibt vielleicht solche, die das können, ich konnte das nie. Nicht weil ich es nicht wollte, ich konnte es einfach nicht. Nicht einmal bei den Kindern konnte ich es gut, Windeln wechseln zum Beispiel. Da hört es bei mir auf.

Sie kam wieder ins Spital, wieder Lungenentzündung. Unser Hausarzt zitierte mich her, es war der Weilenmann von Örlikon. Sagst ihm einen Gruss, wenn er noch da ist. Der war in der Nähe von der Metzgerei Ziegler. Der Weilenmann sagte: «Herr Meister, da können wir nicht mehr zuschauen. Das geht so nicht mehr.»

«Ihr habt recht, Herr Doktor. Aber was soll ich denn machen?»

«Ihre Frau muss in ein Heim. Die braucht jetzt Pflege, richtige Betreuung. Da bringt auch die Spitex zuwenig. Und Euch kann ich das nicht mehr zumuten. Sonst seid Ihr eher im Nordheim als Eure Frau im Heim.» Das Nordheim ist ja der grosse Friedhof von Örlikon.

Nach ein paar Tagen kam der Anruf vom Spital, ich könne die Frau jetzt heimholen, es gehe wieder. Ich fuhr sofort hinauf ins Waidspital und verlangte die zuständige Ärztin. «Frau Doktor, ich nehme meine Frau nicht nach Hause.»

Die Doktorin war sofort auf hundertachtzig. «Unmöglich! Wir können Ihre Frau unmöglich dabehalten!»

«Jetzt hört zu, Frau Doktor. Dann müsst Ihr schauen, dass Ihr für sie einen Pflegeplatz findet. Das weiss ich von meinem Hausarzt. Ich nehme sie nicht mehr nach Hause. Es geht einfach nicht mehr.»

Da pfutterte die: «Auf keinen Fall, Herr Meister, das geht auf keinen Fall. Sie müssen sie nach Hause nehmen, was stellen Sie sich vor, das ist doch Ihre Frau! Wir haben keine Kapazität.»

«Jetzt sage ich Euch etwas. Tut nicht so blöd. Hier in Zürich hat es genügend Pflegeplätze. Da gleich an Ihr Spital angeschlossen ist ein Pflegeheim. Und in Örlikon gibt es auch ein grosses Pflegeheim und in Schwamendingen auch eins. Ich wette mit Euch, dass allein in diesen drei Pflegeheimen zehn Plätze frei sind!»

Jetzt schrie die Frau Doktor fast: «Haben Sie eine Ahnung! Kein einziger Platz ist frei!» Und sie redete von einem halben Jahr Wartezeit und von Kreuzlingen, das ist am Bodensee, wo eventuell noch etwas zu machen sei. Oder in Davos, das ist in den Bergen.

Da rief ich den Weilenmann an, und der nahm diesen Totsch an die Strippe. Der Weilenmann erklärte ihr das, und eine halbe Stunde später gab es plötzlich einen Platz, im Mattenhof in Schwamendingen. Es hatte sogar zwei leere Betten im Viererzimmer, in das das Hildi kam. *Aber das schlimmste war, dass ich diesen Zettel unterschreiben musste. Auf dem stand, dass ich für nichts mehr garantieren könne. Dass es so schlimm sei, dass ich mich sogar eines Tages wegen meiner Frau vergessen könnte. Das unterschrieb diese Ärztin, und ich musste es auch unterschreiben. Sonst hätten sie mir nicht geholfen mit einem Pflegeplatz. Es war das schlimmste, was ich je machen musste in meinem Leben.*

Mit dem Hildi redete ich nicht über all das. Sie hatte sowieso keine Meinung mehr, ich wusste das ja. Eine Pflanze fragst du auch nicht, wo du sie hinstellen sollst. Und es ging ja auch nicht um unsere Meinung. Es ging nicht mehr. Als ich ihr das sagte, ich könne sie nicht nach Hause nehmen, der Doktor habe es verboten, weil sie gute Pflege brauche, da sagte sie nur: «Ä-äh.»

Weisst du, es ist schwer, wenn man so auseinandergehen muss. Nach achtundfünfzig Jahren. Unendlich schwer ist das. Obwohl es sich zwischen uns schon verändert hatte. Einfach abgekühlt hatte es sich, gäll, das ist normal. Aber ganz verändert hat es sich nie. Ich wusste immer, das ist meine Frau. Das blieb, bis ganz zuletzt. Es schwächte sich ab, das ist ganz klar, weil ihre Lebenskraft viel früher nachliess als meine. Es ist halt fast immer so, dass eines von beiden irgendwann weglebt. Gottlob kann man sich das nicht vorstellen, wenn man jung ist. Gottlob denkt man nicht daran, wie ist das wohl, wenn man alt ist. Man kann diesen Gedanken schon streifen, aber man soll nicht daran herumstudieren. Es soll einen nicht beschäftigen, das wäre ganz falsch. Erstens ändert man nichts damit. Zweitens verbessert man nichts damit. Und drittens könnte man einen Angsttraum bekommen. Es ist vielleicht einfacher, wenn man auseinandergerissen wird, wenn man noch richtig zusammen ist. Das wäre das Schönste. Und ich möchte fast sagen, auch das Natürlichste. Das Stärkere von beiden überlebt, das bestimmt die Natur. Und es ist richtig so.

Siehst du, es verändert sich immer alles im Leben, es bleibt nichts. Manchmal fällt einem etwas in den Schoss, und man kann es halten oder nicht. Meine Liebe zum Hildi habe ich behalten, obwohl sie nicht mehr die Frau war, die ich in der Metzgerhalle sah an jenem Silvester. Ich habe ihr zuwenig Sorge getragen, ich weiss es. Und sie konnte auch nicht aus ihrer Haut. Wir hatten es beide schwer miteinander. Wir haben es gemacht, so gut wir konnten. Damit es aufwärts geht mit dem Leben. Das ist das Wichtigste.

Ich kaufte dem Hildi zwei besonders schöne Nachthemden. Und packte ihr zum letzten Mal das Köfferli.

Sie sass immer auf dem Stuhl im langen Korridor, es hatte da eine Reihe mit Stühlen bei den Fenstern. Meistens sass nur das Hildi dort, mit dem Rücken zum Fenster. Sie sass einfach da, gäll. Sie sah eigentlich nie, dass ich kam. Aber wenn ich dann vor ihr stand und ihr einen Kuss gab, dann freute sie sich sehr. Ich besuchte sie jeden Tag, wenn ich konnte. Wir gingen zusammen ins Café und assen Patisserie, sie bekam eine Cremeschnitte und ein Diplomat, diese Kübelchen mit Rumcreme. Danach machten wir einen Spaziergang. Dann ging ich, und sie setzte sich wieder auf den Stuhl und wartete, bis ich das nächste Mal kam. Sechs Jahre lang machten wir das so.

An einem Samstag abend, am 4. Oktober 1992, bekam ich einen Telefonanruf vom Heim. Ich solle sofort kommen, es sei nicht gut mit der Frau. Sie war schon seit einer Weile nur noch im Bett, nicht mehr draussen auf ihrem Stühlchen. Da wusste ich, dass es jetzt zu Ende geht. Als ich kam, sah ich es auch. Das Hildi lag ganz still im Bett, wie immer in letzter Zeit, ganz teilnahmslos. Aber es hatte sich etwas verändert an ihr, ich könnte nicht sagen, was es war.

Ich setzte mich neben sie aufs Bett und legte meinen Arm um sie. Sie hatte kein spezielles Leiden, nichts Spezifisches. Aber sie bekam fast keine Luft, sie röchelte, ohne Panik. Sie hatte die Augen geschlossen, lag ruhig – nur den Kopf schob sie immer näher zu mir. Wir lagen zusammen ein paar Stunden und warteten.

Es war ein stilles Ableben. Ein Doktor kam und bestätigte mir, dass sie jetzt im Sterben liegt. Ich habe das auch ohne den gewusst. Man sieht es, und man spürt es auch. Ich wusste es vom Vatter, der ist auch in meinen Armen gestorben. Dort lernte ich das. Man sieht es auch am Fleisch. Wenn ich hier an meinem Arm ins Fleisch drücke, dann kommt dieser Eindruck wieder heraus, wenn ich den Finger loslasse. Noch ist das bei mir so. Beim Hildi blieb da eben eine Delle, wie damals beim Vatter. Ich drückte ihr immer wieder leicht ins Fleisch am Arm. Als die Delle dann ganz blieb, da wusste ich, jetzt ist es soweit. Jetzt ist der Körper am Gehen. Das Blut kann nicht mehr durch. Und es ist kein Wille mehr da zum Leben, keine Kraft. Aber es dauert meistens ein Zeitchen, bis das Sterben vorbei ist.

Es kamen alle, unsere vier Kinder, die Angeheirateten und auch die meisten Enkelkinder. Warst du auch da? Wir durften in einen separaten Raum, sterben darf man allein im Heim. Es war Nacht und ruhig, und es brannte auch eine Kerze. Das Hildi chorchelte auf meiner Brust. *Und gäll, auf einmal hob sie den Kopf. Sie hatte die Augen offen, und das Leuchten war auf ihrem Gesicht. Sie schaute zum Fenster. Draussen nur finstere Nacht, aber sie schaute hinaus, als würde sie dort etwas sehen. Dann drückte sie ganz wenig meine Hand und flüsterte:* «Schau doch, Papi. Wunderschön.»

Den Tod spürst du, wenn du jemanden im Arm hältst, den spürst du sofort. Ein Mensch fühlt sich nie so an, wenn er noch lebt. Ein lebendiger Mensch kann nie so weich sein. So ohne jede Starre.

Ich glaube, mein Hildi hatte einen schönen Tod. Ich möchte endlich zu ihr ins Nordheim. Auf dem Grab ist ein Moosröslistrauch. Und auf dem Stein die Sonne.

Epilog

Bist du noch da? Das ist gar nicht gut. Dann bin ich also auch noch da. Ich dachte, jetzt sei endlich fertig.

Bin sehr unzufrieden, dass dieser Schlag nicht besser getroffen hat. Bin doch schon wieder dem Teufel auf dem Karren gelegen, aber der ist einfach nicht abmarschiert. Jetzt bin ich dem anscheinend wieder abhanden gekommen. Nähme mich wunder, was der noch mit mir vorhat.

Hab ein Hühnchen zu rupfen mit denen dort oben. Das ist gar keine währschafte Arbeit, was die da abliefern.

Interessanterweise geht am Schluss der Kopf rasanter dem Tod entgegen als der ganze Rest. Der Kopf wäre schon längst drüben, aber der klägliche Rest kommt nicht mit.

Würde wahnsinnig gern wissen, wo man nachher rumfurzt.

Weisst du, die Schmerzen sind nicht so wichtig, jetzt habe ich ja keine mehr. Wenn sie nicht so wichtig sind, dann tun sie auch nicht so weh. Obwohl, gäll. Vor dem Schlag war ja der Infarkt. Das tat unvorstellbar weh. Es gab eine Explosion, nachts war das. Ich dachte, jetzt hat es mir den Ranzen verjättet, der Leib explodierte. Ich sah mich in einem Baum hängen, obwohl ich doch am Boden lag. Ich hing da in dem Baum, und unter mir hingen die Därme bis zum Boden. Dann flog ich davon, hinter mir die Eingeweide wie der Schwanz von einem Drachen. Aber ich flog nicht weit genug, gäll, es war wieder nichts.

Ich bin nicht krank, Suseli, ich bin nur am Sterben. Aber das geht bei mir anscheinend mühsamer, als ich dachte. Da hilft mir der Wille irgendwie nichts.

Erst vier Uhr, ich höre das Zit. Müsstest die Gewichte aufziehen, es tickt so langsam. Vor einer Ewigkeit war es doch schon halb vier! Und der alte Löl liegt einfach im Bett und macht nichts ausser zuhören, wie das tickt. Nicht mal sterben tut er. Die Zeit geht immer langsamer vor diesem letzten Gatter. Statt schneller. Es ist zwar Matthäi am Letzten, aber dieses Törchen vom Petrus ist für mich anscheinend immer noch nicht offen.

Dann schwatzen wir halt noch ein bisschen. Zuerst muss ich noch diese Tabletten nehmen, mit Wasser. Ein Cognac wäre mir lieber. Wobei, vom Cognac wird man blau, das wäre nicht gut. Ich möchte nämlich ganz genau wissen, wie das ist, wenn man abmarschiert. Das möchte ich nicht verpassen. Und holeiend vor dem Petrus ankommen, das macht keine Falle.

Ich glaube ja nicht an Wiedergeburt und solchen Kabis. Ich glaube gar nichts, was ich nicht weiss.

Falls ich aus Versehen doch noch einmal auf die Welt käme und wünschen könnte, dann möchte ich als Hund nochmal kommen. Nur als Hund. Weisst du, wenn du die Psyche eines Hundes ein bisschen betrachtest, dann kannst du feststellen, warum. Der Hund hat die Aufgabe zu hüten. Der Hund hat die Aufgabe zu dienen. Er kann dich aber nicht fragen. Er kann auch nichts sagen. Er kann nur spüren. Und ich würde sagen, das ist grossartig. Der Hund studiert den Menschen. Er studiert den Menschen viel mehr als der Mensch den Hund. Auch viel mehr als der Mensch den Menschen. Er will dienen, er will seine Liebe geben und seinen Leuten nichts als Gutes tun. Er will sie behüten und sie glücklich machen. Sag mir eine andere Art von Leben, die schöner ist als diese. Die gibt es nicht für mich.

Behüten wollte ich immer. Das ist nicht das gleiche wie beschützen. Behüten ist sanft, es ist Hingabe. Da braucht es hauptsächlich Sanftmut. Und Sanftmut haben nicht alle Menschen. Ich hatte die nie, ich hatte das einfach nicht. Das Hildi hatte das. Zum Schutz ist nicht unbedingt Sanftmut das richtige. Dazu braucht es Strenge und Abwehr, und das sind alles negative Erscheinungen. Die braucht es im Leben, aber eigentlich sind sie negativ. Hingegen Sanftmut hat mit dem nichts zu tun. Vielleicht kann aber die Sanftmut nur entstehen, wenn auch der Schutz vorhanden ist, gäll. Jetzt fühlen sich alle sicher. Aber das war eben nicht immer so. Das Leben hing früher an einem Faden. Ich hatte einfach keine Zeit für Sanftmut. Von den Männern war der Schutz gefragt. Das andere war das Gebiet der Frauen. Man kann die Sanftmut vielleicht nicht lernen, man kann sie nur leben. Und drum möchte ich, wenn ich wünschen könnte, nochmal als Hund kommen für eine Weile. Um das noch ein wenig zu leben.

Jetzt gehst du ins Gemeinschaftsstübli, dort hat es einen Kühlschrank. Und in diesem Kühlschrank hat es Schliessfächer, nimm den Schlüssel mit, meins ist die Nummer zwölf. Es hat schön kühles Bier drin, da bringst mir eins und nimmst dir auch eins. Die Gläser musst abwaschen, weil ich gestern mit dem Schälli auch noch eins zwickte. Und dann setzt dich hier richtig zu mir aufs Bett, und dann stossen wir an auf den Tödu und üben das Zwicken, damit du das kannst.

Vorher muss ich aber noch schiffen, bring mir grad noch diese Flasche. Sie haben mir ja verboten aufzustehen. Weil sie mich sonst immer am Boden zusammenlesen müssen, das ist ihnen verleidet. Jetzt haben sie diesen Gartenhag hingemacht. Jänu. Wenn du schon da bist, machen wir den weg. Das nächste Mal bringst eine Eisensäge mit, dann sägst du mir dieses Kuhgatter ab. Ich kann leider diesen Arm nicht mehr bewegen seit dem Schlag, sonst wäre das schon lang weg. Alles andere geht noch tipptopp. Schiffen kann ich ja mit dir, gäll, da läuten wir nicht extra. Du bist sicher der bessere Sanitätel als ich, da braucht es nicht viel. Jetzt habe ich sogar noch etwas gelernt, mit zweiundneunzig. Einhändig in eine Flasche schiffen kann jetzt der Meister.

Aah! So ein kühles Bier runterkippen in einem Zug, das ist doch einfach etwas vom Schönsten. Das geht sogar im Liegen, wenn man geübt hat und die Kissen richtig packt, wer hätte das gedacht. Das Leben ist wunderschön, ich sage es dir hier auf dem allerletzten Zacken. Aber keine Angst. Jetzt kratze ich noch nicht ab, gäll. Nicht, solange du da bist. Das mache ich dann heimlich und leise.

Hans Meister starb am 14. September 2005 um 9 Uhr, allein. Er sass am Bettrand, ohne Kuhgatter. Auf seinem Balkon sassen Vögel, wie immer. Ein Lächeln ist auf seinem Gesicht stehengeblieben.

Nachwort

Dieses Buch ist nur ein Umriss. Wie bei einem Scherenschnitt ist die Hauptsache das, was fehlt. Der Umriss entsteht durch die Umgebung, die geblieben ist und etwas sagt. Meine Grossmutter Hildi ist schon vor vielen Jahren verlöscht. Ich habe zärtliche Erinnerungen an sie, an ihre Heiterkeit, ihre Wärme, ihre Zurückhaltung. Sie war voller Liebe – und eine grosse Schweigerin, wie viele Frauen dieser Generation. Sie hätte mir ihre eigene Geschichte niemals so erzählt, wie sie nun Formen annehmen konnte durch die Schilderungen ihrer Umgebung. Hildi hätte mir davon erzählt, wie gut die Menschen sind. Sie hätte mit ihrer totalen Hingabe an die Menschenliebe sämtliche Gräben und Abgründe für mich überbrückt.

Ich wollte aber wissen, warum sie in einem Loch versank und verlöschte. Warum aus dieser sinnlichen, sprühenden Frau, wie ich sie auf einem Foto neben Hans auf einer Wiese liegen sah, die Greisin wurde, die an ihren Seelenschmerzen zerbrach. Ich wollte wissen, was aus der Liebe geworden war, die ich als Kind spürte, wenn ich meine Grosseltern wie ein Wesen auf dem schmalen Sofa an der Krone fand, schlafend. Sind solche Lieben wie die zwischen Hildi und Hans Vergangenheit, gibt es sie nur noch als Geschichten? Oder findet man sie irgendwo auf halbem Weg, in einem Wiesengrund zwischen den Felsen «Selbstverwirklichung» und «Selbstaufgabe»? Ich wollte wissen, wie eine Liebe aussieht, die über fünfzig Jahre der Witterung ausgesetzt war. Was hält sie im Innersten zusammen? Was ist der Preis, den ihr Überleben kostet? Oder lebt die Liebe, indem sie stirbt?

Nach dem Abschluss unserer Gespräche über sein eigenes Leben fragte ich Hans vorsichtig nach Hildi. Ich hatte das vorher wenig gemacht, weil ich seine Zurückhaltung spürte. Ich wollte nichts haben, was er mir nicht freiwillig gab. Was in den Truhen der Familiengeschichte lag, wusste ich nicht. Plötzlich erzählte er mit grosser Offenheit von Hildi und von seiner Ehe mit ihr. Er schien nichts zu beschönigen, zuletzt das Bild seiner selbst. Und je deutlicher er Hörnligödus Karren heranrumpeln hörte, je schonungsloser wurde er. Die traurigsten Geschichten übergab er mir eine Woche vor seiner letzten grossen «Züglete». Er hat sie bewusst dagelassen. Dass ich darüber schreiben wollte, wusste er. Ich sagte ihm, ich mache ein Buch über Hildi und auch ein bisschen über die Liebe. Über ihr Werden und Wandeln in der Zeit.

Hildi und Käti scheinen mir wie zwei Tonlagen desselben Schreis, den keine der Töchter ausstiess. Den auch die Mutter, Berta, schluckte. Es kommt mir vor, als seien Hildi und Berta implodiert, am Schweigen «erstickt». Käti explodierte und liess den Schrei in der Grenzenlosigkeit ihres Lieben-Wollens verhallen. Und Resi trug lebenslang ihre Wunden zu Ärzten. Zu helfen war ihnen allen nicht. Trotzdem soll dies niemals die Chronik einer Schuld sein. Das zwanzigste war ein hartes Jahrhundert. Nicht nur die Seufzer der Frauen, auch das lautlose Weinen der Männer hörte ich wieder, wie schon bei den kursiv gedruckten Stellen im Hans-Buch. Über die Einsamkeit der Männer in den alten Rüstungen könnte man noch eine Weile nachdenken.

Hans' Sicht der Dinge ist auch diesmal nicht die Wahrheit. Obwohl seine Haltung zur Wahrheit von grösster Strenge war. Die Bruchstücke seiner Wahrnehmung habe ich erweitert mit den Erinnerungen von Frauen aus Hildis Welt: zwei Töchtern und zwei Schwestern. Im Buch lasse ich nur Sophie und Milli zu Wort kommen, ihre Schilderungen sind eine Verdichtung. Meine Dankbarkeit für das Vertrauen, das mir diese Frauen schenkten, ist riesig. Hildis Strahlen, ich wusste es schon lange, ist nie wirklich verlöscht.

Wie schon im Buch über Hans' Lebenswelt habe ich nichts erfunden oder ergänzt. Ich wollte mich der Echtheit zuliebe mit den Scherben zufriedengeben, die ich finden konnte, was mir nicht immer leicht fiel. Alles, was ich aufschrieb, wurde gesagt. Der Stoff dieses Buches ist zu hundert Prozent authentisch. Die Wahrheit bleibt ein Umriss.

Zürich, im Frühling 2007

Ich habe tausendfach zu danken!

Meiner Mutter, meiner Gotte, meinen Grosstanten; Antoinette Schneiter und Rosli Keller vom Hotel Möschberg in Grosshöchstetten; Susy Brupbacher und Walter Bossard vom Chronos Verlag; der UBS-Kulturstiftung; Béatrice Monnier und Veronika Sellier vom L&arc in Romainmôtier; der Kulturförderung des Kantons Solothurn; Paul Rosenkranz vom Haus am See in Horw; Ursula Schwager und Reto Vollenweider; und nicht zuletzt den Buchhändlerinnen und Buchhändlern, die treu und unverzagt Bücher unter die Leute bringen.

Mögen Hildi & Hans für uns alle ein gutes Wort einlegen beim obersten Meister.

Susanna Schwager

Fleisch und Blut
Das Leben des Metzgers Hans Meister

2004. 240 S. 10. Auflage 2014. Geb. CHF 29.80/EUR 26.00
ISBN 978-3-0340-0687-3

Er liebte die Tiere mehr als alles andere. Als die Mutter starb, holte er sich die Wärme beim Hofhund. Sein Traum war es, Tierarzt zu werden. Hans M. wurde Metzger, einer bis ins Mark.

Noch heute hört er den Kanonendonner, den der erste Weltkrieg vom Elsass bis ins Emmental trug. Und er erinnert sich an trommelnde Sozialisten, die kurz vor dem Landesstreik mit roten Fahnen am Miststock vorbeimarschierten. Der Bergbauernbub entging knapp einem Schicksal als Verdingkind. Und knapp entging er der Verzweiflung des Vaters. Das harte Leben im Krachen stählte seinen Willen. Er wollte vor allem eines: weg aus dem Tal. Weg vom Schinden, Hungern und Frieren. Eine Metzgerlehre war seine grosse Chance.

So beginnt ein Leben, das ein steinalter Mann erzählt, mit unheimlicher Präzision und grosser Erzählkraft. Schonung ist nicht seine Sache, damals nicht und heute nicht. Mächtigen Herren im Land, Generalssöhnen, die bei Truppenverschiebungen die Packesel vergessen, oder schwerreichen Zürcher Grossmetzgern, die Verbandsfunktionäre bestechen, bietet er die Stirn. Hans kämpft in Solothurn wie ein Stier, wenn es darum geht, «die Gerechtigkeiten» durchzusetzen. Obwohl er immer zu den Kleinen gehörte. Im Schlachthaus legt er Hand an für zwei. Die Hinterviertel, die er schleppt, sind doppelt so schwer wie er. Nur etwas macht ihn schwach: wenn Tiere leiden.

«Fleisch und Blut» bricht das 20. Jahrhundert wie ein Prisma und erzählt es wie ein Roman. Susanna Schwager stieg mit ihrem Grossvater in die Vergangenheit, fragte und stellte in Frage. Aus seinen glasklaren Erinnerungen fügte sie eine handfeste, manchmal drastische Geschichte voller poetischer Details.

«Im Alter von 92 Jahren erzählt der ehemalige Metzgermeister seiner Enkelin aus seinem Leben – in einer Sprache, die so melodiös, bilderreich und handfest ist wie die Lebenssequenzen, die Hans Meister in aller Drastik schildert.» *Neue Zürcher Zeitung*

«‹Fleisch und Blut› ist ein berührendes, kluges Buch, das von einer verschwundenen Welt spricht, und es ist zudem ein Stück Literatur, weil Susanna Schwager die Erinnerungen ihres Grossvaters wunderbar in Sprache zu fassen weiss.» *Urs Widmer*

«Ich habe die Zeit meiner Eltern noch nie so gut begriffen – im Guten wie im Bösen. Es sollte Pflichtlektüre sein für jede Schweizerin und jeden Schweizer, und für jeden Metzger sowieso.» *Christian Schmid, Trio Literal, DRS 1*

«Erzählt in einer wunderbar schlichten Sprache, gespickt mit fast vergessenen berndeutschen Ausdrücken, beschreibt sie beispielhaft die Erfahrungen einer Generation, die die Modernisierung im Zeitraffer erlebte. Hans Meister steht für eine Männergeneration, in deren ‹Chrampferleben› keine Zeit für Gefühle blieb. Schweizer Geschichte von unten – traurig schön.» *Michael Krobath in der Weltwoche*

«Den Nachgeborenen der Aktivdienstgeneration, aber nicht nur ihnen, ist dieses Buch zu empfehlen. Die Autorin erzählt nicht einfach über ihren Grossvater, sondern sie hat dessen Erinnerungen kunstvoll kondensiert in eine bodenständige helvetische Sprache, die ganz von fern an Gotthelf erinnert.» *Ina Boesch, NZZ am Sonntag*

«Für die Mentalitätsgeschichte unseres Landes in der Zeit der vielgescholtenen Aktivdienstes, aber auch in den Wirtschaftswunderjahren, ist dies ein höchst kostbares Buch. Und es gibt Passagen, die mir bereits wie kleine Klassiker erscheinen, etwa der fast homerische Hymnus auf die Cervelat. Das hat kulturgeschichtlichen wie poetischen Wert.» *Peter von Matt*

«Bemerkenswert ist, dass es keine Elendsgeschichte erzählt, sondern dass der zähe Wille zu Aufstieg und besserem Leben literarisch dargestellt ist. Ein wichtiges Zeugnis zur Entstehung der heutigen Schweiz.» *Wolfgang Bortlik, 20 Minuten*